◉诉讼法学文库 2014（1）
总主编　樊崇义

理性法律监督论纲

Study on the Rational legal Supervision

张书铭　著

中国人民公安大学出版社
·北　京·

图书在版编目（CIP）数据
理性法律监督论纲/张书铭著. —北京：中国人民公安大学出版社，2014.6
（诉讼法学文库/樊崇义总主编）
ISBN 978-7-5653-1776-7
Ⅰ.①理… Ⅱ.①张… Ⅲ.①法律监督—研究—中国 Ⅳ.①D926.34
中国版本图书馆CIP数据核字（2014）第113088号

诉讼法学文库

理性法律监督论纲

Study on the Rational legal Supervision

张书铭 著

出版发行：中国人民公安大学出版社
地　　址：北京市西城区木樨地南里
邮政编码：100038
经　　销：新华书店
印　　刷：北京通天印刷有限责任公司

版　　次：2014年6月第1版
印　　次：2014年6月第1次
印　　张：17
开　　本：787毫米×1092毫米 1/16
字　　数：297千字

书　　号：ISBN 978-7-5653-1776-7
定　　价：68.00元

网　　址：www.cppsup.com.cn　www.porclub.com.cn
电子邮箱：zbs@cppsup.com　zbs@cppsu.edu.cn

营销中心电话：010-83903254
读者服务部电话（门市）：010-83903257
警官读者俱乐部电话（网购、邮购）：010-83903253
法律分社电话：010-83905745

“诉讼法学文库”总序

诉讼法制是现代法治的重要内容和标志之一，也是依法治国的重要保障。我国法制建设的历程已经证明，诉讼制度是否健全与完善，直接决定着实体法律的实际效力：没有相应的诉讼制度作为依托，实体权利只能是“镜中花、水中月”；没有完善的诉讼制度予以保障，实体法律将无法如其所愿地实现其追求的立法目的。更为重要的是，诉讼法制的完善程度如何，还直接反映和体现着一个国家、一个民族进步、文明、民主和法治的程度，是区分进步与落后、民主与专制、法治与人治、文明与野蛮的标志。在现代法治国家，诉讼制度作为法治的一个重要环节，受到了前所未有的重视。美国联邦最高法院法官威廉·道格拉斯曾谈道，“权利法案的大多数规定都是程序性条款，这一事实绝不是无意义的。正是程序决定了法治与恣意的人治之间的基本区别”。①

我国 1999 年宪法修正案正式确立了“依法治国，建设社会主义法治国家”的治国方略，为推进我国社会主义民主、法制建设，完善我国司法体制，提出了新的纲领和目标。而社会主义市场经济的初步发展则培育了公众的权利观念，并由此对司法公正提出了更高的要求。在此大背景下，通过增设新的诉讼制度以充实公民实体权利的实现途径，通过完善现行诉讼制度以保障实体法律的公正实施，从而推进依法治国，加快社会主义民主与法制建设的步伐，已经成为我国法治建设的关键所在。

诉讼制度的构建，与人们对诉讼原理的认识和把握有着密切的关系。诉讼原理是人类在长期的诉讼实践中，在大量经验教训的基础上总结出来的、对有关诉讼活动的规律性认识。诉讼原理在诉讼制度的构建及运作中发挥着高屋建瓴的作用。只有正确认识和准确把握诉讼原理，才能构建较为完善的诉讼制度，才能推动诉讼活动向良性运作的状态发展。我国在改革与完善诉讼法律制度时，对于人类经过长期理论与实践探索获得的原理性认识，不能不予以重视，也不能不认真加以借鉴、吸收。

我国诉讼的立法和实践曾十分严重地受到“左”倾思潮和法律虚无主义的影响，诉讼规律和诉讼原理长期被忽视、被冷落。由此造成的后果之一：司法

---

① 转引自季卫东：《法律程序的意义》，载《比较法研究》总第 25 期。

机关和诉讼制度的功能被狭隘化。例如，刑事司法机关和刑事诉讼法律仅仅被视为镇压敌人、惩罚犯罪并通过镇压敌人、惩罚犯罪来维护社会秩序的功能单一的工具，忽视了司法机关和诉讼法制所具有的制约国家权力使之不被滥用和保护包括犯罪嫌疑人、被告人在内的公民基本人权的作用，忽视了刑事诉讼所具有的独立品格和价值。对诉讼原理、诉讼规律认识的片面和浅陋，已经严重地制约了我国诉讼法制发展的步伐，而且直接对公正、文明地进行诉讼活动产生了非常消极的影响。要扭转这一局面，必须在宏观法律观念上作一个大的转变，同时大力借鉴、吸收法治发达国家丰富的研究成果和宝贵的实践经验，加强对诉讼原理、诉讼规律的研究。

对诉讼原理的正确认识是诉讼立法科学化的前提条件。正确把握诉讼原理，可以帮助我们全面地认识司法机关的功能，并对各种不同的诉讼模式、规则进行正确的取舍，从而在一定的诉讼原理的指导下构建更为科学和更适合“本土资源”的诉讼模式、规则。由此制定的法律，将具有更强的民主性、文明性和科学性。反之，如果不能正确把握诉讼原理，对于存在着内在价值冲突的各种可供选择的立法方案就可能难以作出正确的选择，立法活动就可能要多走许多弯路，甚至要付出沉重的代价。

对诉讼原理的正确认识对于司法活动同样具有重要的积极价值。对诉讼原理的正确把握可以在一定程度上弥补立法的不足。法律永远是抽象的。要将抽象的法律适用于具体的案件，就必须有科学的观念作为指导。对基本诉讼原理的正确认识，将有利于指导人们对司法活动中必然存在的种种法律适用问题作出科学的解释，从而使法律文本本身存在的不足得到补救。在现代社会，由于法律的稳定性与现实生活千变万化之间的落差只能通过赋予司法人员自由裁量权的途径予以调和，所以对基本诉讼原理的认识，还直接决定着司法人员在行使法律赋予的自由裁量权时，能否作出符合公正标准的决定或者裁判。

要贯彻“依法治国，建设社会主义法治国家”的治国方略，保障诉讼活动的公正进行，也必须认真研究诉讼原理，把握诉讼规律。当前，我国已有不少学者开始探索一些诉讼原理性的问题，如诉讼法律观、诉讼法哲学、诉讼目的、诉讼职能、诉讼价值、诉讼法律关系等，并已取得了一定的研究成果，这有力地推动了人们法律观念的变化，并对立法和司法活动发挥着积极的影响作用。但总的来看，我国诉讼法学界对诉讼原理问题的研究距离立法、司法实践的需求还有很大差距，还需要继续深入研究。尤其是现有的研究成果一般只是就诉讼的某一方面进行探讨，缺乏对一般性诉讼原理的全面和系统的探讨。因此，随着我国法治进程的推进，探讨一般性诉讼原理已经成为我国诉讼法学界必须研究的课题。

为吸引更多的诉讼法学者致力于诉讼原理的研究，同时也为了能够促使诉讼原理研究及时对立法、司法、学理研究等多个领域产生积极的影响，并对司法实践工作有所帮助，中国政法大学诉讼法学研究中心特组织力量进行此项题为“诉讼法学文库”的大型丛书的编辑出版工作。“诉讼法学文库”是中心的一项长期出版项目，面向国内外专家、学者开放，凡以诉讼原理、诉讼规律为内容且有新意、有深度、有分量的专著、译著，以及对公安、司法工作有指导意义，对立法工作有参考价值的其他诉讼法学著作均可入选。

“诉讼法学文库”自2001年面世以来，得到了诉讼法学界专家、学者、实务工作者的热情支持，现已出版发行专著60多部，这些成果深受广大读者的青睐，已有多部著作获省部级以上的奖励，在这里特向广大读者和作者致以诚挚的谢意！由于编辑工作的需要，该文库从2006年起，每年以入选先后另行排序。特此说明。

中国政法大学诉讼法学研究中心名誉主任

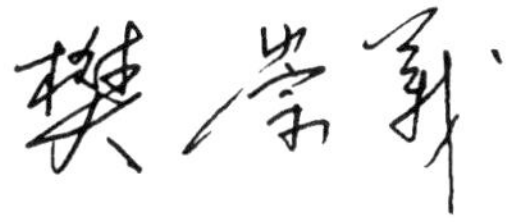

2007年元月于北京

目　　录

绪论 …… (1)
一、控制权力之于法律监督 …… (1)
二、理性法律监督研究现状 …… (4)
三、本书的研究特点 …… (9)
四、研究意义 …… (15)
五、研究方法 …… (15)
第一章　理性与法律 …… (17)
第一节　法学视角下理性的一般考察 …… (17)
一、理性的含义及其理解 …… (18)
二、理性的基本特征 …… (22)
第二节　法律与理性的关系 …… (23)
一、法律与理性的关系 …… (24)
二、理性之于法律的意义 …… (27)
第二章　法律监督的理性内核 …… (30)
第一节　权力及控制权力 …… (30)
一、权力的概念和特征 …… (30)
二、控制权力的必要性 …… (34)
三、控制权力的手段 …… (36)
第二节　控权视角下法律监督的中国动因 …… (44)
一、法律监督是中国式控权的必然选择 …… (44)
二、中国的政治制度传统是法律监督的制度根基 …… (50)
三、中国的法律传统及其现代化决定法律监督的必要性 …… (52)
四、法律监督是我国民主法制建设正反两方面经验教训的理性选择 …… (54)
五、法律监督是我国依法治国的客观需要 …… (55)

第三节 控权视角下法律监督的正当性 …………………………（56）
一、控权视角下的世界检察制度 …………………………（57）
二、控权视角下法律监督的正当性 …………………………（62）
三、权力制约与权力监督在我国诉讼运行中的体现 …………（65）
第三章 理性法律监督的几个问题 …………………………（67）
第一节 理性法律监督的含义及其特征 …………………………（67）
一、理性法律监督是法律理性与法律监督的内在统一 …………（67）
二、理性法律监督的特征 …………………………（68）
第二节 理性法律监督的理论基础 …………………………（71）
一、理性法律监督的法理基础 …………………………（71）
二、理性法律监督的法治基础 …………………………（73）
三、理性法律监督的宪法基础 …………………………（74）
四、理性法律监督的诉讼规律基础 …………………………（75）
五、理性法律监督的法律文化基础 …………………………（76）
第三节 理性法律监督的原则 …………………………（77）
一、法治原则 …………………………（78）
二、平衡原则 …………………………（79）
三、公益原则 …………………………（79）
四、公正原则 …………………………（80）
五、比例原则 …………………………（81）
六、专群结合原则 …………………………（82）
第四节 法律监督的模式 …………………………（83）
一、检察权运行模式简介 …………………………（83）
二、中国法律监督的模式及特点 …………………………（86）
三、对中国监诉一体法律监督模式的评析 …………………………（88）
第四章 理性法律监督的理念、立法彰显及挑战 …………………（93）
第一节 彰显理性法律监督的理念 …………………………（93）
一、法治文化建设下执法价值观的理性彰显 …………………（94）
二、法律监督工作理念的理性彰显 …………………………（95）
第二节 彰显理性法律监督的立法新特点 …………………………（97）
一、体现了“尊重和保障人权”的基本精神 …………………（97）
二、体现了权力制约与监督的基本精神 …………………………（98）
三、体现了司法审查的基本精神 …………………………（100）

四、体现了价值平衡的基本精神 …………………………… (101)
五、体现了以人为本的基本精神 …………………………… (104)
六、体现了抽象法律监督具体化的基本精神 ……………… (105)
第三节　完善刑事诉讼法律监督的主要内容及理性彰显 ………… (106)
一、完善侦查制度，强化对一般行政权和侦查权的制约和监督 ……………………………………………… (107)
二、完善诉讼结构，强化辩护权在保障司法公正方面的作用 …… (110)
三、完善逮捕制度，强化对侦查权的诉讼制约 …………… (112)
四、完善公诉制度，强化对侦查权和审判权的诉讼制约 ………… (113)
五、丰富监督手段，拓展监督范围，全面强化刑事诉讼法律监督 ……………………………………………… (120)
六、将法律监督的触角延伸至社会矛盾化解 ……………… (121)
第四节　完善民事诉讼法律监督的主要内容及理性彰显 ………… (122)
一、拓展了民事诉讼法律监督的环节 ……………………… (122)
二、扩展了民事诉讼法律监督的范围 ……………………… (123)
三、丰富了民事诉讼法律监督的方式 ……………………… (123)
四、优化了民事诉讼法律监督的层级 ……………………… (124)
五、强化了民事诉讼法律监督手段 ………………………… (124)
六、初步建立了检察机关参与公益诉讼制度 ……………… (125)
第五节　两大诉讼法修改给法律监督工作带来的挑战 ………… (125)
一、诉讼目的转型带来的挑战 ……………………………… (125)
二、诉讼结构调整带来的挑战 ……………………………… (126)
三、诉讼模式转变带来的挑战 ……………………………… (127)
四、刑事诉讼法的不少新内容加大了法律监督的难度和风险 …… (127)
五、新增工作量带来的挑战 ………………………………… (128)
第五章　法律监督的现状和问题检视 ……………………………… (131)
第一节　法律监督外部环境检视 ……………………………… (131)
一、法律监督理论研究的现状检视 ………………………… (132)
二、法律监督立法思想和立法技术检视 …………………… (134)
三、社会环境对法律监督的期待和愿望检视 ……………… (136)
第二节　法律监督权力运行的现状和问题检视 ………………… (137)
一、法律监督权邻接权力主体对法律监督的不同认识 ……… (137)
二、诉讼制约的现状和问题检视 …………………………… (139)

三、诉讼监督的现状和问题检视 …………………………………… (144)
第三节 法律监督管理的现状与问题检视 …………………………… (146)
一、职业管理大众化 ………………………………………………… (146)
二、业务管理行政化 ………………………………………………… (147)
三、检务保障地方化 ………………………………………………… (148)
第四节 法律监督存在问题的原因 ………………………………… (148)
一、理论原因：历史积淀薄弱，理论争议不断 …………………… (149)
二、理念原因：传统思想未央，现代理念未竟 …………………… (150)
三、立法原因：微观制度缺失，具体授权不力 …………………… (150)
四、体制原因：领导体制失范、保障体制错位 …………………… (152)
五、队伍原因：法律实践不够，职业素养欠缺 …………………… (153)
第六章 理性法律监督关系的构建 ………………………………… (156)
第一节 法律监督关系概述 ………………………………………… (156)
一、法律监督关系的概念和特征 …………………………………… (156)
二、法律监督关系的分类与表现形式 ……………………………… (161)
第二节 理性法律监督要协调处理好的外部关系 ………………… (163)
一、党委、人大领导与独立行使法律监督权的关系 ……………… (164)
二、服务社会经济发展大局与立足法律监督本职工作的关系 …… (166)
三、司法需求的无限性与法律监督的有限性的关系 ……………… (167)
四、舆情民意监督与严格依法办案的关系 ………………………… (168)
五、服务经济社会科学发展与实现自身科学发展的关系 ………… (171)
第三节 理性法律监督要协调处理好的内部关系 ………………… (172)
一、法律监督权的拓展性与权力行使谦抑性的关系 ……………… (173)
二、诉讼制约与诉讼监督的关系 …………………………………… (175)
三、加强检察一体化建设与发挥地方能动性的关系 ……………… (178)
四、民事法律监督与意思自治原则的关系 ………………………… (179)
五、强化法律监督与强化自身监督的关系 ………………………… (181)
第七章 理性法律监督的运行机制构建 …………………………… (183)
第一节 构建运行机制的基本要求 ………………………………… (184)
一、以正确的执法理念指导法律监督 ……………………………… (184)
二、以多元的思维方式引领法律监督 ……………………………… (185)
三、以优良的素质能力实施法律监督 ……………………………… (186)
四、以理性的工作机制保障法律监督 ……………………………… (188)

五、以科学的考评机制指挥法律监督 ……………………… (189)
第二节　理性法律监督的运行机制 ……………………………… (190)
一、构建科学地实施法律监督的运行机制 ………………… (191)
二、构建独立地实施法律监督的运行机制 ………………… (192)
三、构建中立地实施法律监督的运行机制 ………………… (195)
四、构建谦抑地实施法律监督的运行机制 ………………… (201)
五、构建专业地实施法律监督的运行机制 ………………… (207)
六、构建依靠群众实施法律监督的运行机制 ……………… (209)
第三节　构建理性法律监督的科学管理机制 ………………… (214)
第八章　法律监督制度的发展愿景 ……………………………… (220)
一、法律监督权应当回归单独权力类别的应然地位 ……… (221)
二、推行全国检察机关垂直领导体制正当其时 …………… (226)
三、赋予检察官更多的自由裁量权并予以有效制约和监督 ……… (230)
四、构建以法律监督为中心的中国特色的司法审查制度 ……… (233)
五、强化司法信息化建设之下的科技强检建设 …………… (235)
结论 ……………………………………………………………… (237)
参考文献 ………………………………………………………… (239)
后记 ……………………………………………………………… (253)

绪　论

权力者，双刃剑也。善执者以其为善则善莫大焉，恶执者以其为恶则文奸济恶。然善恶仅系于权者，则善恶难稳，公正不张。惟章法控权，方善者从之，恶者避之。法治畅达，权控其规，物归其序，人智礼达，乃理性之治也。

——题记

为什么中国历代的监督制度如此发达，却难以产生廉明高效的政府？
为什么在没有法律监督制度的欧美法治国家，却不必担心权力腐败？
为什么越是强化对权力的监督，这些年的腐败现象越严重？
法律监督制度是否必要？
为什么要强化法律监督？
越是强化法律监督，为什么越是要理性地实施法律监督？
如何理性地实施法律监督？

一、控制权力之于法律监督

权力不受制约和监督，必然导致滥用和腐败。这是被实践证明的基本原理和客观规律，它的存在和作用不受意识形态、政治制度、人性善恶及思想观念的影响。

在三权分立体制下，“出于人性恶的伦理假设，认为任何不受制约的权力都有可能被滥用，最好的办法就是将权力分割成互相制约的立法权、行政权和司法权并交由不同的机构来行使，通过权力的相互制约来防止权力滥用”。[①] 因此，无论是以美国为代表的平面化分权，还是以英国、法国为代表的半平面化分权，大抵只是分权制约的方式不同。至于对权力的监督，“由于监督的目的在于对权力实施制约，既然通过这种权力分立已经对国家权力

① 樊崇义著：《刑事诉讼法哲理思维》，中国人民公安大学出版社 2010 年版，第 310 页。

形成了很大的制约，或者说，权力监督的需求已经通过权力分立得到了基本满足，另外设置专门的法律监督机关已经没有必要，有必要的只是在这三种权力之下设立一些有监督性质的机构”。①

在三权分立国家，检察权多是一种行政权，是具有国家控诉性质的追诉权，检察机关也多被定位为单纯的公诉机关，不具有法律监督的独立地位。但是，随着政治制度的发展，检察机关的追诉权也衍生了一些附属性的、具有监督功能的权力。因此，有学者在进行比较研究后认为，现代各国的检察机关都具有对审判机关的审判活动的监督职能，不同法系的国家检察机关的这种监督职能的权限亦有所不同。一般来说，大陆法系国家检察机关的这种监督职能的权限要比英美法系国家的这种权限广泛。② 可见，权力监督作为控制权力的手段，在三权分立体制下也是存在的。

在中国一元分立的集权体制下，没有三权分立体制下典型意义上的平面分权，对权力的控制以系统性的权力监督制度为主，但并不缺少分权制约，也不排斥分权制约。在我国，人民代表大会是最高的国家权力机关，行使最高权力，是“一元分立”中的“一元”，“分立”的体现是，“在一元权力——人民代表大会下，分出立法权、行政权、审判权、检察权、军事权，其中立法权留给人民代表大会自己直接行使，而将行政权、审判权、检察权、军事权分别授予行政机关、审判机关、检察机关、军事机关行使，这些机关都由人民代表大会产生，向人民代表大会负责”。③ 显然，一元分立的前提是“一元”，确保中国共产党的完整领导权和人民代表大会的最高权力，“检察机关作为二级国家权力与国家的行政权、审判权平行设置互相独立。这种体制决定了中国的分权机制特有的禀赋：权力一元之下的分权和受限制的分权”。④

在一元分立的集权体制下，为了保证权力不被滥用，有限分权显然不够，因此需要强化另外一种控权手段：权力监督。“不同于西方的三权分立，一元分立的权力架构下各种权力不具有制约与监督的当然属性，在彼此缺少权力关联链条，权力难于动态守衡的前提下，单设一种独立的法律监督权力，

---

① 樊崇义著：《刑事诉讼法哲理思维》，中国人民公安大学出版社2010年版，第310页。

② 参见刘兆兴：《两大法系国家检察机关在刑事诉讼中的职权比较》，载《外国法译评》1995年第3期。

③ 朱孝清：《中国检察制度的几个问题》，载《中国法学》2007年第2期。

④ 孙谦著：《检察：理念、制度与改革》，法律出版社2004年版，第31页。

有利于权力的良性运行，是科学分权的必然要求。”[①] 例如，刑事诉讼法规定了公检法三机关分工负责、互相配合、互相制约原则和人民检察院依法对刑事诉讼实行法律监督原则，这就说明在我国刑事诉讼中，既有分权制约，也有权力监督。可以说，这是我国将权力制约与权力监督两种手段有机结合起来控制权力的典范。

可见，权力制约不是分权体制下控制权力的唯一手段，分权之下也有权力监督，只是监督机构的权力一般不属于国家宪政层面的平面分权；权力监督也不是集权体制下控制权力的唯一手段，集权之下也有分权制约，只是这种分权是权力一元之下的分权和受限制的分权。权力制约与权力监督作为控制权力的两种手段，已经成为现代法治国家控制权力的共同选择。对此，有观点认为，虽然控制权力的方式有多种，权力监督是方式之一，但也提出疑问：为什么中国历代的监督制度如此发达，却难以产生廉明高效的政府呢？为什么在没有监督制度的欧美法治国家，却不必像我们这样担心政府权力的膨胀或腐败呢？因此认为传统的监督制度不符合法治的原理，应当以分权制约和正当程序为原则对监督制度进行改造。[②] 也有观点认为，权力制约和权力监督是两种主要的权力控制机制，但是也认为我国的权力监督机制是在特定历史条件下与高度集权的计划体制相适应的一种选择，随着时代发展和社会变化，要塑造权力制衡模式，实现从权力监督到权力制约的制度转型。[③] 不难发现，这些观点多少都认为权力监督制度已经不合时宜，与法治不容，需要将权力监督制度转型为分权制约制度。

我国的权力控制[④]制度是一个系统庞大的综合性制度，其中既有权力制约，也有权力监督。从总体上看，是一个以权力监督为基本依托，包括党的监督、人大监督、行政监察、法律监督、审计监督、食品药品监督、安全生产监督等制度的综合性监督系统。其中，法律监督制度作为中国权力监督制度的重要组成部分，担负着维护国家法律统一正确实施，保障司法公正的职责。

---

① 樊崇义：《一元分立权力结构模式下的中国检察权》，载《人民检察》2009 年第 3 期。

② 参见孙笑侠、冯建鹏：《监督，能否与法治兼容——从法治立场来反思监督制度》，载《中国法学》2005 年第 4 期。

③ 参见刘筱勤：《从权力监督到权力制约——论公共权力监控机制的转型》，载《中共南京市委党校学报》2010 年第 2 期；夏娟：《从权力监督到权力制衡——社会转型期权力制衡理论新思考》，载《法制与经济（中旬刊）》2011 年第 3 期。

④ 为了表述便利，下文多处以“控权”作为“控制权力”的简化表述方式。

在现代政治文明的发展进程中，无论是在集权体制还是分权体制的国家，权力制约与权力监督作为控制权力的两种手段同时被使用。同样，随着我国依法治国的推进，权力制约与权力监督正在也必将得到更加广泛的使用。对此，中国共产党十六大报告明确提出要建立“结构合理、配置科学、程序严密、制约有效”的权力运行机制，十七大报告中又提出了“建立健全决策权、执行权、监督权既相互制约又相互协调的权力结构和运行机制”，十八大报告再次提出“建立健全权力运行制约和监督体系，加强党内监督、民主监督、法律监督、舆论监督，让人民监督权力，让权力在阳光下运行”。从现阶段立法体现出来的控制权力的理念和机制来看，各级人民代表大会常务委员会监督法、刑事诉讼法和民事诉讼法的很多内容都集中体现了强化对权力进行制约与监督的理念，并构建了一些较为完善的控权机制。因此，在可以预见的未来，我国不可能取消权力监督制度，也不可能取消法律监督制度。

强化对权力的制约监督为法律监督制度的发展提供了理念先导，刑事诉讼法和民事诉讼法则从体制、机制、内容、方式、手段、范围、层级等具体方面，全方位强化了法律监督权。但是，法律监督权作为一项公权力，越是权力得到强化，检察机关越是要理性地行使这一权力。唯其如此，法律监督制度作为中国政治制度、权力监督制度的有机组成部分才能生生不息，才能够发挥其应有作用。因此，在法律监督权得以强化的背景下，当前最重要的任务是研究如何贯彻、落实好这些权力，如何理性地实施这些权力，即“什么是理性法律监督”、“为什么要理性实施法律监督”、“如何实施理性法律监督”。

二、理性法律监督研究现状①

对理性法律监督问题，目前研究甚少。在中国知网（http://www.cnki.net）文献检索篇名栏中输入“理性法律监督”单一字段进行检索，检索不到相关文章；在篇名栏中分别输入“理性”并且“法律监督”两个字段进行检索，检索出四篇相关文章：苏喜民、张杰发表在《中国刑事法杂志》2010 年第 10 期的《强化刑事拘留强制措施法律监督的实证分析及理性思考》一文，杜邈发表在《人民检察》2010 年第 13 期的《刑事审判法律监督理性思维之培养》一文，李乐平发表在《检察日报》2012 年 7 月 1 日第 3 版的《法律监督，如何理性把握》一文，李国明、曾祥生在《检察日报》2006 年 9 月 30

① 该部分数据截至 2013 年 4 月笔者博士论文成稿时。

日第1版上发表的新闻稿《法律监督说理专题研讨会召开》。当然，在研究法律监督的文章中，尤其是近两年的文章，有不少论及理性法律监督的思维或者理念，不过将理性与法律监督作为复合概念和机制进行深入研究的论著并不多见。

近年来，对法律监督问题进行研究的论著可谓汗牛充栋。在中国知网（http://www.cnki.net）文献检索篇名栏中输入“法律监督”单一字段进行检索，检索出5949篇相关文章，研究内容涉及法律监督的渊源、概念、存废依据、邻接关系、制度机理、运行机制、发展完善等诸多方面。下面将学界对法律监督的含义、法律监督权与检察权的关系等内容的研究进行一个简单的梳理，予以综合述评，为后文有关论证提供基础论据和理论支持。

（一）法律监督含义研究概要

在西方法律中，并不存在“法律监督”这一概念，中国古代和近代的法律制度和论著中也没有出现过这个概念，把“法律”与“监督”结合起来作为独立的术语使用是在新中国建立检察机关之后。[①] 但对法律监督含义的论述则是众说纷纭。概括来说主要有以下几种观点：

第一种观点是广义说。例如，法律监督“是国家和社会对立法、行政、司法活动进行的监视、督促，并对一切违法行为进行检举、矫正、处分及对合法行为予以表彰、支持等行为的总称，是社会对法律活动的监督与国家对法律活动监督的集中反映。其目的在于维护法律的正确、统一的创制和实施”[②]。

第二种观点是狭义说。例如，“我国现行宪法中所称的‘法律监督’应从狭义理解，是指检察机关依照法律规定对执法和司法活动的合法性进行监督”[③]。

第三种观点是综合说。在综合说之中，既有认为法律监督主体是检察机关的综合说，也有认为法律监督主体是一切国家机关的综合说。前者如“法律监督是对其他国家机关及其工作人员，各社会单位及公民执行法律的情况进行监督。在我国，检察机关的法律监督，就其广义而言，包括行使检察权的一切活动；而就其狭义而言，主要是一种以侦查、审判，以及执行行为为对象的司法监督”[④]。后者如“狭义的法律监督，专指国家检察机关依法定程

---

① 参见甄贞等著：《法律监督原论》，法律出版社2007年版，第5页。

② 洪浩著：《检察权论》，武汉大学出版社2001年版，第110页。

③ 韩大元主编：《中国检察制度宪法基础研究》，中国检察出版社2007年版，第60页。

④ 龙宗智：《论依法独立行使检察权》，载《中国刑事法杂志》2002年第1期。

序和法定权限对法的实施和合法性所进行的监察和督促。广义的法律监督，泛指一切国家机关、社会组织和公民对各种法律活动的合法性所进行的监察和督促”①。

第四种观点是统一说。把法律监督视为一个统一的整体进行解释，认为“所谓法律监督，是国家和社会对立法和执法活动进行的监视、督促，并对违法活动进行检举、矫正的行为的总称”②。

第五种观点是专门说。有学者在对这个概念产生的历史背景和出现的具体语境进行分析后，指出“法律监督”一词作为一个专门术语，是从人们的社会实践中提炼的、人为地赋予其特定含义的法律用语。在我国法律中，法律监督并不泛指各种监督，不能理解为包括所有监督的含义。根据我国宪法和有关法律，法律监督是指为了维护国家法制统一和法律的正确实施，专门的国家机关根据法律的授权，运用法律规定的手段对法律实施情况进行检查、督促并能产生法定效力的专门工作。③

对于什么是法律监督，目前没有一个准确的定义，这无疑为以后的研究预留了更多空间。但综合上述观点，不难发现它们的共同点是都认为法律监督是一种保障或维护国家法律得以正确实施的活动或行为，不同点是应该由哪一个主体来实施法律监督这种活动或行为，如广义说、统一说认为应当是国家、社会或者一切国家机关，狭义说、专门说认为只应当是检察机关。

多数人认为，“法律监督”一词来源于列宁的“法律监督思想”，即检察机关要维护国家法制的统一。彭真同志在1979年所做的关于人民检察院组织法草案的说明中指出：“列宁在十月革命后，曾坚持检察机关的职权是维护国家法制的统一。我们的检察院组织法运用列宁的这一指导思想。”④ 事实上，苏联法律中虽然大量使用“监督”一词，但是并没有直接将“法律”与“监督”一并使用，“法律监督”术语是新中国法制史上的一个创造，是中国法律中的一个专门术语。⑤ 实践中，苏联解体后至现在，俄罗斯检察机关的批捕和起诉的职权均被让渡出去，已经基本丧失了诉讼职权，检察机关变成了“一般监督”机关。事实上，我国从一开始就没有完全照搬苏联的检察制度，而是结合我国国情和特点，创建了具有中国特色的检察制度。笔者认为，

---

① 乔克裕主编：《法学基本理论教程》，法律出版社1997年版，第316页。

② 钟海让著：《法律监督论》，法律出版社1993年版，第11页。

③ 张智辉著：《检察权研究》，中国检察出版社2007年版，第66页。

④ 彭真：《关于七个法律草案的说明》，载《人民日报》1979年6月26日第1版。

⑤ 参见张智辉：《法律监督三辨析》，载《中国法学》2003年第5期。

解读我国法律监督的内涵既不能完全比照或立足于苏联的“监督”思想，也不能仅仅从语词含义去解读，必须联系我国的国情、传统、宪政制度、政治理论、检察实践的发展等层面，才能对法律监督有一个全面、客观的理解。

（二）法律监督权与检察权的关系研究概要

检察权是检察理论研究的逻辑起点，如果仅仅是给检察权下个定义，可能相对比较容易，但是学界争论较多的是检察权的属性、检察权与法律监督权的关系问题。关于检察权的含义，有学者认为，检察权就是检察官或检察机关所享有的权力的总称。① 有学者认为，检察权就是检察机关依据宪法、人民检察院组织法、各诉讼法以及其他法律中对检察权限的规定，检察机关在法律上以及在实际活动中所享有的权力。② 有学者认为，检察权就是依据宪法和法律由国家机关独立行使的专有权。③

对于检察权的属性，第一种观点认为，检察权是一种行政权，检察机关是行政机关。④ 这主要是从司法权的终局性、中立性、独立性出发，辨析检察权与典型的司法权（审判权）之间的差异，进而得出结论。⑤ 第二种观点认为，检察权是司法权。检察机关为司法机关，认为检察官与法官同质但不同职，具有等同性，检察官也由此被称为“站着的法官”。⑥ 第三种观点认为，检察权和检察机关具有司法与行政的双重属性。认为检察机关的上下级领导关系突出体现了检察权的行政性；检察官的起诉活动以适用法律为目的，能独立地作出诉讼判断并付诸实施，也具有司法权性。⑦ 第四种观点强调了检察权的独立性与法律监督权的同质性，认为不能置于西方三权分立的基础上来审视检察权，我国的检察权既不是完整意义上的司法权，也不是本来意义上的行政权，是一种具有独立存在价值的法律监督权。⑧

---

① 参见邓思清著：《检察权研究》，北京大学出版社2007年版，第1页。

② 参见龙宗智著：《检察制度教程》，法律出版社2002年版，第83页。

③ 参见王晓苏：《关于我国当代检察权法理定位及权能配置模式的思考》，载孙谦、张智辉主编：《检察论丛》（第6卷），法律出版社2003年版，第55页。

④ 参见郝银钟：《检察权质疑》，载《中国人民大学学报》1999年第3期。

⑤ 参见陈卫东：《我国检察权的反思与重构——以公诉权为核心的分析》，载《法学研究》2002年第3期。

⑥ 参见徐静村：《论国家权力中监督权的设置与行使》，载《甘肃社会科学》2004年第6期；童兆洪：《司法权概念解读及功能探析》，载《中共中央党校学报》2004年第2期。

⑦ 参见龙宗智：《论检察权的性质与检察机关的改革》，载《法学》1999年第10期；朱茂林：《独立行使检察权若干问题研究》，载孙谦、张智辉主编：《检察论丛》（第9卷），法律出版社2004年版，第280、282页。

⑧ 参见张智辉著：《检察权研究》，中国检察出版社2007年版，第20页。

对于法律监督权与检察权的关系，最大的问题是宪法和法律规定的各项检察权能是否能够自证在本质上就是法律监督权而不是别的权力。对此，有学者认为检察机关的法律监督权就是检察权，① 还有学者指出，法律监督权与检察权是一个事物的两种命题，或者说是从不同角度表述同一件事物，提及法律监督权的时候，强调的是其性质和功能；提及检察权的时候，强调的是具体权能和实际行使。② 还有学者认为，检察权的本质就是法律监督权，并认为应当从矛盾的普遍性和特殊性，从目的和手段的角度看待法律监督权和各项具体检察职能之间的关系；要从国家权力运行的宏观层面出发，而不是仅仅囿于从诉讼程序特别是刑事诉讼程序的视角来看待和评价检察权；应当从人民代表大会制度的实际出发，而不是从三权分立的模式出发分析和设计检察权等。③ 还有学者认为，法律监督是检察权的根本属性，司法是检察权的兼有属性，法律监督性质决定了检察机关和检察权在国家机构中的独立地位和基本功能，司法性质决定了检察机关和检察权的活动范围和活动方式，他们分属不同的层次，从不同的角度和不同的领域规定和说明了检察机关和检察权的特点。④ 以上这些观点可以总结为检察权与法律监督权的统一性，即检察权的“一元论”。樊崇义教授从法律监督与公诉职能关系的角度出发，认为公诉属于诉讼职能，它与法律监督职能并不完全相同，应当以职权二元化为指导，将公诉职能与法律监督职能分离，这也是他倡导的检察权的“二元论”。⑤ 也有学者认为，“一元论”和“二元论”对法律监督权与检察权的关系概括都有道理，如果从广义上定义检察权，则一元论有道理，如果从狭义上定义检察权，则二元论有道理。但二元论认为法律监督职能与控诉职能根本不能兼容的观点失之偏颇。事实上，检察权的法律监督目的和控诉职能之间存在着内在的联系，诉讼是监督的主要手段，监督的目的在相当程度上通过诉讼的手段来实现。⑥

---

① 参见孙谦著：《检察：理念、制度与改革》，法律出版社 2004 年版，第 80 页；龙宗智著：《检察制度教程》，法律出版社 2002 年版，第 105 页；石少侠著：《检察权要论》，中国检察出版社 2006 年版，第 63 页。

② 参见张智辉著：《检察权研究》，中国检察出版社 2007 年版，第 21 页。

③ 参见韩大元主编：《中国检察制度宪法基础研究》，中国检察出版社 2007 年版，第 43～52 页。

④ 参见孙谦主编：《中国特色社会主义检察制度》，中国检察出版社 2009 年版，第 49～50 页。

⑤ 参见樊崇义：《法律监督职能哲理论纲》，载《人民检察》2010 年第 1 期。

⑥ 参见李征著：《中国检察权研究》，中国检察出版社 2007 年版，第 163～164 页。

三、本书的研究特点

（一）将法律监督置于权力控制视角下考察其理性内核

从实然层面来看，我国的法律监督权来源于宪法和法律的授权，宪法和法律本身就是理性的产物，这决定了法律监督权必然具有理性的内核。但是，仅仅以此来论证法律监督的理性显然是苍白无力的。因为从理论上讲，既然宪法和法律对法律监督可以授权，当然也可以取消授权。关键问题是要找到宪法和法律授权法律监督的根本原因和基本原理，在此基础上，再来研究法律监督的哪些内容体现了理性的内核。

权力不受制约和监督必然导致腐败。权力是人类社会中组织或者个人凭借其财产、组织等特定的优势对于他人或者其他组织所具有的一种特殊的控制力、支配力或者影响力的总称。“双刃性”是权力的典型特征，突出表现为强制性与扩张性、用益性与腐蚀性、裁量性与随意性，这决定了权力的正能量与负能量必然共存。为了发挥其正能量，削减其负能量，必须对权力予以控制。这是保障权力正常运行、避免权力膨胀和腐败的最大理性。权力运行是权力主体主观见之于客观的活动，无论是权力主体、权力本身，还是权力的行使方式、权力的运行环境都需要控制。权力制约与权力监督是控制权力的两种最基本、最重要的手段，法律监督制度是权力监督制度的有机组成部分。

在中国集权制权力架构模式下，法律监督制度具有其必然性：这是我国政党制度的应然选择，是一元分立权力架构的实然产物。正如樊崇义教授的深刻论述：“不同于西方的三权分立，一元分立的权力架构下各种权力不具有制约与监督的当然属性，在彼此缺少权力关联链条，权力难于动态守衡的前提下，单设一种独立的法律监督权力，有利于权力的良性运行，是科学分权的必然要求。”① 因此，置于权力控制的视角之中，法律监督的理性内核就变得清晰明朗了。

（二）辨析和厘清制约、监督、法律监督、诉讼监督等关键词之间的关系

鉴于我国的权力控制制度主要以权力监督制度为依托，辅之以人大监督、行政监察、法律监督等具体的监督制度。所以，理论界和实务界在论及法律监督的时候，往往对“监督”、“法律监督”和“诉讼监督”不做区分，不

---

① 樊崇义：《一元分立权力结构模式下的中国检察权》，载《人民检察》2009年第3期。

仅是口头表达不做区分，而且有学者在学术研究方面也不做区分，于是就产生了“检察机关的侦查是监督，为什么公安机关的侦查不是监督”，“检察机关对法院的制约是监督，为什么法院对检察机关的制约就不是监督”等质疑。其中，重要的原因之一就是没有厘清制约、监督、法律监督、诉讼制约、诉讼监督等几个关键词之间的关系，也就难免出现逻辑混乱。

1. 权力制约与权力监督的关系

制约与监督是控制权力的两种普遍手段。二者既有联系也有区别。联系即都是控权手段，为了保障权力的理性和正确行使，防止滥权、擅权。区别主要体现在运行机理方面，包括产生前提、运行方式、运行时间、控权强弱、外延大小①等都不相同。对两种手段进行区分有利于厘清两种控权手段的存在机理、运行规律和适用条件，使两种手段互相补充，相得益彰，更好地控制权力。

2. 监督、法律监督与诉讼监督的关系

从概念的内涵看，都是控制权力；从概念的外延考察，监督大于法律监督，法律监督大于诉讼监督。

第一，之所以说监督大于法律监督，一是因为从语法角度看，在“监督”的前面冠以“法律”这个定语，则必然缩小了“监督”的外延。二是因为在我国宪法文本中，“监督”出现了16次，“法律监督”仅出现了1次，在有关人民代表大会及其常委会的职权规定中，均使用“监督”而不是“法律监督”。可见，宪法的立法原意已经将“监督”与“法律监督”做了区分，并将“法律监督”置于“监督”之下。三是因为在我国除“法律监督”外，行政监察、纪律检查、审计监督、食品药品监督、质量技术监督、安全生产监督等都是监督制度的组成部分，所以“法律监督”是监督的一个部分。

第二，之所以说法律监督大于诉讼监督，一是因为从语法角度看，在“监督”的前面分别冠以“法律”和“诉讼”的定语后，比较这两个限定词的大小便可知本词外延的大小。很显然，法律的外延要大于诉讼的外延，所以法律监督的外延大于诉讼监督的外延。二是因为“法律监督”在我国现阶段是一种特殊的宪法授权，既是名称授权，也是职权授权。只要宪法对检察机关的授权没有修改，虽然在应然层面一直存有争论，但在实然层面，检察

---

① 制约与监督作为控制权力的两种手段，尺有所短，寸有所长，笔者不赞同对二者做外延大小的区分，但是有不少文章对二者的种属关系进行了研究，并指出二者外延的大小关系。如果一定要做点区分，笔者认为监督的外延大于制约，对此后文有述。

机关的所有活动都是在实施法律监督。但是，这并不等于说检察机关的所有活动都是诉讼监督，如批捕、起诉是诉讼，亦即诉讼制约，不是诉讼监督；又如，在预防职务犯罪等工作方面所发出的检察建议就不是诉讼监督（如图1所示）。

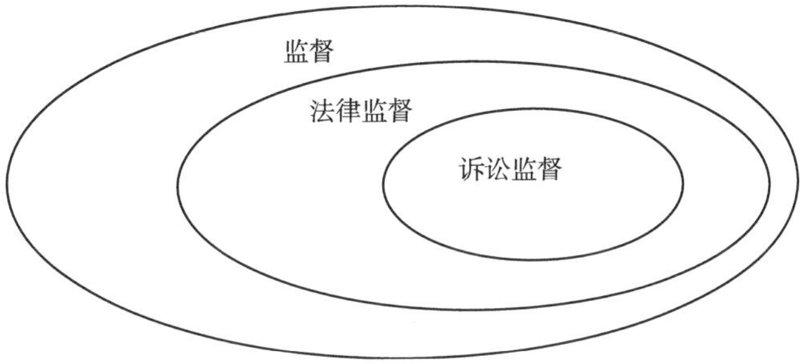

图1　监督、法律监督与诉讼监督关系图

3. 辨析法律监督、诉讼制约与诉讼监督的关系

即便是严格实行“庭审中心主义”的国家，也将侦查、起诉和审判三项权力赋予不同的国家机关来行使，使这三项权力在诉讼过程中互相制约，这是由诉讼的规律所决定的。从我国法律规定看，法律监督包括检察机关实施的诉讼制约和诉讼监督，诉讼制约与诉讼监督既有联系也有区别。

第一，法律监督包括检察机关实施的诉讼制约和诉讼监督。一是因为侦查、起诉和审判三项权力由不同的机关行使是刑事诉讼的普遍规律。我国宪法和法律均有明确规定，本书称之为诉讼制约。二是因为我国宪法和法律除了规定检察机关行使批捕、起诉等诉讼制约职能外，还规定了诉讼监督职权。三是因为检察权与法律监督权在实然层面具有同一性，检察机关实施的诉讼制约也应当属于法律监督的范畴。但是，本书反对将法律监督和诉讼监督不做区分，并认为侦查、批捕、起诉也都是诉讼监督，因为这混淆了诉讼制约与诉讼监督的关系，将二者等同或混同使用。四是因为“法律监督”是一种特殊的宪法授权，既是名称授权，也是职权授权，公权力行使的规则是“法无规定不能为”。所以，检察机关对行政机关（职务犯罪侦查）、侦查机关、审判机关的诉讼制约是宪法意义上的“法律监督”，而这些机关对检察机关的反向制约就不是宪法意义上的“法律监督”，但这些反向制约仍然是宪法规定的诉讼制约，而且属于监督。

第二，诉讼制约与诉讼监督既有联系也有区别。二者的联系都是控制侦查权、检察权和审判权的滥用，二者的区别包括：一是功能不同，诉讼制约侧重于诉讼功能，诉讼监督则侧重于监督功能；二是运行方向不同，诉讼制约是一种双向行为，互相制约，而诉讼监督是一种单向行为，是检察机关的单方督察；三是运行条件不同，诉讼制约的运行要受先行为的限制，先行为发生后方能产生制约，而诉讼监督不以先行为的发生为前提，诉讼过程中随时可能发生；四是控权强弱不同，诉讼制约是诉讼权力的一种内力控制，主要依靠诉讼权力运行的制度化、程序化进行控制，所以控权力度较强；诉讼监督则是诉讼权力的一种外力控制，一般表现为纠正违法行为的意见或建议，所以控权力度较弱（如图2所示）。

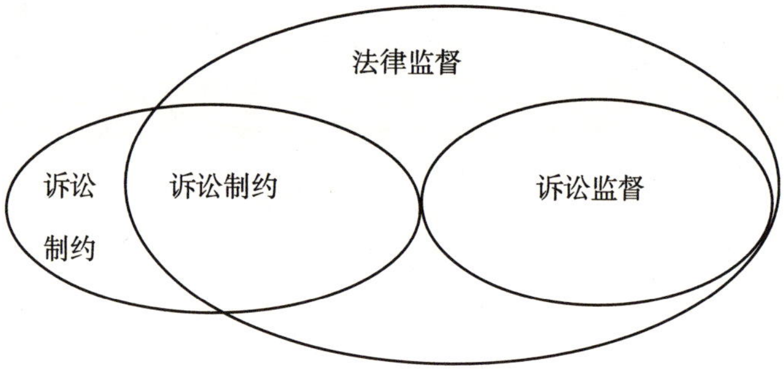

图2　法律监督与诉讼制约、诉讼监督关系图

在厘清检察机关的职权哪些是诉讼制约，哪些是诉讼监督后，鉴于检察机关集诉讼职能与诉讼监督于一身的弊端，建议将诉讼制约与诉讼监督适度分离，遵从诉讼制约规律，强化诉讼监督。适度分离的总体结构是，对于严重的违法犯罪则要启动专门的诉讼监督，交由专门的诉讼监督部门，由专人去办理；对于一般的违法案件，则可以在行使诉讼职能的过程中及时发现并指出，不必专门机构、专人办理，这也符合诉讼经济原则和司法资源使用的比例原则。

（三）完全中国本土化地研究法律监督制度的动因

法律监督是中国的特色，国外没有，可以说“法律监督”是中国的独创，那么寻找这一制度的动因就应当立足于中国本土，而不是立足西方国家的检察制度并以之作为标准来评价我国的法律监督制度。与其在西方国家那一套理论中绕来绕去，不如从中国本土出发，论述我们自己的制度特点和原因。

当然，本书不是反对从西方检察制度的沿革和发展中寻找诸如分权制衡、诉讼制约、裁判中立等为我所用的司法文明成果，只是在两种完全不同的制度模式下，如果完全忽视中国的制度、国情和法律传统去寻求检察机关的制动动因，至少不是实事求是的。龙宗智教授也认为，对于中国的法律监督制度，仅仅从列宁关于苏联检察制度的意见与苏联模式中寻找渊源与正当性显然是有问题的。这一思想与制度模式毕竟是针对他国的情况所做的制度构想，而且彼国的实践并不能证明它的成功，也即并不能有效地解决这种制度如何在中国这块土壤生根的问题，不能有效地回应在今天的改革开放的历史条件下，在社会转型时期，国家与社会对检察制度建设的现实需求。[①] 在中国，几千年中央集权模式的政治制度传统、法治意识普遍不强的法律传统、一元分立的权力架构模式、依法治国的方略的推进、公民民主法治意识的提高、诉求多元化的发展、社会管理创新、法律的发展进步都需要有一个护法机关承担维护法律统一正确实施的职责。

（四）提出并研究了理性法律监督的理念与进路

在强化对权力制约与监督这一基本精神指导下，无论是司法体制和工作机制改革还是刑事诉讼法、民事诉讼法的修改，都体现了强化法律监督的理念。因此，有学者认为，2012 年刑事诉讼法修改的一个重要特点就是全面强化了检察功能。也有学者认为，检察机关在刑事诉讼法修改中是最大的赢家。[②]

刑事诉讼法、民事诉讼法的很多修改内容都是理性论证的结果，如将“尊重和保障人权”作为一项基本任务写入刑事诉讼法就是最大的理性表现。围绕这一基本任务，在强化侦查权、诉讼监督权，突出庭审中心主义的同时，也通过如非法证据排除规则、羁押必要性审查、强化和保障律师辩护权等内容对侦查权、诉讼监督权和审判权予以规范、限制和制约，可见在授权的同时充分考虑了限权，这本身就是最大的理性。刑事诉讼法和民事诉讼法的修改内容暂时消弭了法律监督的存废之争，但并不是说有关法律监督权的争论会销声匿迹。

权责历来相伴而生。法律监督是一项公权力，同样也需要制约和监督。就检察机关而言，不能因为法律监督权的强化就片面地理解为“扩权”成功，而忽视应当承担更多的责任和接受制约、监督，否则基于维护公平正义的法律监督权也一样存在被滥用的风险，一旦如此，法律监督权存废之争同样又会风生水起。所以，越是在理念和机制上重视法律监督权，越是强化法律监督，就越是应当树立并强化理性法律监督的理念，规范法律监督的行为。

---

① 参见龙宗智：《我国检察学研究的现状与前瞻》，载《国家检察官学院学报》2011 年第 1 期。

② 参见龙宗智：《理性对待法律修改 慎重使用新增权力——检察机关如何应对刑诉法修改的思考》，载《国家检察官学院学报》2012 年第 3 期。

为此，要研究刑事诉讼法、民事诉讼法新规定中彰显理性法律监督的内容，对法律监督运行过程中的内外部环境进行非理性内容的检视，查找出法律监督的非理性的规定和行为，确立理性法律监督的原则和进路。

（五）提出了法律监督权应当回归作为一种权力类别的应然地位

在政治体制和权力架构中，以前没有，以后也不会有一种当然的体制和架构放之四海而皆准。“没有两个政府在其制度结构或运作模式上是一模一样的。”① 三权分立有其产生的历史背景、现实需要和客观优势，但也有其自身无法克服的弊端。孙中山虽然谙熟西方政治制度，但在民主革命过程中并没有照搬三权分立制度，因为他认为，“西方宪法在政府机关采取的三权分立制度中，行政机关拥有考试权将可能滥用人才，立法机关拥有监督权则将有国会专制的流弊，因此认为应该将此两者分离，另设考试院和监察院，此乃五权分立之由来”②。在此基础上，提出了将监察权作为治权与行政权、立法权、司法权、考试权并列的“五权宪法”。纵观中国历史，统一多民族国家时期占据了绝大部分中国历史，一元分立的集权体制不是新中国成立之后才有的。在一元分立的集权体制下，不具有分权体制下各种权力之间天然的互相制约，但是控制权力之必要则国无论体制，时无论古今。

我国宪法在人民代表大会的最高权力之下分设了行政权、审判权、检察权和军事权，并明确规定检察机关是国家法律监督机关。可见，法律监督是我国宪法确立的对国家权力实施监督的一种形式，建立在宪政基础之上的法律监督权正充分体现了法律监督权在国家政治制度中的政治价值，这也决定了法律监督权作为一种独立国家权力的应然性地位。当然，法律监督政治地位的直接体现是其法治地位，即维护国家法律的统一正确实施，保障公平正义的实现。因此，可以说法律监督权的法治地位正是现代民主法治宪政的本质要求在中国国家政治制度中的具体运用。当前，我国检察机关的法律监督大多局限于对诉讼权力的监督，因此有学者认为狭义的法律监督就是诉讼监督，而且诉讼监督主要是指刑事诉讼监督。这正是中国法律监督的现状，这距离宪政意义上应然性的法律监督地位还相去甚远。尽管如此，有关法律监督权是否有必要存在，为什么法律监督权交由检察机关行使的纷争也从来没有消弭。但是，中国的政治体制决定了法律监督的必要性和必然性，无论把

① ［美］斯科特·戈登著：《控制国家——西方宪政的历史》，应奇等译，江苏人民出版社 2001 年版，第 17 页。

② 孙中山：《五权宪法之讲解》，载孟庆鹏编：《孙中山文集》，团结出版社 1997 年版，第 539 页。

这项权力交给任何一个机关来行使。即便确如有学者所论，当检察机关变成专司公诉职能的机关，那么一定会有一个其他的机关专司法律监督。反观我国现存的其他各种监督，或者是系统自我监督，或者是部门内部监督。我们从来不能否定一种权力自我监督和内部监督的作用，而当这种监督越来越在保障权力正确行使方面发挥特殊重要作用的时候，这种监督距离法治本义却越来越远。所以，在建设法治国家的进程之中，既然权力监督成为必要，为什么不是法律监督作为权力监督的手段？因为更加让人信服的是，法律监督才是法治之下的控权手段而不是人治之下的控权手段。所以，在确保中国共产党完整的领导地位前提下，在人民代表大会的最高权力之下，应当让法律监督回归其控制权力的法治意义上的本原手段。

四、研究意义

法律监督制度也是一个不断发展完善的过程，在这个过程中，难免会有争论。制度的存废之争可以通过立法来解决，但避免擅权、滥权则要依靠完善的控权机制和权力主体正确行使权力来解决。一项制度的实施情况，或经过实践检验的制度优劣是立法者考虑一项制度存废的基本根据之一，可以说只有理性地实施法律监督，充分发挥好这一制度的特色和优势，才能确保法律监督制度的科学发展、可持续发展。因此，研究理性法律监督对于强化对公权力的制约与监督、发展完善法律监督制度、完善司法体制和工作机制、维护社会公平正义、推进依法治国具有十分重要的意义。

五、研究方法

本书研究方法主要包括法哲学研究方法、历史研究方法、比较研究方法、实证研究方法。法哲学研究方法是从哲学的角度和用哲学的方法来研究和思考法学问题的一种方法，注重探求和利用法律制度的内部规律；历史研究方法是把历史上确立的法律制度和现象放在当时特定的历史条件和环境下，客观地进行研究分析，不能以现在的标准对过去求全责备；比较研究方法是对两个或多个法律制度进行对比性研究，从中找出它们之间的异同点，力求概括出一般性规律；实证研究方法是通过对研究对象大量的观察、实验和调查，获取客观材料，从个别到一般，归纳出事物的本质属性和发展规律，包括观察法、谈话法、测验法、个案法、实验法等具体方法。

总体来看，本书是在研究什么是理性的法律监督，为什么要坚持理性法律监督以及如何实施理性法律监督。在研究什么是理性的法律监督过程中，会涉及理性的概念、溯源，法律监督的概念、溯源，以及理性法律监督的含义、界定等问题。因为理性本身是一个哲学范畴，加之与相关概念的区别与联系，需要综合运用法哲学研究方法、历史研究方法和比较研究方法。在研究为什么要坚持理性法律监督过程中，会涉及法律监督制度的设计动因、历史沿革、立法情况、实施效果、存在的问题等方面内容，需要综合运用历史研究方法、比较研究方法和实证研究方法，以探寻法律监督制度的发展规律、理论依据，结合司法实践检视实施法律监督过程中存在的问题。在研究如何实施理性法律监督过程中，会涉及非理性法律监督存在的原因，应当坚持的理念、原则，需要处理的矛盾和关系，理性法律监督的价值取向和运行机制等问题，需要综合运用历史研究方法、比较研究方法和实证研究方法。

第一章　理性与法律

法律是远离激情的理性。

——［古希腊］亚里士多德

理性，十分简明，但又特别深奥。理性之简明使人一目了然，人们基于惯常的、常识性的标准便可轻易作出判断，是否理性无须多言，且争议不多；理性之深奥使人一头雾水，因为自“理性”一词产生以来，中外无数的哲学家、思想家、政治家、法学家对其认识、理解至今仍然莫衷一是。但是法律①就大不相同，法律一出现总是以一副清晰的面孔示人，尽管概念层面也有不同的理解，但是始终不像理性那样雾里看花。就理性与法律的关系而言，虽然在法律的种种概念中均看不到“理性”二字出现，但是理性与法律总是如影相随，甚至如古罗马的西塞罗所言，“法律即理性”。②

第一节　法学视角下理性的一般考察

理性始终是人们追求和赞许的对象，所以人们对理性总是孜孜以求。在立足一定的视角研究理性的时候，人们对理性的理解也是仁者见仁，智者见智。本书开宗明义地阐明理性是一个十分简明却又特别深奥的概念。笔者不才，看看“理性”觉得似曾相识，十分简明，但是如果要对理性单独做点研究，实在是惶恐之至。因此，这里奉行“拿来主义”，对理性在法学视角下做点一般考察，并作简单思考，以期能对后文有所帮助。

① “法”、“法学”与“法律”之内涵与外延均有区别，此处意在探讨其与理性之共性，故未做区分。

② ［古罗马］西塞罗著：《论共和国 论法律》，王焕生译，中国政法大学出版社 1997 年版，第 192 页。

一、理性的含义及其理解

“理性”是西方哲学中的一个经典概念，“哲学的根本问题便是理性问题”。[①] 在法学领域，对理性的研究也是由来已久。在现代西方的法学流派当中，几乎都对理性进行了深入的研究，“自然法学派、分析法学派和社会法学派的形成发展一开始就是建立在共同理性基础之上的，它们的矛盾和分歧也主要来源于对理性含义的不同解读”。[②] 在法学视角之下，“理性”到底是什么？有什么不同于哲学范畴的基本特征？由哲学范畴的“理性”之争走向法哲学、法学范畴的“理性”之争，中西方的学者依然众说纷纭，莫衷一是。

（一）法学视角下西方对“理性”的理解

“理性”一词在英文中为 reason，《牛津法律大辞典》（*The Oxford Companion to Law*）对“理性”一词解释为：“reason 理性，指能够鉴别、判断、评估、认识真理以及使人的行为符合特定目的等方面的智能。尽管它与想象力、记忆力、直觉、情感、感觉、意志等官能一起发挥作用，但与它们是不同的。理性通过与论点具有说服力的论据发现真理，在这一点上它不同于信仰，后者依靠对权威、神或人的信赖；理性是通过逻辑的运用而非仅依靠表象而获取知识，在这点上它不同于感觉——直觉。培根明确地将理性区别于信仰，笛卡儿和康德将批判理性检验的标准确立为他们哲学的核心主题。黑格尔认为哲学的功能是在自然、经验与现实中发现理性的哲学作用。”[③] 本书认为，从《牛津法律大辞典》对“理性”定义的这个表述看，对理性的定义仍然根植于哲学范畴的定义之中。因此，在法学视角下，理性仍然是一种能力，既包括认识方面的能力，也包括行为方面的能力，它以主体的不同于直觉、表象等的思维方式运行。然而，人是社会的人，由于每一个人所处的历史时期不同，决定了这一历史时期的法律环境、人文环境、认知能力、科技发展水平必然不同，所以人们在研究理性的时候难免受到这些因素的影响，因此人们对理性的理解也不可能相同。事实上，人们曾从不同的角度对“何

---

① ［德］哈贝马斯著：《交往行动理论》（第一卷），洪佩郁、蔺青译，重庆出版社 1994 年版，第 15 页。

② 王新举、申永贞：《论现代西方主流法学流派对理性的解读》，载《广东社会科学》2012 年第 1 期。

③ ［英］戴维·M. 沃克著：《牛津法律大辞典》（The Oxford Companion to Law），李双元等译，法律出版社 2003 年版，第 941 页。

为理性”进行探讨，围绕对理性概念的读解也作出了不同的概括和表述。

在本体层面上，理性是指事物的本质。从词源上看，理性概念在古希腊源于“逻各斯”（Logos）和“努斯”（Nous）这两个词。古希腊哲学界的赫拉克利特认为，Logos是“共同的”，“一切都遵循着这个道”，[①] 是一种人们必须普遍遵循的规则，Logos作为理性的最初表达正是指存在关系的这种“规则性”。[②] 柏拉图在《法律篇》中强调，法律是理性的命令，法律是公道和正义的标志。亚里士多德继承了这一传统，把法律与理性、正义等同，认为“法律的实际意义应该是促成全邦人民都能进于正义和善的（永久的）制度”[③]。19世纪德国哲学家黑格尔则将本体理性观念推向极致，认为“对于人类社会而言，‘理性’就是抽象法、道德、伦理”[④]。

在认知层面上，理性是指人所特有的超越一切动物水平之上的认识和适应环境的能力，是人的一种特殊的认知能力，是人在感性经验的基础上，运用分析、综合、归纳、演绎、辩证研究等方法对感性的知觉、感觉、印象、表象、观念做去粗取精、去伪存真的深入思考，从而得到对复杂事物的现象、表象之后的本质或本质性联系的知识的思维过程。这种观念在西方哲学史上也十分盛行。古希腊苏格拉底提出，德行就是知识，德行就是理性。他认为，知识来自理性，认识事物，就是用理性推理确定事物的概念，达到对事物本质的认识。[⑤] 柏拉图认为只有理性才有获得知识的能力，[⑥] 欧洲中世纪经院哲学的代表人物托马斯·阿奎那把人之理性中的思维理性理解为直观地获得真理性知识的能力和借助他物进行探索、推理而获得间接真理性知识的能力。[⑦] 17世纪法国哲学家笛卡尔运用批判地怀疑的方法提出一个著名的结论：“我思，故我在”，进而认为认识外界事物不能靠感官，必须凭精神，所谓“精神”便是思维的理性，即人的一种理解力、判断力、逻辑思维能力，[⑧] 确定了人的理性思维的至高性。从法哲学和法社会学的角度考察，美国学者E. 博登海默认为，理性乃是人用智识理解和应对现实的（有限）能力。有理性的

---

① 北京大学哲学系外国哲学史教研室编译：《西方哲学原著选读》（上），商务印书馆1981年版，第21~22页。

② 张汝伦著：《历史与实践》，上海人民出版社1995年版，第270页。

③ ［古希腊］亚里士多德著：《政治学》，吴寿彭译，商务印书馆1981年版，第138页。

④ ［德］黑格尔著：《历史哲学》，王造时译，三联书店1956年版，第47、73、76页。

⑤ 苗力田主编：《古希腊哲学》，中国人民大学出版社1983年版，第202~205、221~223页。

⑥ 苗力田主编：《古希腊哲学》，中国人民大学出版社1983年版，第272~298页。

⑦ 周辅成编：《西方伦理学名著选辑》（上卷），商务印书馆1964年版，第374~375页。

⑧ 胡晓萌：《法与理性》，载《理论界》2006年第2期。

人能够辨识一般性原则并能把握事物内部、人与事物之间以及人与人之间的某种基本关系。有理性的人有可能以客观的和超然的方式看待世界和判断他人。他对事实、人和事物所做的评价，并不是基于他本人的那些未经分析的冲动、前见或成见，而是基于他对所有有助于形成深思熟虑之判决的证据所做的开放性的和审慎明断的评价。他不会关注因辨识事物真相而会给他个人的物质利益所造成的后果。①

在价值层面上，理性强调理性与人的生存意义的关系，认为人的生存的意义和价值也根源于理性。几乎所有人类行为，包括道德、政治、法律、文化等都有一个价值选择和价值取向的问题，价值理性都在起制约作用。设定一定的价值标准和取向，将自己向往的东西作为理想进行追求，对有关事物进行评价，是人之为人的本质。价值理性通常表现为一种精神、一种追求，如自由、正义、平等、秩序等。法学史上的"理性法律观"更多地体现这种价值理性。康德说，人自己立法，自己遵守；位我上者，灿烂的星空，道德律令，在我心中。都是强调价值理性的力量。②

在行为层面上，理性是指人的行为的自我约束和控制能力，类似于我们经常说的"有理智"。主要指的是人的行为自觉性，包括行为的选择是在冷静的情况下经过认真思考和谨慎筹划的，行为的结果是早在预料之中或基本符合原先的设想，有较大的可预测性。人们可以通过适当的训练，养成习惯，运用理性意志控制自然欲望或感性，选择合理的行为。由于它涉及人的行为的发生、控制机制问题，所以有强烈的实践性。斯宾诺莎认为理性可以支配情欲。在理性指导下，人们可以避恶从善，或在比较权衡中，选择较大之善。理性可以为人们确立行为规则，这是理性命令。③ 美国社会法学家庞德认为，人类必须对自己的行为进行社会控制，才能在秩序范围内进行社会生活，才能维护文明的社会。这种支配力是直接通过社会控制力来保持的，是通过人们对每个人施加的压力来保持的，施加这种压力是为了迫使他尽自己本分来维护文明社会，并阻止他从事反社会的行为，即不符合社会秩序假定的行为。④

---

① ［美］E. 博登海默著：《法理学：法律哲学与法律方法》，邓正来译，中国政法大学出版社2004年版，第473页。

② 转引自陈刚：《当代西方的理性主义》，载《江苏社会科学》1999年第3期。

③ ［荷］斯宾诺莎著：《伦理学》，贺麟译，商务印书馆1958年版，第204～205页。

④ ［美］庞德著：《法律史解释》，曹玉堂、杨知译，华夏出版社1989年版，第149页。

（二）法学视角下中国对“理性”的理解

在中国古代汉语中，“理”通常与“道”联用，俗称“道理”。中国古代汉语中的“理性”一词最早可能出现于汉代徐干的《中论·治学》：“学也者，所以疏神达思，怡情理性，圣人之上务也。”其意思是“涵养性情”，后来“理性”被用作“道理”、“理智”等意思。20世纪后期，在西方哲学理性思想的影响下，我国学者也开始了对理性问题的研究。同样，人们对理性也有着不同的解读：有的学者认为，在古希腊社会，最初的理性概念主要是指事物的存在及其显示的方式，包含在对话与交谈中去认识的意思，但总体上是一个本体论意义上的概念。① 有学者认为，理性首先指的是一种能力，其次是指一种态度、一种伦理。② 还有学者认为，它作为人类对于自身心智状态的一种近似描摹，所隐含的乃是人类对于社会行为的一种预设和预期。③ 在我国《辞海》中，理性一般指概念、判断、推理等思维活动或能力；理性还是划分认识能力或认识能力发展阶段的用语。④ 在法学视角下，我国对理性也有不同的理解，不同时代有不同的理解，不同代表人物也有不同的理解。

在春秋时代，诸子百家中儒、道、法、墨均有对“理”的论述，其表述各异，但总体是指法则或规律。⑤ 这还不是严格意义上的“理性”思想，而是中国传统的“法治”（治理国家的方法）思想，或曰中国传统上的具有理性色彩的治国安邦之道。但儒家的“礼治”观已经体现了对国家的“理性之治”，可以说这是对西周时期“出礼入刑”思想的扬弃，也是儒家理性观的集中体现，“刑”（即“法”）体现更多的还是“理性之治”的一种价值判断，主导思想还是道德之治。与之不同，管子提出的“以法治国，则举措而已”⑥ 在一定程度上隐含了法治思想；先秦法家反对道德之治，主张“法虽不善，犹善无法”，这就突出体现了法律在“理性之治”方面的工具作用。至此，实际上已经产生了法律在“理性之治”中是价值作用还是工具作用的分野。此后历朝历代，虽然儒家思想成为封建社会的正统思想，但是法家有关法律工具作用的思想却在封建统治中被沿袭下来。遗憾的是，在传统且强

---

① 参见葛洪义著：《法与实践理性》，中国政法大学出版社2002年版，第19页。

② 参见王一乐：《逻辑、理性与信仰》，http://www.booker.com.cn，访问时间：2012年12月20日。

③ 参见野鹤：《关于理性的反思与断想》，载《探索与争鸣》2003年第1期。

④ 《辞海》，上海辞书出版社2000年版，第1467页。

⑤ 参见《哲学大辞典》，上海辞书出版社2001年版，第1408页。

⑥ 参见《管子·明法》。

大的人治环境下，法律为用的思想变成了人治的工具而不是“理性之治”的方法选择。可见，“中国传统社会不缺乏理性精神，而且它还成为中国传统法律文化生成发展的精神内核”①。

可见，理性是历史的产物。理性并非某种绝对的超自然、超历史的东西，要受到它产生的时代条件、历史条件的制约，只有与一定时代和历史条件相应的理性，而没有超越历史、超越时代的理性。法学视角下的理性亦然。理性的概念经过了历史的变迁，不是一成不变的，它具有多种内涵。因此，不分时代地为理性下定义是一件非常困难的事。不同历史时期人们对理性概念的不同认识，反映出理性本身的复杂性。本书认为，随着社会的发展，理性从古希腊最初的主要指事物的存在及其显示方式，到现在已发展为认知层面和行为（实践）层面上的概念。因此，本书认为，理性的内涵既是指一种思维活动，也是指一种行为方法，即通过一种思维活动指导人的行为的一种方法，并借由以实现本质目的。

二、理性的基本特征

在理性概念不断发展完善的过程之中，理性的基本特征也随之不断地发展和完善。其中，必然有一些特征是共同的，或曰在发展完善的过程中被人们普遍认可和接受的。英国哲学家罗素认为，所谓理性，实际上可以用三个特征作为它的定义。首先，它依靠说服而不是依靠武力；其次，它谋求使用者相信是完全正确的观点，进行说教；最后，在提出意见的过程中，它尽可能使用观察和归纳，尽可能少用直觉。② 英国社会学家里克曼认为理性哲学的基本观念由四个原则构成：第一，人们只能接受建立在经过彻底地、批判地考察证据和正当之上的真理；第二，现实是可知的，因为它具有一种理性的因而从理智上可以理解的结构；第三，强调自我认识的重要性，即批判性地研究思维的认识能力；第四，人类在选择手段和目的方面合理地指导自身行为的能力。③ 我国学者对此也有相似的理解，认为理性是人类所追求的一种状态。这种状态以人们对事物的本质及其规律性的认识为基础，为自己设定合理的目的，并选择最适合目的的实现的手段，自觉控制和排除与目的相悖的冲动的干扰，以实现自己的目的。……理性本身包含着一些必不可少的要

---

① 曹也汝：《试论中国传统法律文化的理性基础》，载《东南学术》2002 年第 1 期。

② ［英］罗素著：《罗素文集》（第3 卷），靳建国译，内蒙古人民出版社 1997 年版，第 340 页。

③ ［英］里克曼著：《理性的探险》，姚休等译，商务印书馆 1996 年版，第 11 页。

素。这些要素是：（1）对对象的理性认识；（2）基于价值判断的目的确定和目标设定；（3）手段选择；（4）行为节制。①

综合不同历史阶段、不同学术流派对理性的不同解读，本书认为，理性的特征虽然不限于但主要包括以下三个方面：

（一）以对事物的本质认识为基础

首先，认识的主体是“人”，外部世界是客体，“人”的理性保证了人类获取的知识具有客观性和真实性；其次，从认识对象来说，客观世界存在必然的、普遍的规律，现实可以被认识，规律能够由人类智力所把握；最后，从认识的结果来看，有理性的人在正常的思维状态下，对大量的感性材料，能够运用智力、知识和技能识别各种事物的一般性、普遍性原则，经过去粗取精、去伪存真，透过片面的、表象的、混杂的感官印象和感性知觉，抓住事物内部、人与事物之间、人与人之间的某种本质关系。

（二）以对事实现象的理智处理为方法

首先，要有冷静的态度，处理事情不慌张。其次，要有理性的方法。在全面掌握客观事实的基础上，通过运用分析、综合、归纳、演绎等方法对感性材料进行深入思考，形成概念，然后运用概念之间的联系进行逻辑推理，作出深思熟虑的判断，并以系统分析的方法认识世界。最后，要有理智的行为。能对感性的欲望和冲动进行控制和约束，经过认真思考和谨慎筹划，使自己的行为不违反客观实际和规律，并以最适当的方式方法处理和解决问题。

（三）以对根本目标的科学实现为目的

首先，要有预定的目标，人既然要进行理性选择，就是有意识和有目的性的。其次，要对后果有预知，行为的结果是早在预料之中或基本符合原先的设想，有较大的可预测性，这种预测不是随心而为的，而是从感性的多个方面进行了解和总结，并在换位思考后的客观分析、判断、推理后得出的。最后，设定的目标不是超越正常的思维和条件的空中楼阁，而是能够通过综合利用各种条件，并被外界环境和因素所许可而能够实现。换言之，理性的目标要根植于生活本身，符合现实，方可科学实现。

第二节 法律与理性的关系

从在法学视角下对理性的一般考察可以发现，无论见之于哪一个历史阶

① 张智辉著：《刑法理性论》，北京大学出版社2006年版，第25～28页。

段和理论流派的观点，理性一直是法律思维中的核心概念之一，理性与法律密不可分。亚里士多德认为："法律可以被定义为不受主观愿望影响的理性……法律恰恰正是免除一切情欲影响的神祇和理智的体现。"① 西塞罗指出："法律乃是自然中固有的最高理性，它允许做应该做的事情，禁止相反的行为。当这种理性确立于人的心智并得到实现，便是法律。"②

一、法律与理性的关系

法律作为解决社会矛盾、调整社会关系的产物，从其产生到发挥作用，再到适用法律产生的结果，都是对野蛮的、盲从的、感性的认识和行为的控制与排斥。法律作为人的有意识的创造物，与理性总是存在一种天然的内在联系。法律是理性发展的产物和集中体现，是凝结在社会规则中的理性，也是理性在调整社会关系中得以发挥作用的载体。

（一）法律的产生是理性发展的产物

从法理学的研究来看，法律起源于禁忌和习惯。"禁忌是人类最古老的法律形式，它的存在通常被认为远比神的观念和任何宗教信仰的产生还要早。"③ 原始人最初是没有也不知道禁忌的，他们在大自然面前为所欲为的过程中也受到大自然的惩罚，于是他们就记下了什么是能吃的、什么是不能吃的、什么是能做的、什么是不能做的等，这就是最原始的禁忌。禁忌的出现，无疑是对生活经验的总结，但又不是简单的总结，而是实验、筛选、印证的过程。在这个过程中，人们学会了思考。于是，思考成了人类理性的开端。习惯是人们经过实践而固定下来的一种行为方式和生活准则，是人类对外部行为自觉调节的开端。习惯源于禁忌，"是那些具有现实性和普遍性的禁忌，这本身就是理性筛选的结果"④。之后法律从习惯中慢慢演化出来，形成习惯法，然后由习惯法产生成文法。从自然法学的角度看，近代资产阶级自然法学的创始人之一格老秀斯认为，人类的本性是自然的，人类的本性是自然法的本源，也是法律的本源，所以他将自然法定义为"一种正当理性命令"。⑤《牛津法律大辞典》亦解释："由于'人的本性'，理性是自然法思考的起点，

---

① ［古希腊］亚里士多德著：《政治学》，吴寿彭译，商务印书馆1960年版，第17页。

② ［古罗马］西塞罗著：《论共和国 论法律》，王焕生译，中国政法大学出版社1997年版，第189页。

③ 王学辉著：《从禁忌习惯到法起源运动》，法律出版社1998年版，第9页。

④ 周长龄著：《法律的起源》，中国人民公安大学出版社1997年版，第127页。

⑤ 转引自葛洪义著：《法与实践理性》，中国政法大学出版社2002年版，第17页。

因为理性是将人区别于世界上其他事物的品质，与人的观念本质协调或冲突的东西运用理性予以揭示。自然法源于将理性运用于人的本质。因为自然法长期的影响，因而在法律思想史上是一个极重要的因素。”① 结合法律的产生，可以看出作为法律产生源头的禁忌、习惯都是人类理性的直接产物，而习惯法、成文法无疑更是理性发展的产物，没有理性就没有法律。

（二）法律是调整社会关系的理性选择

社会是人的社会，人的本质是一切社会关系的总和。当人与人共存于社会之中，必然能产生一定的社会关系。从人类产生的历史看，社会关系是由生产关系决定的，在原始社会的生产关系之下，人和人之间的关系是由禁忌和习惯调整的，随着生产力的发展和社会的分工，出现了剩余产品和私有产品，于是私有制逐渐取代了原始社会的公有制，国家制度代替了氏族制度。生产关系的变化产生了奴隶主阶级和奴隶，随着社会的发展，封建社会代替了奴隶制社会，产生了地主阶级与农民阶级，后来又产生了资产阶级和无产阶级。生产关系的巨大变化必然带来社会关系的变化，于是在这些社会发展阶段的不同阶级之间便产生了不可调和的矛盾和纠纷。

社会的发展总是要解决矛盾和纠纷。在人类社会早期，矛盾产生的数量和破坏程度不大，加之有禁忌、习惯的调整，人们寻求“私力救济”的方法来解决矛盾，一般是依靠矛盾双方个人的力量或双方所在的社会群体的力量来解决纠纷，人类早期社会比较典型的“私力救济”的方式主要包括复仇、决斗、部落间的战争等。随着社会经济文化的发展和国家的产生，国家的统治阶级逐渐认识到“私力救济”是一种血腥的纠纷解决方式，而且统治阶级还认识到，比较轻微的矛盾纠纷表现为矛盾双方当事人的个人恩怨，而严重的矛盾纠纷通常会危害到社会的稳定，有的甚至危及统治阶级的统治地位。而且，随着社会文明的进步，矛盾双方也逐渐认识到这种血腥的解纷机制已经不能满足人们的需要，尤其是对于那些势单力薄的个人或者族群，他们更渴望通过一种和平的方式来解决纠纷，避免血腥的争斗。所以，国家便介入并干预矛盾的解决之中。但矛盾的解决总是要有利于社会的稳定，这就要求介入范围和程度的一致性、干预手段和后果的统一性，也只有这样，才能更好地维护统治阶级的利益。而依靠简单的禁忌、习惯显然已经力不能及，于是法律作为符合这些要求的手段便应运而生。法律的基本要素是规范，规范

---

① ［英］戴维·M. 沃克著：《牛津法律大辞典》（The Oxford Companion to Law），李双元等译，法律出版社2003年版，第941页。

是对人们未来行为的要求，是对人们应有的行为的预先设定。人们依照法律规范，能预见自己的行为及后果。因此，法律因其明确性、稳定性、统一性、可预期性成为国家和个人的共同选择。“法律的方式是人们在经历过巨大创痛后的理性选择，它避免了血腥的厮杀，节约了社会资源，有利于良好社会秩序的建立，因而它更文明、更经济。”①

（三）法律功能的实现需要理性思维和行为

法律功能的实现主要是指适用法律并获得法律规定的结果和效果。“法律的理性是实现其他法律价值的手段和衡量其他法律价值的尺度，也是法律发展的动力。”② 可以说，法律的产生并不是理性的结束，而是理性的开始，因为法律的适用与法定结果和效果的出现，易言之，法律功能的实现才是检验和判断一部法律在多大程度上体现理性的标准。

法律的适用是对多样化内容的一个理性取舍过程。以刑事案件的法律适用为例，法律执业者在刑事案件发生后介入其中，这个时候距离案发时间无论多长，只能依靠案件的各种证据来证明并还原案件情况。可以说，审查、判断、采信证据的过程犹如对一只破碎的花瓶进行复原，虽然理论上可以无限接近，但是绝不可能原始地、完整地复原到原来那个花瓶。也就是说，案件发生的过程和场景可以无限接近，但是无法时光倒流。在这个过程中，需要的就是理性思维，也就是运用分析、综合、归纳、演绎等方法对证据材料进行深入思考，发现案件真相的思维过程，是一种符合逻辑的法律分析方法，运用理性思维有助于充分认识法律与事实，有助于法律功能的实现。另外，在查明案件事实真相后，对案件的处理就涉及法律规范的适用，这个时候就会涉及罪与非罪、此罪与彼罪、量刑轻重等一系列问题，在决定这些问题的时候，同样需要依赖执法主体的理性思维和行为。只有这样，才能避免冤假错案的出现。

选择好适用的法律之后，能不能出现法律规定的结果和效果，这也是一个理性判断和实践的过程。当被告人被定罪量刑之后，如果被告人及其辩护人认为事实不清、证据不足或者适用法律错误或者有重大程序违法行为，可以就裁判提出上诉，这是法律赋予每一个被告人的权利，也是法律的理性之处。同时，如果一起案件的裁判结果在社会上引起强烈反响，社会舆论普遍

① 杨勇：《论法律与理性的关系》，载《镇江高专学报》2005 年第 1 期。

② 参见孙笑侠：《法治、合理性及其代价》，载《法治研究》，杭州大学出版社 1996 年版，第 42 页。

认为裁判不公或者罪刑不相适应，并引发了新的社会矛盾，这虽然不能说明裁判的结果一定是非理性或者错误的，但是至少说明法律的功能没有做到完全理性地实现。不仅如此，法律功能的实现还依赖于理性的法律程序，“法律适用者的思维惰性极容易对法律适用的根据发生疏忽心理，所以每每不假思索地进行法律适用，再加之由于法律适用的职权的独属性，则表现得刚愎自用、固执己见，为加强理性地思考和对恣意的限制，弥合规范的抽象性与具体案件之间的鸿沟，正当的程序性就显得尤为重要”①。

（四）法律是实现理性社会的保证

一方面，法律离开了理性，法律就会失去它的意义和作用。一切可以凭借理性和理智把握的东西，本质上都是理性的，法律亦是如此。另一方面，法律又是理性的存在物。人们选择法律这种形式将既有的权益、期待的生活方式和追求的社会模式予以固定，这本身就是对暴力、恐怖和威胁这些方式的排斥，尽管在法律的适用和通过法律固定权益的过程中仍然会产生各种各样的纠纷，但是通过法律的手段仍然是全社会公认的和人们的期待，这体现了社会的理想，也就是说，当法律服务于人们有目的的社会生活成为惯常的、当然的思维和选择时，则理性有序的社会方可得以有效构建。要实现这种理性社会，需要运用法律这种规则形式加以贯彻和体现，因此法律对于建立、推动、维护社会生活的理性化具有不可缺少的保证作用。

二、理性之于法律的意义

丹宁勋爵曾告诫，法律“有两大目标需要实现：一是领悟法律乃是正义的，二是务使其得被公正施行”②。公平、正义是法律所追求的价值。要想实现法律的价值，理性应贯穿于立法、守法、执法和法律监督的全过程。

（一）理性立法

立法同样也需要一个过程，法律需求、立法条件、立法必要、立法手段、立法方式等都是现实需要考虑的因素。首先，在具体立法过程中，离不开对必要的概念、术语以及对这些法律概念、法律术语的理性界定，离不开对事实、行为、法律词语等的立法判断，更离不开各种形式的逻辑分析和逻辑推理。③ 其次，法律的内容要遵从规律、反映规律并能充分地利用规律。立法

---

① 孙崇凯、吴秀兰：《论法的“理性”底蕴》，载《青海师范大学学报》（哲学社会科学版）2003 年第 3 期。

② ［美］O. W. 霍姆斯：《法律之道》，许章润译，载《环球法律评论》2001 年秋季号。

③ 胡晓萌：《法与理性》，载《争鸣与探讨》2006 年第 2 期。

应着眼于人类社会生活中的共性，从社会生活的复杂多样性中抽象概括出普遍和一般，作为规制社会的准则，从而直接实现法律的明晰性、稳定性以及规范效力的普遍性，以推进社会生活的理性化。[①] 最后，法的制定过程、法的分类及结构要有理性。在立法活动中，要有明确的立法原则、立法意图、立法目标和严格的立法程序。理性还表现在合理的分类与法的结构，以及各种具体部门法的一系列智性制度安排和种种法律技术上。

（二）理性守法

当一个社会的公民不是出于对法律的尊重和信仰，而是出于对法律可能带来的不利后果的畏惧而守法的，那就很难说是理性的守法，这或许是守法者个人的原因，当然也不全是守法者个人的原因，尤其是当法律带来的不利后果哪怕是有利后果不具有可预期性的时候，那就是法律本身的原因了。无论如何，只有当守法建立在对法律的理解、认同的基础之上，才能使整个社会形成对法律制度的共识，才能构建起真正理性的守法。否则就可能是被迫守法或者从众守法，被迫守法就是基于对法律可能带来不利后果的畏惧，从众守法就是基于对法律的不理解、不认同，别人怎么做我也怎么做。在我国，长期开展的“普法”活动将法律的实施与大众对法律的知识状况相联，目的就是加强公众的法律素养，做到理性、自觉守法。

（三）理性执法（司法）

法律作为社会控制的一种方式，其正义导向的核心环节在于司法。[②] 司法理性最基本的含义是司法者在司法过程中运用程序技术进行法律推理和判断、寻求结论的妥当性所体现出的一种实践性的智慧和能力。[③] 司法理性代表着一个社会的最高理性，在一个司法无理性的社会，就没有理性，因而也就没有正义。[④] 司法实质是将抽象的法律规定适用于具体个案的过程，司法活动的范围、司法的手段、司法裁判的结果都不允许司法人员有任何的恣意、任性和冲动。司法理性既包括形式理性，即强调形式上司法过程要具备逻辑有效性，其中程序正义乃核心价值；又包括实质理性，即强调司法过程要实现公平、正义、善良的法律价值。司法理性依赖具有专业素养、职业技能的司法人群凭借职业理性，理解法律、运用程序技术进行法律推理和判断并适

---

① 蒋秋明：《司法理性与法律治理》，载《学海》2004 年第 6 期。

② Cairns, H. , The Theory of Legal Science, in the American, Jurisprudence Reader, Cowan, T. A. p. 148.

③ 蒋秋明：《司法理性与法律治理》，载《学海》2004 年第 6 期。

④ 周叶中、江国华：《法律理性中的司法和法官主导下的法治——余祥林案的检讨与启示》，载《法学》2005 年第 8 期。

用法律，在司法过程中发现正义并实现正义。

（四）理性法律监督

法律监督是保障法律统一正确实施的重要权力，因此较之立法、执法、守法更需要理性的思维和行为，也是一种更高层次的理性行为。首先，法律监督的公权力属性要求其必须来源于法律的明确授权，否则“法无授权不能为”，这种授权本身就是一种立法行为，也就回到了立法理性上来。“检察机关法律监督权源于宪法，规制于三大诉讼法，而其中主要的法律监督职责集中规定于刑事诉讼法，以法定性、程序性、有限性、救济性为原则。”① 不难想象，如果法律监督权不是来自理性的法律授权，那么法律监督权就不能够理性地运行。其次，法律监督权的运行和实施，在某种程度上是对其他公权力或者个人权利的一种介入或干预，因此法律监督者更要遵循法定的原则和程序，理性地行使法律监督权，认真做到科学地、独立地、中立地、专业地、谦抑地实施法律监督。这些正是本书后文要重点研究的内容。

---

① 李乐平：《善于监督，就是要理性平和地开展监督》，载《检察日报》2009 年 6 月 12 日第 4 版。

第二章　法律监督的理性内核

权力应该被用来限制权力。

——［法］孟德斯鸠

在实然层面，我国的法律监督权来源于宪法和法律的授权，宪法和法律作为理性的产物决定了法律监督权必然具有理性的内核。但是，仅仅以此来论证法律监督的理性显然还不够。因为从理论上讲，宪法和法律对法律监督可以授权，当然也可以取消授权。关键问题是要找到宪法和法律授权法律监督的根本原因和基本原理，亦即必须对权力进行控制，在此基础上，再来研究法律监督的哪些内容体现了理性的内核。

第一节　权力及控制权力

权力是人类历史发展的产物，社会秩序的稳固需要权力发挥作用。当权力置于权力主体手中时，它便表现为一种特殊的控制力、支配力和影响力。“双刃性”是权力的典型特征，它是指权力的每一个正面特征都有一个负面特征与之相对，正面特征体现为权力的正能量，负面特征体现为权力的副作用。为了发挥权力的正能量，削减权力的负能量，必须对权力进行控制。

一、权力的概念和特征

（一）权力的概念

要研究控制权力，首先要研究权力的概念、本质和特征，这是为什么要对权力进行控制的理论基础。权力伴随着国家的产生而产生，始终是一切政治活动的中心，但对于什么是权力却是仁者见仁，智者见智。

在西方，“权力”（power）来自法语 pouvoir，后者来自拉丁文的 potestas

或 potentia，意指“能力”，引申为一个人或物影响他人或他物的能力和力量。在罗马人看来，potentia 是指一个人或物影响他人或他物的能力。potestas 还有一个更狭隘的政治含义，是指人们通过协同一致的联系和行为所具有的特殊能力。[①] 在我国，权力是由“权”和“力”组成的复合词。由于“权”字与物之重量相关联，因而它还被引申为“权势”、“权贵”、“权柄”等某种政治、经济方面的优势力量，并表明这种力量能够起到制约他人的作用。我国《现代汉语词典》给出两个解释：一是政治上的强制力量；二是职责范围内的支配力量。《社会学词典》给出的解释为，权力是一种强制性的社会力量，支配权力的主体利用这一力量驾驭客体，并迫使客体服从自己。

对于权力的学理解释，近现代学者总体上形成了力量说、控制说、关系说、能力说、马克思主义权力观等观点。力量说认为权力是下达命令的资格和强迫别人服从的力量，可见我国《现代汉语词典》和《社会学词典》对权力的解释遵从的是力量说。控制说认为权力是对他人思想和行为的控制，认为政治权力就是公共权威持有者的相互控制关系以及他们与全体人民之间的关系。关系说认为权力是行动者之间的一种关系，在这种关系中，其中一些行动者可以指挥、控制或影响其他行动者。《不列颠百科全书》指出，权力是“一个人或许多人的行为使另一个人或其他许多人的行为发生改变的一种关系”。能力说认为权力是根据自己的目的去影响他人行为的能力，拥有以强力或以说服来达到特定目的的能力。[②] 马克思主义权力观认为，要真正揭示权力的本质，就必须从人类社会基本矛盾的运动中寻求答案。众所周知，物质资料生产活动是人类最基本的活动，人类在社会生产和生活过程中，彼此发生联系并形成一定的社会关系，其实质就是各种各样的利益关系。同时，由于任何特定历史阶段的社会利益总量是固定的，如何进行利益分配就成了人类自始至终都必须努力解决的重大问题。为了协调人们之间的利益关系，按照某种原则分配利益，维护社会秩序，社会就需要某种强制性的制约力量，以约束人们遵从其所处时代的基本利益关系，服从利益分配，这种力量就是权力。[③]

---

① 参见［英］戴维·米勒、韦农·波格丹诺主编：《布莱克维尔政治学百科全书》，邓正来译，中国政法大学出版社 2002 年版，第 641 页。

② 参见袁东生：《我国权力制约与监督制度研究》，山东大学 2011 年博士学位论文；杨占国：《政治文明语境下权力制约研究——以实体正义和程序正义为视角》，吉林大学 2007 年博士学位论文；张亚娟：《关于权力的制约和监督研究》，中共中央党校 2005 年博士学位论文。

③ 文晓明、王立新著：《社会主义民主政治运行机制研究》，人民出版社 2004 年版，第 84 页。

综合上述观点，有学者认为，权力是人类社会中组织或者个人凭借其财产、组织等特定的优势对于他人或者其他组织所具有的一种特殊的控制力、支配力和影响力的总称。[①] 本书赞同该观点，认为权力不是简单的力量、控制、关系、能力等方面的单一体，而是这些方面的综合体。可以说，没有强制力的权力是虚无缥缈的，如果权力不能控制别的组织或者个人去实现权力者的目的，权力便失去了其存在的意义，脱离一定社会关系而存在的权力就是空中楼阁，失去了权力发挥控制力、支配力和影响力的生发环境。

（二）权力的特征

权力的特征是权力区别于其他事物的内在属性，在分析权力的特征时可以发现，“双刃性”是权力的典型特征，也是基本特征。“双刃性”特征是指权力的每一个正面特征都有一个负面特征与之相对。主要表现如下：

一是权力的强制性与扩张性。强制性是权力的根本特征，也是权力特征的集中体现。这种强制性建立在权力所有者对财产、组织等拥有特定的优势，这种优势可以让权力者不去顾忌其他组织和个人的感受，并获得控制、支配和影响对方接受其行为或者改变对方行为的能力和资格。正因为这样，孟德斯鸠说，“一切有权力的人都容易滥用权力，这是万古不易的一条经验。有权力的人们使用权力一直到遇有界限的地方才休止”[②]。同时，“一个被授予权力的人，总是面临着滥用权力的诱惑，面临着逾越正义与道德界线的诱惑。人们可以将它比作附在权力上的一种咒语——它是不可抵抗的”[③]。所以，权力的扩张性如影相随。扩张性让权力者希望不断强化或垄断手中的权力，并天然地排斥制约和监督。

二是权力的用益性与腐蚀性。用益的本意是民法意义上的使用和收益，相对于所有权，用益物权是一种他物权，最大的特点是使用并获得收益但不转移所有，而这正是权力的一个重要特征。可见，用益性不同于“可交换

---

① 参见谢佑平著：《中国检察监督的政治性与司法性研究》，中国检察出版社2010年版，第14页；张亚娟：《关于权力的制约和监督研究》，中共中央党校2005年博士学位论文。

② ［法］孟德斯鸠著：《论法的精神》（上册），张雁深译，商务印书馆1961年版，第154页。

③ ［美］E. 博登海默著：《法理学：法律哲学与法律方法》，邓正来译，中国政法大学出版社1999年版，第362页。

性”①。因此，恩格斯认为，“政治权力不过是用来实现经济利益的手段”②。公共权力的用益性应当是用来实现国家利益的工具和手段，在人民民主专政国家，权力用益性是通过权力实现人民群众根本利益的工具和手段。这一特征表明权力可以成为一种可再生资源，可以循环使用，循环获利，正因为如此，所以带来了权力的腐蚀性。也就是说，如果权力的用益性不是用来为大众谋取福利，而是被权力者用来谋取个人私利，那么其他组织或者个人为了达到自己的目的，便会无所不用其极地动用一切手段拉拢、腐蚀手中握有权力的人，包括利用财物、金钱、美色、机遇等财产性利益和非财产性利益。而权力者也会利用手中的权力报偿相对人，甚至会寻找相对人谋取个人利益（亦即权力寻租），这充分表露出权力腐蚀性的一面。正如美国政治学家加里·沃德曼所说：“人们一般不是为权力本身才去谋求权力的。他们要权是因为权能给他们带来的其他价值——名誉、财富甚至情感。权力就像金钱一样，是达到其他目的的手段。”③

三是权力的裁量性与随意性。权力的行使是一个法律或政策依据、方法、时间、地点、目的、效果等各种要素互相交织的动态过程，因此权力主体基于政策之宗旨和法律之目的，有权在法定范围内，自主寻求判断事实与政策、法律的最佳结合点，并据此作出或不作出具体行政行为，亦即权力的裁量性。美国《布莱克法律词典》将权力的裁量性解释为：在特定的情况下依照职权以适当和公正的方式做出行为的权力。在实践中，法律的稳定性、不完备性，权力行使过程中新情况、新问题的存在，行使权力的效率必要性都要求权力的裁量性，相反如果权力主体没有裁量权，刻板机械地执行法规，反而可能会导致许多不合理、不公平的现象，从而违背法律的初衷。但是，裁量性必然带来随意性，这不以是否有明确具体、防止恣意的授权为转移。随意性的突出表现就是滥用裁量权，“无限自由裁量权是残酷的统治。它比其他人为的统治手段对自由更具有破坏性”④。权力的随意性既有客观滥用权力，也有主观滥用权力。客观滥用主要是违反客观事实，罔顾法律规定，具有明显的

① 如有观点认为，“可交换性”是权力的特征之一，认为由于个人权力或特定组织的具体权力总是与各种有价资源、物质精神利益密切相关，以及一定社会范围内权力本身的稀缺性，权力往往沦落为权力出租方与寻租方之间的秘密交易商品。参见张亚娟：《关于权力的制约和监督研究》，中共中央党校 2005 年博士学位论文。

② 《马克思恩格斯选集》（第 4 卷），人民出版社 1995 年版，第 250 页。

③ ［美］加里·沃德曼著：《美国政治基础》，陆震纶等译，中国社会科学出版社 1994 年版，第 5 页。

④ ［美］施瓦茨著：《行政法》，徐炳译，法律出版社 1985 年版，第 567 页。

违法性。主观滥用是为实现不正当或错误的目的，寻求错误或不相关的原因，不作为或迟延作为行使权力的行为。

二、控制权力的必要性

有权力才会有秩序，有权力才会有安全，这是权力的正能量，也表现为正面特征，因此人类社会和国家需要权力的存在；然而，有权力就会有扩张，有权力就会有腐蚀，这是权力的副作用，表现为负面特征。为了发挥权力的正能量，削减权力的负能量，让权力理性运行，因此需要对权力予以控制。同时，权力的运行是权力主体通过特定手段和方式，在特定社会关系中，将主观见之于客观的活动。在权力的这一运行过程中，无论是权力主体、权力本身，还是权力的行使方式、权力的运行环境都需要控制。

（一）权力主体需要控制

权力的主体是人，人在行使权力的过程中虽然需要遵循法定内容和程序，但是法律不可能穷尽现实万象，即便是成文法律也存有不同理解，因此人在行使权力时必然体现其主观意志。从辩证唯物主义看，主观和客观是对立统一的，主观能动地反映客观，并对客观的发展起促进或阻碍的作用。人对客观的认识是一个渐进过程，人的认识具有双向性，既有正确反映客观的可能，也有歪曲反映客观的可能。一旦主观认识歪曲反映客观可能，不管权力主体的主观愿望是多么美好，都会犯错误，直至带来严重的后果。从人性角度看，西方国家基于人性恶论设计了日臻完备的权力制约与监督体系，虽然人性善恶并没有取得共识，马克思主义不认可人性恶论，但也不否认人具有恶的一面，正如恩格斯指出“人来源于动物界这一事实已经决定人永远不能完全摆脱兽性，所以问题永远只能在于摆脱得多些或少些，在于兽性或人性程度上的差异”。[①] 因此，人人都有自私的心理，这是不争的事实，权力主体概莫能外，他们利用手中握有公共权力的优势，进行权力寻租或者谋取不合法或不合理的利益成为现实的可能，因此无论是从辩证唯物主义还是从人性本质看，都需要对人这一权力主体的行为进行全面及时的制约与监督。

（二）权力本身需要控制

权力之所以存在，是因为其正能量；之所以要对权力予以控制，是因为其副作用。之所以说对权力进行制约与监督的原因之一是权力本身，一是因为权力本身是对立统一的矛盾体。正如前文分析，权力的副作用总是与正能

---

① 《马克思恩格斯选集》（第3卷），人民出版社1995年版，第442页。

量如影相随，权力的运行是正能量和副作用这一对矛盾运动的过程，人们总是期望权力的正能量大于副作用，或者没有副作用。这就如同药物，同样也有正能量和副作用，“是药三分毒”说的就是药物的副作用，治疗疾病的过程就是药物在人体内发挥作用的过程，也就是正能量和副作用相互斗争的过程。有病不吃药不行，滥用药物也会中毒，权力何尝不是如此？滥用权力和没有权力一样，都会使社会陷入无序状态。二是因为权力的特征。权力具有强制性与扩张性、用益性与腐蚀性、裁量性与随意性等特征，这些特征其实也是权力正能量与副作用的具体体现，只不过这些特征让我们把权力看得更加清楚。其实，权力的每一个正面特征和负面特征并没有不可逾越的界限，所以，博登海默说：“权力究其本质而言是邪恶的，而不论权力的行使者是谁。”① 三是因为权力的所有者与行使者的分离状态。无论是何种体制的政治制度，权力的所有者和行使者都很难集于一身，分离则是一种实然的状态。以民主国家为例，公民是权力的所有者，让渡自己的权力使用权给权力的行使者，为了防止使用者擅权和滥权，就必须对使用者进行制约与监督。

（三）权力行使方式需要控制

从总体上看，权力的行使包括能动和受动两种方式。能动方式包括建章立制、发布命令、授权许可、说服激励等以奖励和授权为主的方式；受动方式包括武力强制、政治威胁、剥夺限制、实行处罚等以惩罚和限制为主的方式。社会的有序和公正需要能动的权力行使方式，但受动的行使方式暗示人们如果能动的方式失去效用或者受到非法抵制的化，将会面临以惩罚和限制为手段的处理。其实，权力行使方式说到底体现在权力主体工作的方式、方法上。如果工作方法简单粗暴，随意动用武力和处罚手段行使权力，偏好于受动，热衷于惩罚，既不能获得政治学意义上的合法性，又不能获得民众认可。因此，我们必须制约与监督权力的行使方式，慎用受动手段，切忌随意动用武力处罚和限制措施。而是要通过制约与监督，培养克制的权力理念，提升理性的权力品质。

（四）权力运行环境需要控制

历史唯物主义认为，人是社会的人，社会是人的社会，社会是共同生活的人们通过各种各样社会关系联合起来的集合。人是行使权力的主体，权力的存在和运行必然发生于一定的社会关系之中，因此权力不可能脱离社会环

---

① ［美］E. 博登海默著：《法理学：法律哲学与法律方法》，邓正来译，中国政法大学出版社 1999 年版，第 384 页。

境而独立存在，社会环境决定着权力的运行环境。社会发展的阶段性决定了人对社会环境的认识的局限性，人作为权力主体也必然局限于对社会环境的有限认识之中，如在重视“官本位”的中国封建社会，权力的运行环境就相对宽松，人们对权力的制约与监督就相对被动。社会发展不健全性决定了个人利益和公共利益冲突处理的不完备性，尤其是在权力的所有者与行使者相对分离的条件下，权利主体的个人意志是不可能超越现实的社会环境而变成“神圣”的，相反个人意志随时都会受到社会上金钱美色等各种利益的诱惑和喜怒哀乐等各种个人感情的干扰，并以特有的方式左右着权力的正常运行。这就决定了权力运行的价值取向往往具有多种可能性，既可以用来为人民谋利，也可以用来为个人谋私。因此，无论是人对社会环境的主观认识还是社会环境的客观发展，都存在难以逾越的局限性。在这样的权力环境之下，如果没有制约和监督，权力双向发展主要是擅权、滥权的可能性就会增大，权力行使者既可以运用手中的权力治国安邦，又可以利用手中的权力祸国殃民。

三、控制权力的手段[①]

控制权力的手段一般包括权力制约与权力监督。权力制约与权力监督这两种手段源于不同的政治制度，也有各自的政治语境，但二者内涵相同，即本质上都是控制权力，保障公正，所以在现代政治文明建设进程中，多数国家逐渐对权力制约和权力监督融合使用。但是，权力制约与权力监督在制度的运行机理方面仍存在诸多区别。厘清控制权力的两种基本手段之间的联系和区别，有利于正确认识控制权力的必要性，有利于根据不同的情况采取不同的控制手段，提高控权的针对性和可操作性。

（一）制约与监督的源流

制约，牵制、约束之意，“一种事物（甲）的存在和变化以另一种事物（乙）的存在和变化为条件”[②]，可引意为甲、乙双方之间互相牵制、约束的关系。制约作为一种政治制度（或曰政治理论），脱胎于西方的分权制衡理论，这一理论的核心是“通过分权使不同权力机构之间形成一种制约关系，以实现权力约束权力的目的”[③]，易言之，分权制衡的核心是权力制约。西方

① 参见张书铭：《制约与监督辨析——以刑事诉讼为视角》，载《河南社会科学》2012 年第 1 期。

② 参见《辞海》，商务印书馆 1979 年版，第 185 页；《现代汉语词典》，商务印书馆 2005 年版，第 1757 页。

③ 郑彦松：《西方近现代权力制约理论初探》，载《中国社会发展战略》2005 年第 2 期。

的分权制衡思想萌芽于古希腊的亚里士多德，他认为一切整体均由议事机能、行政机能和司法机能三个要素组成，这三个要素所代表的权力不应由某一个主体行使和把持。近代资产阶级革命以来，该理论经历了英国人洛克的实质两权分立和孟德斯鸠的三权分立。洛克把国家权力分为立法权、执行权和对外权，立法权是制定和公布法律的权力，执行权是执行法律的权力，对外权是有关外交方面的权力。但是执行权和对外权实际上是一种权力，即执行法律的权力，只不过一种是对内的，一种是对外的，因此洛克的分权实际上是两权分立。[①] 孟德斯鸠认为，“一切有权力的人都容易滥用权力，这是万古不易的一条经验。……从事物的性质来说，要防止滥用权力，就必须以权力制约权力”。[②] 他认为国家权力分立立法权、行政权、司法权，如果立法权和行政权集中在同一个人或者同一个机关之手，自由便不复存在了；如果司法权不同立法权和行政权分立，自由也就不存在了。因此三权之间要相互制约，以实现权力制衡。[③] 正如徐大同先生的评价：“孟德斯鸠提出一个原则，就是要防止滥用权力，必须以权利制约权力，形成一种能联合各种政治力量，又能使他们彼此调节配合并相互制约的制度。这就在政治制度的设立上确定了原则，即权力要分开掌握，分开使用。”[④] 孟德斯鸠的国家权力分立与制约的理论成为1787年美国制宪会议确立三权分立原则的重要依据，并被法国革命胜利后的《人权宣言》所确认。其后，分权与制约学说就成了资产阶级国家宪法所普遍采用的原则。

通过对分权制衡制度的梳理，我们可以发现其平面线型图的结构：分权—制约—制衡（实现公正）。其中，分权是前提，制约是手段，权力平衡（以制约获制衡）和社会公正是目标。没有分权就谈不上制约，也就没有权力平衡和社会公正；制约是分权的当然延伸，是获得权力平衡和社会公正的必然手段；分权体制下的制约主要指以权力制约权力，如果没有制约，就会导致滥权和擅权，同样无法达到制衡并实现社会公正的目标。

监督，“督察军事”、“做监督工作的人（旧时官名）”、“察看（并）督

---

① 参见郑彦松：《西方近现代权力制约理论初探》，载《中国社会发展战略》2005年第2期。

② ［法］孟德斯鸠著：《论法的精神》（上册），张雁深译，商务印书馆1961年版，第154页。

③ 参见［法］孟德斯鸠著：《论法的精神》（上册），张雁深译，商务印书馆1961年版，第155～156页。

④ 徐大同主编：《西方政治思想史》，天津教育出版社2002年版，第181页。

促”①，本文含义为“察看（并）督促”，可引意为一方（甲）从旁边察看并督促另一方（乙），或者反之。监督作为一种政治制度（或曰政治理论），通常是与中央集权相伴而生的，尤其是在中国，更有两千多年的悠久历史。秦朝设丞相、廷尉和御史分别掌管行政、军事和监督权。《后汉书·荀彧传》载有“占之遣将，上设监督之重，下建副二之任”。监督是为督察军事而设的官职，以保证军令的畅通。西汉初年，御史大夫之官署称御史府；唐朝设立御史台，掌监察之事；明代改称御史台为都察院，清代因之，高度完备；我国现在设有中纪委、监察部、检察院以及各种监督管理部门（如审计部门、食品药品监督管理局、质量技术监督检验检疫局、安全生产监督管理局等）或机关专司监督之职。马克思主义对资产阶级分权与制衡学说进行了扬弃，抛弃三权分立，慎重保留了制衡学说，创立了全新的无产阶级国家权力监督理论，认为无产阶级在夺取政权以后必须建立社会监督机制，以保证国家工作人员真正成为社会的公仆，公职人员真正成为人民的勤务员。列宁发展了马克思主义的监督理论，强调要建立完善的选举和罢免制度，重视人民群众对各种滥用权力行为的揭发和控告，并提出了加强法律监督的理论。他指出，检察机关的任务就是“监督整个共和国对法制有真正一致的了解，不管任何地方的差别，不受任何地方的影响”。② 邓小平从中国实际出发，丰富和发展了马克思主义的监督理论，总结出具有中国特色的权力监督理论，其中很重要的内容之一就是强调把党纪监督、政纪监督、法律监督、群众监督和民主党派的民主监督结合起来，形成合力，维护法制统一，确保权力正确行使，实现社会公正。③

通过对权力监督制度的梳理，我们也不难发现其平面线型图的结构：集权—监督—公正。其中，集权是前提，监督是手段，公正是目标。在我国，集权就是必须坚持中国共产党领导下的人民代表大会的国家权力，这是前提，否者就有违我国的国体、政体；监督作为一种控权手段，其目标是保障权力正确行使、实现社会公正。在我国，监督有着不同层面的含义和内容：微观层面仅仅是指国家权力架构角度的人大监督，即人民代表大会对由它产生的

---

① 参见《辞海》，商务印书馆 1979 年版，第 1688 页；《现代汉语词典》，商务印书馆 2005 年版，第 663 页。

② ［苏联］列宁：《论“双重”领导和法制》，载《列宁全集》（第 33 卷），人民出版社 1987 年版，第 326 页。

③ 参见刘佑生：《论邓小平关于国家权力监督制约思想（上）》，载《人民检察》1995 年第 2 期。

行政权、审判权、检察权和军事权实施的监督；中观层面既包括人大监督，又包括纪律检查（党内监督）、行政监察（行政监督）、法律监督（检察监督）、审计监督、食品药品监督、质量技术监督、安全生产监督等专门监督；宏观层面除了包括人大监督、专门监督外，还泛指民主党派监督、舆论监督、社会组织监督、公民监督等一切权力监督。

综上所述，从这两种手段的起源看，权力制约起源于分权体制国家，这些国家主要通过立法、行政、司法三权分立来实现对权力的控制；权力监督起源于集权体制国家，这些国家主要通过完善的、系统的监督制度来实现对权力的控制。20 世纪 90 年代之前，也就是苏联解体和东欧剧变之前，一般认为权力制约是资本主义三权分立国家的控权手段，权力监督是社会主义集权国家的控权手段。尤其是在中国，改革开放以前，尤其是“文化大革命”期间，鲜有人提及分权制约。为什么会是这样呢？因为从传统上看，这是由一个国家的权力体制决定的。在三权分立体制下，“出于人性恶的伦理假设，认为任何不受制约的权力都有可能被滥用，最好的办法就是将权力分割成互相制约的立法权、行政权和司法权并交由不同的机构来行使，通过权力的相互制约来防止权力滥用。既然通过权力分立已经实现了权力制约，那么权力监督就没有必要了”①。但是在集权体制下，不存在国家层面的分权与制约，权力结构上下一体，呈现出“金字塔”的形状，不同层级的权力之间无法实现互相制约，难以实现权力的动态守衡，所以需要一种内在的体制对权力进行控制，这就是权力监督。因此，也有人认为，权力制约主要是依靠权力体制外力量控制权力，权力监督主要依靠权力体制内力量控制权力。

（二）制约与监督的融合

从分权—制约—制衡（公正）和集权—监督—公正两种平面线型结构图不难看出，无论是在分权还是集权体制下，制约和监督的目标是一致的，都是为了牵制、监视、约束权力运行，保障权力正确行使，实现社会公正。权力不受监督必然导致腐败，这是被实践证明了的政治学的基本原理和客观规律，其存在和作用不受意识形态、政治制度、人性善恶及思想观念的影响。因此，在建设现代政治文明的进程中，政治家们逐渐发现，依靠单一的控权手段难以对权力实施有效的控制。因此，无论是集权体制还是分权体制的国家，逐渐抛却了意识形态束缚和权力架构限制，开始融合使用制约与监督两种手段对公共权力进行有效控制，并逐步形成了“权力（分权或集权）—制

① 樊崇义著：《刑事诉讼法哲理思维》，中国人民公安大学出版社 2010 年版，第 310 页。

约+监督—制衡和公正”的模式。

例如，在国外分权体制下，行政权与司法权是分开了，行政权内部的权力滥用并不少见，尤其是一些单一的权力，已经不能再分解了，也就是说不能通过外部分权进行权力制约了。西方三权分立国家便引入权力监督制度，设立一些监督机构专司监督。例如，澳大利亚设立了专门的监督机构，负责对公职部门和公职人员的监督。澳大利亚联邦的执法公正委员会和冤情大使办公室，昆士兰州的反犯罪及渎职公署、反腐败委员会等，维多利亚州的警察反腐败办公室、冤情大使办公室，西澳州的廉政公署等。新南威尔士州设立了对公职人员实施监督的“廉政公署”和专门对警察实施监督的“皇家警察反腐败委员会”，该公署和委员会享有广泛的侦查权，可以运用有别于刑事诉讼程序和英美法系诉讼制度的特殊程序和制度对公职人员的职务犯罪实施侦查。监督机构相对独立于政府，直接向议会负责并报告工作。又如，《瑞典政府组织法》第12章第6条规定，议会应选出一名或数名督察专员，根据议会的指示对公务员执行法律与其他法规的情况实施监督。督察专员有权出席任何法院或行政机关的审议会，有权查阅任何法院或行政机会的会议记录和其他文件。任何法院或行政机构以及国家或市政当局的公务员应向督察专员提供其所需要的情况和报告。瑞典督察专员制度后为芬兰、丹麦、挪威、新西兰等国所仿效。① 在英国，为了加强对警察的监督，防止警察违法和专横，2004年公布的《警察改革法案》决定成立“英国投诉警方独立监察委员会”，该委员会有权调查处理所有对警方的投诉，如果认为警察涉嫌犯罪，该委员会有权实施侦查和逮捕，案件侦查后提请检察机关向法院起诉。②正如有学者所言：“建立有效的监督制度是西方国家民主制度中的重要组成部分……在西方国家政治权力运作中，有各种不同的权力监督机制在发挥作用，有体制内的，也有体制外的，基本形成了立体的监督体系。”③

同理，以中国为例，在历史上长期封建专制体制下，执法上刑事、民事不分，侦查、起诉、审判均由行政机关一手把持，御史专司监督，包括后来的东厂、西厂也都是专司监督的机构。民主革命尤其是新中国建立集权体制的“一元分立”权力结构之下，也实施了分权与制约。例如，“在一元权力——人民代表大会下，分出立法权、行政权、审判权、检察权、军事权，

① 参见朱孝清：《澳大利亚的监督制度》，载《人民检察》2007年第13期。

② 朱孝清：《中国检察制度的几个问题》，载《中国法学》2007年第2期。

③ 唐晓、王为、王春英著：《当代西方国家政治制度》，世界知识出版社2005年版，第8页。

其中立法权留给人民代表大会自己直接行使，而将行政权、审判权、检察权、军事权分别授予行政机关、审判机关、检察机关、军事机关行使，这些机关都由人民代表大会产生，向人民代表大会负责”①。显然，一元分立的前提是“一元”，以集权为基本前提，要确保中国共产党的完整领导权和人民代表大会的最高权力，“检察机关作为二级国家权力与国家的行政权、审判权平行设置互相独立。这种体制决定了中国的分权机制特有的禀赋：权力一元之下的分权和受限制的分权”②。因此，为了保证权力不被滥用，集权体制下的有限分权显然还不够，还需要另外一种控权手段：权力监督。这也正如樊崇义教授所言：“不同于西方的三权分立，一元分立的权力架构下各种权力不具有制约与监督的当然属性，在彼此缺少权力关联链条，权力难于动态守衡的前提下，单设一种独立的法律监督权力，有利于权力的良性运行，是科学分权的必然要求。”③ 又如，在我国刑事诉讼中，将侦查、起诉和审判三种权力分权给不同的权力主体，并在宪法和刑事诉讼法中规定了公检法三机关分工负责、互相配合、互相制约原则和人民检察院依法对刑事诉讼实行法律监督原则。这说明，在我国刑事诉讼中，既有分权制约，也有权力监督，可以说这是我国将权力制约与权力监督两种手段有机结合进行权力控制的一个典范。此外，中国共产党一向重视权力监督，尤其是随着依法治国的推进，中国共产党在执政理念上不断要求强化对权力的制约和监督。中国共产党十六大报告明确提出，要建立“结构合理、配置科学、程序严密、制约有效”的权力运行机制；中国共产党十七大报告又提出，“建立健全决策权、执行权、监督权既相互制约又相互协调的权力结构和运行机制”；中国共产党十八大报告又指出，“建立健全权力运行制约和监督体系”，并强调“坚持用制度管权管事管人，保障人民知情权、参与权、表达权、监督权，是权力正确运行的重要保证。要确保决策权、执行权、监督权既相互制约又相互协调，确保国家机关按照法定权限和程序行使权力”。

综上所述，制约不是分权体制下控制权力的唯一手段，分权之下也有监督，只是监督机构的权力一般不属于国家宪政层面的平面分权；监督也不是集权体制下控制权力的唯一手段，集权之下也有制约。只要有利于控制权力、防治腐败、实现公正，所有有益的控权手段都可以成为政治制度和司法制度

---

① 朱孝清：《中国检察制度的几个问题》，载《中国法学》2007 年第 2 期。

② 孙谦著：《检察：理念、制度与改革》，法律出版社 2004 年版，第 31 页。

③ 樊崇义：《一元分立权力结构模式下的中国检察权》，载《人民检察》2009 年第 3 期。

的选项。[①] 因此，权力制约与权力监督作为控制权力的两种手段，成为现代法治国家控制权力的共同选择。

（三）制约与监督的关系辨析

制约与监督的内涵相同，即本质上都是控制权力的手段。目的一致性可能正是人们将制约与监督混淆的原因之一。实际上，制约与监督除了有融合趋势及相同之处外，二者在制度运行机理等方面也有着明显的区别。此处以刑事诉讼中的权力制约和权力监督为例予以阐述。

1. 体制基础不同

从起源来看，制约产生于分权体制，监督产生于集权体制。在刑事诉讼中，如果没有侦查、起诉、审判权力的分置以及这些诉讼环节的互相衔接、步步推进，就没有三机关互相制约的诉讼机制。监督则是在集权的前提下，将监督权授权给专门的监督机关，刑事诉讼中将对法律统一正确实施的法律监督权授予检察机关，类似的还有将对行政权的监督授予监察机关。在我国法制史上，虽然在纠问式刑事诉讼模式之下没有侦查、起诉、审判权力的分置，但一直存在御史官员的监督。同样，在刑事自诉案件中，虽然没有侦查权与公诉权的介入，但是检察机关的诉讼监督权依然存在。可见，有分权必有制约，在我国的集权制下的刑事诉讼中，监督特色鲜明，制约依然存在。

2. 运行方式不同

制约是一种双向行为，监督是一种单向行为。制约主要体现在刑事诉讼的程序转换上，一个程序的衔接与推进以另一个程序的推进与衔接为条件，监督行为则可以独立存在。例如，在审判环节，法院的审判以检察院的公诉为前提，法院根据事实和法律作出有罪或无罪、此罪或彼罪的判决，检察院对法院的判决、裁定可以依法抗诉或不抗诉，检察院和法院之间即为双向制约关系。而检察院对刑事诉讼的监督则不同，如果发现公安局在侦查活动中或法院在审判活动中有违反法律规定的情况，即有权依法提出纠正意见。

3. 运行时间不同

制约的运行要受先行为发生时间的限制，监督的运行则随时可能发生。例如，公诉权对侦查权的制约需要侦查终结方可运行，虽然目前对重大案件有公诉的提前介入机制，但也只是引导侦查，而不可能提前圈定公诉内容。审判权运行亦然，就一般刑事案件而言，不可能没有检察院的起诉法院就径

---

① 参见张书铭：《制约与监督辨析——以刑事诉讼为视角》，载《河南社会科学》2012 年第 1 期。

行判决。因此，一个环节对另一个环节的制约不具有时间选择性，前一个环节一旦结束，本环节的制约自行消失，进入下一个制约环节，这正如从侦查到公诉再到审判的环节推进。但是，检察院的法律监督则在整个刑事诉讼的过程中无时不在，也有观点认为，“监督行为总是发生在违法行为发生之后”。[①] 本书认为，违法行为是否发生是客观的，但发现却是主观的，监督是一种控制手段，它只有存在于诉讼的全过程才能及时发现违法行为、发现所有的违法行为。易言之，即便是在违法行为发生之前，监督也是存在的，只是如果没有违法行为的发生，监督是隐性的，不会也没有必要站出来；而一旦违法行为发生，监督就变成显性的，就会站出来对违法行为提出纠正意见并督促纠正。

4. 控权强弱不同

制约行为依靠先行为的发生方能运行，一般也是下一个行为运行的前提，先行为是必经程序，也是权力运行的体制内力，主要依靠权力运行的制度化、程序化来控制权力运行，刚性较强；监督主要依靠外在力量对权力运行进行督察，一般表现为对违法行为纠正的意见或建议，被监督者接受与否往往没有强制性法律规定，所以刚性不足。例如，检察院的审查逮捕权是对侦查权的制约，侦查机关虽然可以就检察机关的不批捕行为复议或复核，但逮捕的最终决定权仍然属于检察院，公安机关必须执行检察院的决定。又如，《刑事诉讼法》规定了执行监督，但是检察院无权参与刑罚执行变更的裁决，即使发现有违法情况通知执行机关纠正，执行机关如何纠正则法律没有规定，无形之中降低了监督的刚性。

5. 外延大小不同

制约与监督的内涵均是控权，作为两种控权的手段，发挥着不同的作用，因此，本书并不赞成对它们的外延大小进行对比。但有观点认为，“制约比监督所包容的范围更宽，内涵更丰富。监督是属于制约的一种形式。”[②] 也有观点与之相反，认为“监督的含义比制约的含义要广泛，制约只是监督的一种，是一种互相的监督关系”。[③] 不过，就刑事诉讼来说，本书赞同第二种观点，认为制约与监督总体上是种属关系。理由如下：第一，在权力控制体制中，正如多数人所说本书也赞同的主流观点，双向运行的是制约，单向运行

---

① 周标龙：《刑事诉讼中的“制约”与“监督”》，载《法学杂志》2010 年第 2 期。

② 邓传明：《论法治国家的权力制约》，载《法学评论》1997 年第 2 期。

③ 杜力夫：《权力监督与权力制约辨析》，载《大连海事大学学报》（社会科学版）2004 年第 3 期。

的是监督。那么，试问有哪一个双向不是由两个单向形成的呢？所以，制约是双向的监督或者互相监督，监督则是单向的督察。在刑事诉讼中，离开单向的督察，双向的制约可能沦为诉讼程序步步推进的“流水作业”或互相扯皮，恐怕很难起到真正的控权作用。第二，在权力制约体制中，除权力制约权力外，在以非权力力量制约权力，非权力力量或者是启动一种权力对另一种权力制约的手段，如当事人申请检察机关抗诉；或者是启动一种权力自查自纠的手段，如被告人申请审判机关再审；或者是请求保护权利的申请，如犯罪嫌疑人申请法律援助。可见，非权力力量本身无法单独发挥作用，它们的作用就是可能启动程序：有的可能引发一种权力对另一种权力进行制约，如经当事人申请，检察机关依法支持抗诉意见；有的可能还不至于引发权力制约，如检察机关经审查，依法不支持当事人的抗诉申请。从这个意义上讲，非权力力量对权力的影响与其说是一种制约，不如说是一种监督，实际上它们也更符合监督的含义与特征。因此，制约之中必然有监督，而监督却未必引发权力制约，这也说明监督的外延大于制约。第三，除了制约是监督的一种表现（或者表述）形式之外，监督在我国还有其他的典型表现（表述）。例如，我国的行政监察机关专司对行政人员监督，“行政监察”无疑是监督的一种。又如，中国共产党的纪律检查机关专司对共产党员监督，“纪律检查”也是监督的一种。同理，还有审计监督、食品药品监督、安全生产监督等。从这个意义上讲，检察机关的“法律监督”与“行政监察”、“纪律检查”等一样都是“监督”的一种表现（表述）形式，所以“法律监督”的长相并不怪异。

第二节　控权视角下法律监督的中国动因

当控制权力成为必然和必要，就需要通过一定的手段来控制权力。中国选择了法律监督制度作为控权的一种手段，有其不同于西方的中国动因。其中，最主要的表现就是中国的权力结构、制度传统、法律传统及其现代化、依法治国和总结新中国民主法制建设正反两方面经验教训。

一、法律监督是中国式控权的必然选择

（一）权力结构模式

从权力运行看，无论是权力主体、权力本身，还是权力的行使方式、权力的运行环境，制约和监督皆为必要。关键是我们如何对权力进行制约与监

督？这需要建立一种体制或曰组织体系，对权力既能够“开源”，即授权，又能够“节流”，即控权。易言之，在对权力进行配置的同时便设置好控制的开关和手段，从控制权力的效果考量，最好是一种对权力进行配置和控制的内外交织的体制。鉴于此，国家从产生之初便开始了对权力的配置与控制，只是在不同的社会发展阶段，对权力的配置和控制的侧重点不同。在奴隶制国家、封建制国家，一切国家权力都集中在国王、皇帝手中，一般没有配置，所谓的控制也是看国王和皇帝想要怎么控制才会怎么控制，这种控制大多只具有象征意义。资产阶级兴起后，反对封建君主专制，要求分享国家权力，资产阶级启蒙思想家提出了分权学说，资产阶级建立国家后，大多吸收了分权学说，在国家层面进行分权，并通过权力之间的互相制约来实现权力的控制以达到权力的动态平衡。社会主义国家则提出人民是国家的主人，国家的一切权力归人民，人民代表组成的最高权力机关统一行使国家权力，其他各项具体权力均由最高权力机关产生，并向最高权力机关负责和受其监督。

现代国家对权力的配置和控制体制突出体现在权力结构上，包括权力的配置和权力控制，“所谓权力结构就是指权力的组织体系，权力的配置和各种不同权力之间的相互关系，而一国权力结构模式的发展进路，更多地体现为对权力控制进行选择所形成的权力配置格局的演变历程”。①

就权力配置模式而言，从宏观角度而言，世界各国有分权模式和集权模式。不过绝对的分权和绝对的集权都是不存在的，分权之下有集权，集权之下也有分权。例如，在三权分立的国家，立法权、行政权、司法权平面配置之后，行政权作为依照法律规定，组织和管理公共事务以及提供公共服务的权力，在内部的再配置和行使上大多又采取了集权的形式，这是由行政权的公益性、强制性、效能性、拘束性等特点所决定的。又如，在中央集权的国家，以中国为例，在一切权力归属于人民代表大会这一权力机关并集中行使立法权的同时，又将行政权、审判权、检察权和军事权分别配置给行政机关、审判机关、检察机关和军事机关。除了这种大层面的权力配置之外，在一些具体的职能上，又对权力进行再配置。例如，在行使诉讼职能上，就一般刑事案件而言，由属于行政机关的公安机关对案件进行侦查，移交人民检察院提起公诉，再由人民法院进行审判。

即便是在分权模式之下，权力配置的方式也不相同。以美国总统制为代表的分权模式是典型的三权分立，突出体现了“交叉分权”的特点，每一个

---

① 樊崇义主编：《检察制度原理》，法律出版社2009年版，第102页。

机关一般交叉享有两种权力，易言之，一项权力往往配置给两个机关。例如，将立法权在配置给国会的同时，也规定总统有权参与立法，总统可以向国会提出咨文，使之成为国会立法的根据，在特殊情况下还可以行政特权为由建议国会两院召开立法会议以影响立法；将行政权配置给总统的同时，也规定总统任命的各部部长、各行政机关首长要得到参议院认可；将司法权配置给联邦法院的同时，也规定大法官的任命权属于总统，法官可以通过判例"造法"。以英国议会制为代表的分权模式是"三权结合"，实际上是君主立宪制和议会民主制政体，德、日、意等国基本上属于此类型。在英国，国王是世袭的国家元首，名义上拥有立法、行政、司法、军事等各种权力，但国王"统而不治"，议会才是国家权力的中心，议会产生内阁，内阁由议会选举中议员人数最多的政党的领袖充当首相组阁，政府大臣必须是议会议员。议会立法过程中，内阁有委托立法权，然后再由议会表决是否通过。由首相提名的大法官以及检察长主管司法行政工作。大法官既是最高法院院长、上院议长、内阁阁员。也是政党党员，负有司法、立法、行政职责。上院是最高审判机关，虽然不具备违宪审查和法律解释权能，但法院的判例与成文法具有同等效力。[①] 以法国半总统半议会制为代表的分权模式是法兰西第五共和国以后确立的政治制度，法国总统是国家权力的核心，凌驾于政府、议会和法院之上。总统提名任命的总理是法国政府首脑和内阁会议主席，总统参加内阁，并有决定权，总理充当总统和议会的中介人，总统通过内阁对议会负责，但可以解散议会。这正如樊崇义教授所言："即使是资本主义国家，在采用立法权、行政权、司法权分立制约并进行具体的制度构架时，也并不是不顾国情地照抄照搬，千篇一律，而是根据本国和本民族的历史与现实国情，灵活多样地加以运用和变通，使之真正为本国资产阶级的统治服务。"[②]

就权力控制模式而言，宏观而论，世界各国有制约模式和监督模式。从历史上看，制约产生于分权模式，制约是分权的当然延伸；监督产生于集权模式，监督是集权的客观需要。例如，美国的"交叉分权"就是通过两个机构的共有权力形成制约，达到制衡目的。在英国，强势的行政权受到议会倒阁权的制约，如果下院通过了对内阁的不信任案，内阁必须辞职或者解散下院，以防止行政权滥用。内阁也可以解散议会，重新大选，然后由新当选的议会决定内阁的去留。当然，这个权力也只能适应一次，使内阁也可以牵制

---

① 参见王寿林著：《权力制约与监督研究》，中共中央党校出版社2007年版，第186页。

② 樊崇义：《一元分立权力结构模式下的中国检察权》，载《人民检察》2009年第3期。

议会，防止轻易倒阁带来政权更迭的频繁。法国的总统不直接对议会负责，但可以解散议会。议会也有倒阁权，总统基于政治的考量也不能轻易对议会置之不理。特别高等法院有权审理总统或者部长的犯罪，对总统和行政权也起到了制约作用。集权模式下的监督制度在中国有着最早的生发环境，列宁在俄国十月革命以后对西方分权制衡制度予以吸收改造，建立了较为完备的监督制度。邓小平结合中国国情和实际，总结出具有中国特色的权力监督理论，构建了中国权力监督体系。

不过，在建设现代政治文明的进程中，制约和监督这两种手段之间并没有一条不可逾越的鸿沟，相反制约之中有监督，监督之中有制约。如在实行分权制衡的西方国家，“监督”也是常见的。例如，选民监督是对权力实施民主监督的重要措施。只有得到选民的拥护才能成为执政党，执政党如果执政失当，选民也可以让其成为在野党。又如，在野党的监督不仅及于执政党的施政政策和执政行为，而且及于执政党领导的个人作风、道德品质。再如，新闻舆论的监督可以发挥新闻媒体灵敏快捷、覆盖面广的特殊作用，把国家权力的行使和权力主体的言行置于阳光之下，也对权力运行起到重要的监督作用。上述监督“虽然都有其局限性，有的也往往被政治集团、利益集团所操纵，但对国家权力运行确能起到较为明显的监督作用。可见，多元分立国家没有专门负责监督的机构，并不等于不存在监督”①。在澳大利亚，与多数三权分立的国家不同，澳大利亚在实行三权分立的同时，还设立联邦的执法公正委员会和冤情大使办公室等专门的监督机构，负责对公职部门和公职人员的监督。② 实际上，在实行三权分立的法国，因其长期君主专制的历史和中央集权的传统，除了平面分权，从中央与地方的关系这一纵向来看，中央在对地方放权的同时，同样强调中央对地方的控制和监督，正是因为这样，所以从纵向看，法国政治制度依然具有中央集权体制下监督制度的特点。因此，正如有学者所言：“建立有效的监督制度是西方国家民主制度中重要的组成部分……在西方国家政治权力运作中，有各种不同的权力监督机制在发挥作用，有体制内的，也有体制外的，基本形成立体的监督体系。”③

（二）集权模式下中国法律监督制度的必然性

权力不受制约和监督必然导致腐败，这是被实践证明了的规律。关键是

---

① 朱孝清：《中国检察制度的几个问题》，载《中国法学》2007 年第 2 期。

② 对此，前文已有较为详细的论述，此处不再赘述。

③ 参见唐晓、王为、王春英著：《当代西方国家政治制度》，世界知识出版社 2005 年版，第 8 页。

如何践行这一规律。“三权分立是资产阶级国家遵循权力制约规律配置国家权力的有效尝试，是对规律的一种反映形式，但是规律本身与体现规律的形式不能混同，同一规律在不同的条件下可以有不同的表现形式。”① 正如前文所述，在分权制衡的国家，只是多数没有专门监督机构，但是监督制度并不缺乏。那么，在中央集权的国家，应当采取什么样的形式控制权力？本书认为，在集权模式下，中国设置法律监督制度作为监督制度的重要组成部分具有必然性。

监督和法律监督是我国政党制度的应然选择。在本质上，国家是阶级统治的工具，政党是特定阶级利益的集中代表者，② 而且“政党的合法性存在也是永恒的”。③ 因此，集中代表统治阶级利益的政党必然是执政党，但在不同的政党制度下，各政党执政或参政的方式也不相同。一个国家实行什么样的政党制度，由该国国情、国家性质和社会发展状况所决定。在实行优势一党制、两党制、多党制等竞争性政党制度的国家，如在资本主义国家，不同的政党代表不同的利益群体，占有议会或参众两院不同的席位，他们之间互为对手甚至相互对立，无论哪一个政党执政，都要接受在野党的制约与监督，在野党经常不惜动用一切手段对执政党或者执政联盟及其领导人实施全方位甚至无孔不入的监督，形成了天然的外生型制约与监督。在实行一党制的非竞争性政党制度的国家，该党是当然的执政党，没有其他政党的外生型制约和监督。我国的政党制度是中国共产党领导的多党合作和政治协商制度（简称中国多党合作制度），“这一制度在中国长期的革命、建设、改革实践中形成和发展起来，是适合中国国情的一项基本政治制度，是具有中国特色的社会主义政党制度，是中国社会主义民主政治的重要组成部分”④。中国共产党作为执政党是中国社会历史发展的必然，是人民的选择。在执政过程中，中国共产党既发扬民主，又对少数人实行专政；既保持执政地位，又同各民主党派密切合作；既强调权力集中与统一，又充分发挥人民的积极性。因此，我国的政党制度既不同于有些国家的优势一党制、两党制或多党制，也有别于有些国家的一党制。但是，中国共产党是唯一合法执政党并实行一元化领导这是不争的事实，就执政过程而言，施政稳定、延续性强、决策力量集中、

① 邓思清著：《检察权研究》，北京大学出版社 2007 年版，第 44 页。

② 参见王浦劬著：《政治学基础》，北京大学出版社 2005 年版，第 78 页。

③ ［英］阿克顿著：《自由与权力》，侯建、范亚峰译，商务印书馆 2001 年版，第 385 页

④ 参见中国政府发表的《中国的政党制度》（白皮书）（全文），载中国政协网，http://www.cppcc.gov.cn，访问时间：2012 年 9 月 18 日。

执行力强、行政效率高是我国政党制度的明显优势，但是一党制和优势一党制的弊端在我国政党制度身上也有明显的显现，如缺少外生型制约与监督，更容易擅权、滥权、腐败、僵化，更容易忽视不同意见、扼杀民主等，这也是我们不能不承认并正视的客观事实。正是因为这样，我国的政党制度更应当通过构建内生型控权机制强化自我监督，更需要自我净化、自我纠错的机制，更应当建立、健全各项法律和制度。所以，全方位的监督制度成为制度和现实的需要。法律监督制度是我国监督制度的重要组成部分，随着历史的变迁和发展，法律监督制度发挥着越来越重要的作用，因此和需要党内监督、行政监察、审计监督一样，法律监督必不可少，也是我国政党制度下的应然性选择。正如谢佑平教授所言："可以说，能否在一元领导的体制内建立良好的权力监督机制，关系到党和国家的生死存亡。检察监督，与行政监督、审计监督、舆论监督等其他形式一样，正是内生型监督体系中的不可或缺的重要环节。"①

法律监督是一元分立权力架构的实然产物。在三权分立的国家，无论何种分权模式，立法权、行政权、司法权各有自己的定位和界限，每一项权力的定位和界限其实都是在为另外一项权力腾挪空间，这个空间不是也不可能是无限大，它在坚守自己权力空间的同时也在为另外一种权力让渡空间，于是各种权力运行在自己的定位和界限上，可以实现动态平衡。易言之，制约是分权的当然延伸。而从制约与监督的关系看，制约是互相监督，因此监督的功能在权力的互相制约之中能够得到充分的发挥。我国也建立了人民大表大会制度之下的分权形式，"检察机关作为二级国家权力与国家的行政权、审判权平行设置互相独立。这种体制决定了中国的分权机制特有的禀赋：权力一元之下的分权和受限制的分权"②。在这种权力架构下，各种权力呈现的是"金字塔式"而不是"网格式"，在"金字塔式"的权力结构中，人民权力居于塔顶，其他各项权力均由人民代表大会产生，对它负责。虽然人民代表大会及其常委会有权对它们实施监督，但人民代表大会及其常委会是一个定期议事机构，只能进行宏观监督，而不可能是具体而微的监督；虽然各项权力也存有互相制约和监督，但也相对独立。因此，"这种制约监督与多元分立权力架构下的制约监督相比，是不普遍、不充分的。为了弥补制约监督的不足，防止权力腐败和被滥用，保证国家权力在法治的轨道上正确运行，

① 谢佑平著：《中国检察监督的政治性与司法性研究》，中国检察出版社 2010 年版，第 224 页。
② 孙谦著：《检察：理念、制度与改革》，法律出版社 2004 年版，第 31 页。

就必须在人民代表大会下设立专司监督的法律监督权能，并将该权能赋予某一机关，使其成为专门的法律监督机关”①。对此，樊崇义教授也有深刻的论述：“不同于西方的三权分立，一元分立的权力架构下各种权力不具有制约与监督的当然属性，在彼此缺少权力关联链条，权力难于动态守衡的前提下，单设一种独立的法律监督权力，有利于权力的良性运行，是科学分权的必然要求。”②

二、中国的政治制度传统是法律监督的制度根基

纵观中国历史，政治制度有两个比较明显的传统。一是中央集权制度是中国封建社会政治制度的集中体现；二是御史制度几乎贯穿整个封建社会的始终。我国中央集权制度始于公元前221年秦始皇统一六国，巩固于西汉，完善于隋唐，强化于北宋，在元朝得到新发展，明清达到顶峰。中央集权制度在中国的建立、健全和发展，有其深刻的政治、经济、社会、思想、地理环境原因。当然，中央集权制度不是中国的特产。欧洲许多国家于15世纪后期到16世纪初也建立了中央集权制，并随着自由资本主义向垄断资本主义发展，中央集权得以强化，随着19世纪中期大批的中央集权国家半殖民半封建化的开始，中央集权制开始遭到近代民主制度的强烈冲击。中央集权制度的突出特点是皇帝或国王个人集国家的军、政、财大权于一身，从决策到行使都具有独断性和随意性，地方政府在政治、经济、军事等方面没有独立性，服从中央政府的命令。从严格意义上讲，中国封建社会是中央高度集权，这不同于中央集权。③ 1949年，在中国共产党的领导下，我们成立了多民族统一的中华人民共和国，依然属于中央集权国家，但与高度中央集权国家有着本质不同：一是建立的是人民民主专政的国家，人民成为国家的主人而不是

---

① 朱孝清：《中国检察制度的几个问题》，载《中国法学》2007年第2期。

② 樊崇义：《一元分立权力结构模式下的中国检察权》，载《人民检察》2009年第3期。

③ 有观点认为，中央集权制与中央高度集权制是性质完全不同的两种体制：中央集权制具有普遍性，中央高度集权制则不具有普遍性；中央集权制主要是将国家的权力集中于中央，中央高度集权制则是将国家权力高度集中于最高统治者一人；中央集权制与地方自治水乳交融，密不可分，而中央高度集权制则根本否定地方自治；中央集权是有限集权，而中央高度集权把一切权力都集中在中央手里；中央集权制不与官僚制度相结合，而中央高度集权制则是与官僚制度相伴而生、相互依存的；中央集权制不能牺牲地方利益，而中央高度集权制则必须剥夺地方利益。参见金相文、薄贵利：《中央集权制与中央高度集权制的区别》，载《中国行政管理》1998年第1期。笔者认同二者有区别，但也认为中央高度集权是中央集权的一种表现形式，本质上均是集权体制，只是在不同的社会发展阶段有不同的表象。

被剥削被压迫的对象；二是实行民主集中制，建立了人民大表大会作为最高的国家权力机关；三是建立了以公有制经济为主体、多种所有制经济共同发展的经济制度，其基础是生产资料的社会主义公有制，即全民所有制和劳动群众集体所有制；四是中央集权和地方分权充分结合，地方拥有较为广泛的政治、经济权力，尤其是在多民族聚居地区建立了民族区域自治制度，实行高度自治，在对香港和澳门恢复行使主权后，更是创造性地实行“一国两制”，港人治港、澳人治澳，高度自治。

正是在长期的中央集权体制下，因为控制权力的需要，孕育了我国独特的御史制度。如前所述，我国的御史制度创于秦汉，发展于魏晋南北朝，完善于隋唐及宋，完备于明清，经历了监察御史、御史台、都察院、都御史等不同形式。御史代表皇权、纠察百官、理讼治狱、监督审判，为维护封建社会的发展起到了重要作用。孙中山在推行资产阶级革命主张过程中，虽然谙熟西方政治制度，但依然把封建社会的监察制度继承下来，而不是照搬三权分立制度，并在此基础上提出了“五权宪法”，其核心思想是政权、治权分立，政权归属国民大会，将监察权作为治权与行政权、立法权、司法权、考试权并列，各自独立运作并互相合作。之所以如此，是因为他认为，“西方宪法在政府机关采取的三权分立制度中，行政机关拥有考试权将可能滥用人才，立法机关拥有监督权则将有国会专制的流弊，因此认为应该将两者分离，另设考试院和监察院，此乃五权分立之由来”①。他在阐述专管监督弹劾的纠察权时说：“现在立宪各国，没有不是立法机关兼有监督的权限，那权限虽然有强有弱，总是不能独立，因此生出无数弊病。比如美国纠察权归议院掌握，往往擅用此权，挟制行政机关，使他不得頫首总命。因此常常成为议院专制……况且照正理上说，裁判人民的机关已经独立，裁判官吏的机关都仍在别的机关之下，这在论理上是说不过去的，故这机关也要独立。”② 可见，将监察权独立并设立监察院以监督官吏，是孙中山研究中国制度传统和总结西方宪政制度经验教训得出的结论。

因此，中国古代御史制度和民国监察制度为现代的法律监督制度提供了文化渊源和制度传统，也是中央集权政治制度下的客观需要。当然，我国现行的法律监督制度与古代御史制度的经济基础、政治根基、权力性质已经发

---

① 孙中山：《五权宪法之讲解》，载孟庆鹏编：《孙中山文集》，团结出版社 1997 年版，第 539 页。

② 孙中山：《五权宪法之讲解》，载孟庆鹏编：《孙中山文集》，团结出版社 1997 年版，第 29 页。

生了根本变化，法律监督制度不是古代御史制度的简单复制和自然演进，而是在吸收御史制度控权、监察的合理内核、制度体系以及晚清立宪改革、资产阶级民主革命成果的同时，移植借鉴苏联和西方检察制度共同作用的结果。可以说，由封建社会的中央高度集权到现代社会的中央集权，监督制度从来没有缺席，也不应当缺席。法律作为最低限度的道德，司法公正是最后一道防线，在建设社会主义的过程中，法律监督制度作为中央集权体制下的监督制度更不能少。

三、中国的法律传统及其现代化决定法律监督的必要性

法律传统不是一个规范性的法律概念。从静态角度看，它一般是指由历史沿袭下来并逐步形成的，具有一国特色的法律思想、法律制度、法律行为等法律现象的综合。但是，“传统是历史上形成的东西。所以，很容易把传统与过去画等号。实际上，传统不只是过去的东西，而是对现在和未来都能产生定向性和规定性影响的东西”①。所以，从动态角度看，法律传统亦应包括传统法律现象在现在的表现和未来的影响。全面地看，法律传统所指向的法律思想、法律制度和法律行为应当是发端、形成于过去，存在、表现于现在，并在一定程度上影响未来的法律现象。在可预见的未来，法治是任何权力结构国家当前和今后的普遍选择，因此法律传统作用于现在和未来的过程就是法律传统现代化的过程，这是一个吐故纳新、兼容并蓄的过程，也是对法律传统扬弃的过程。

在中国，传统法律思想在不同的社会发展阶段有着不同的特点。奴隶制社会神权和宗法思想的禁锢带来了春秋战国时期的百家争鸣和礼、法之争。封建社会时期，儒家以家长为首的宗法制和以君主为首的等级制法律思想长期占据统治地位，历代立法和司法以“三纲”为核心。儒家倡导的德主刑辅、明刑弼教的法律思想体现在“德治”、“仁政”中，“和为贵”、“无讼”也为社会所公认。近代以来，资产阶级法律思想冲决了封建纲常名教的罗网，但并没有占据统治地位，最终推动传统法律思想走向现代化的还是马克思主义法学思想的传播。②“法自君出”是中国古代立法的最大特点，但同时强调礼法结合，“德礼为政教之本，刑罚为政教之用”，礼既是道德规范，又是法律规范，因此中国古代法律最早表现为礼刑并用，之后形成诸法合体的封建

---

① 张文显:《法律文化的释义》，载《法学研究》1992 年第 5 期。

② 参见刘新著:《中国法律思想史》，中国人民大学出版社 2005 年版。

法典。从战国《法经》至后朝诸律，刑法为主，刑民不分，实体法、程序法不分的法律编撰方式贯穿于封建社会各朝代。直到清朝后期至新中国成立以后，才逐步将诸法分离，并开始编撰部门法。在法律行为方面，中国古代突出表现在“行司合一，行政集权”，“执法原情，春生秋杀”。① 中国古代的司法、行政不分，行政兼理审判，但行政权和审判权均受制于君权，皇帝是最高行政官和司法官，中央专门审判机关除了受制于君权之外，还受制于监察、行政机关，地方审判权完全归属各级行政长官。在法律行为中，执法者所原之情，乃基于纲常名分，只要人情没有超越法律的底线公正，人情和法律就允许结合。在这种思想的影响下，“春生秋杀”的司法适用也被确定下来。

不可否认，中国法律传统中的民为邦本、公正执法、以法治国、礼法并用的法律思想既是社会主义法治理念的文化背景和历史土壤，也是社会主义法治理念的文化资源。② 但是，强化对权力的制约与监督是我国法律现代化过程中的必然要求和必然选择，而中国法律传统明显的历史局限性就是缺乏实质意义上制约监督的思想和制度。因为从控制权力的角度看，无论是法律思想、法律制度还是法律行为，中国法律传统中“人治”的特征非常明显，一切皆为如何强化君主的高度集权而展开，没有对权力进行制约与监督的表征与实质。“自上而下的统一行政管理触角伸及社会生活的各个领域，所有权力都来自于行政权或受制于行政权，传统法律没有同位制约的生存土壤。这些使得由检察机关承担法律监督职能的定位与建设缺少传统力量的支持。”③ 法律传统必须结合法律现代化的需要才能发挥其积极的影响作用，如果法律现代化在吸收法律传统优越性的同时不能克服其局限性，那么法律传统就可能是“法律文物”或者“法律古董”。通过对中国法律传统的梳理可以看出，在“君权至上”的背景下，“大行政”一直是中国传统政治制度的基本特征，即便是对权力的制约与监督贯穿整个封建社会的御史制度，也不是基于民主和法治之下的监督制度，不存在实质上的分权制约，也没有形成独立于行政之外的监督权。可见，法律监督在法律传统现代化进程中不可或缺。

---

① 参见夏劼：《论中国传统法律文化的特点》，载《知识经济》2011 年第 5 期。

② 参见中共中央政法委员会：《社会主义法治理念读本》，中国长安出版社 2009 年版，第 25 ~ 27 页。

③ 参见王戬：《论加强我国检察机关法律监督职能——基于传统与进路的分析》，载《政治与法律》2007 年第 2 期。

四、法律监督是我国民主法制建设正反两方面经验教训的理性选择

新中国成立以后，我国特别重视民主法制建设，在1949年中国人民政治协商会议共同纲领的基础上，1954年制定了宪法，规定了我国的国体、政体、公民与国家的关系，法制建设取得长足发展。但由于“左”的思想影响，民主法制建设的良好势头急转直下，最终酿成十年“文化大革命”的历史性悲剧。“文化大革命”期间，宪法成了一纸空文，公检法等执法和司法机关被砸烂，公民失去了基本权利和人身自由，“专案审查小组”成为定罪、量刑机构，私设公堂、刑讯逼供、随意逮捕的现象极为普遍，监督荡然无存，铸成了许多冤假错案。《人民日报》多年以后指出，“1966年至1976年，是中华民族灾难性的十年。在这十年间，黑白混淆，社会动荡，刚刚建立的民主法制被破坏殆尽。来自人民的民主呼声遭到‘四人帮’的扼杀，这是中国民主与法制建设大倒退的十年”①。

“文化大革命”结束后，法制作为重要的制度模式在社会发展的理性回归中重回构建政治制度视野，并重新考虑分工负责与互相制约的必要性。对此，邓小平同志深刻地指出：“我们这个国家有几千年封建社会的历史，缺乏社会主义的民主和社会主义的法制。现在我们要认真建立社会主义的民主和社会主义的法制。”② 党的十一届三中全会将我国带入了民主法制建设的恢复与重建期，制定了1982年宪法，提出了“有法可依、有法必依、执法必严、违法必究”的十六字方针，明确了一定要依靠法制治理国家的原则，并要求“必须加强社会主义法制，使民主制度化、法律化，使这种制度和法律具有稳定性、连续性和权威性，使之不因领导人的改变而改变，不因领导人的看法和注意力的改变而改变，做到有法可依、有法必依、执法必严、违法必究，成为改革开放新时期法治建设的基本理念”。③ 正是在我国民主法制建设不断发展的大背景下，1977年，中共中央在征集宪法修改意见中，全国有19个省、自治区、直辖市和人民解放军8大军区，35个中央直属机关、国家机关及军事机关，都提出了“重新设立人民检察院”的建议。在中央修改宪法小组召集的各地区、各部门领导人和民主党派负责人、社会知名人士的座

---

① 《人民日报》社评论：《十年“文革”——民主与法制的大倒退》，载《人民日报》2001年1月10日第10版。

② 《邓小平文选》（第二卷），人民出版社1983年版，第348页。

③ 参见中华人民共和国国务院新闻办公室发布的《中国的法治建设》（白皮书），外文出版社2008年版，第4页。

谈会上，各方面也纷纷要求重新设立人民检察院。[1] 因此，1978 年叶剑英委员长在五届人大一次会议上作关于修改宪法的报告中指出："鉴于同各种违法乱纪行为作斗争的极大重要性，宪法修正案草案规定设置人民检察院。"1979 年制定的人民检察院组织法调整规定了检察机关的领导体制、职权、内部机构设置，1982 年宪法进一步明确了检察机关的法律监督地位，确定了检察机关与全国人大、审判机关、公安机关之间的关系。在此基础上，我国逐步构建了以宪法为核心的中国特色社会主义法律体系。在强化对权力制约与监督的理念指导下，2013 年开始实施的刑事诉讼法进一步强化了检察机关的法律监督地位和权力。

可见，我国法律监督制度与社会主义民主法制建设同呼吸共命运，经历了设立、撤销、恢复重建、发展和强化的曲折历程。这一过程既是新旧思想的汇集与争锋，也是历史发展和社会观念逐步理性的过程。在这个过程中，法律监督无论是对政治、经济、文化的发展，还是对法治建设本身都发挥了并将继续发挥不可替代的重要作用。"五十多年的经验教训证明，我国什么时候重视法律监督，什么时候社会主义民主法制就发展，什么时候削弱以至于取消法律监督，什么时候社会主义民主法制就受到损害以至破坏；反之亦然。"[2] 因此，可以说法律监督是总结新中国民主法制建设正反两方面经验教训后的理性选择。

五、法律监督是我国依法治国的客观需要

新中国成立以后，我们经历了建立法制、毁法灭制、健全法制和依法治国的过程，虽然曲折甚至反复，但是总体上一直行走在法治之路上。"1949 年中华人民共和国的建立，开启了中国法治建设的新纪元。"[3] 尤其是改革开放以后，中国共产党更加重视法治国家的建设，无论是执政治国理念，还是执政治国的方式制度，都更加突出法治的核心作用。在经过改革开放后一段时期的理论准备和法治实践后，1997 年，党的十五大正式提出"依法治国"的基本方略；1999 年，将"依法治国，建设社会主义法治国家"写入宪法；2002 年，党的十六大指出"要把坚持党的领导、人民当家做主和依法治国有机统一起来"；2007 年党的十七大将依法治国列入小康社会的新要求。在此

---

① 参见李士英主编：《当代中国的检察制度》，中国社会科学出版社 1987 年版，第 183 页。

② 朱孝清：《中国检察制度的几个问题》，载《中国法学》2007 年第 2 期。

③ 参见中华人民共和国国务院新闻办公室发布的《中国的法治建设》（白皮书），外文出版社 2008 年版，第 3 页。

基础上，2012 年党的十八大对“依法治国”又提出了“加快建设社会主义法治国家”和“全面推进依法治国”的要求，为依法治国描绘了一幅宏伟蓝图。

但是，一国的法治总是由一国的国情和社会制度决定并与之相适应。我国是一个具有两千多年封建社会历史的国家，封建社会的人治、等级、特权思想和重权轻法、重言轻法、重情轻法的观念根深蒂固，现实生活中以言代法、以权压法、以情扰法、有法不依、执法不严、违法不究的情况仍然比较突出；与法治社会格格不入的“暗箱操作”、“跑冒滴漏”等各种“潜规则”仍然大行其道；我国当前社会发展阶段中经济、文化不发达且发展不平衡，不仅制约着立法，而且制约着法律的统一正确实施；执法人员的素质能力有待提高，人财物管理体制不够科学，社会环境不够理性，一些执法人员有法不依、执法不严、违法不究，甚至贪赃枉法、徇私舞弊、失职渎职的现象时有发生。这些都是影响和制约我国依法治国不可忽视的障碍，需要我们认真对待和解决。随着法律的发展进步和依法治国的不断推进，人权保障、公共利益、程序正当、检察官客观公正义务等理念不断要求我国的立法、执法和司法强化并实施这些理念，法律监督在其中扮演着不可或缺的角色，也是依法治国的客观需要。

第三节 控权视角下法律监督的正当性

在实行三权分立的国家，控制权力主要体现在立法、行政和司法在国家层面的平面分权，检察权大多是行政权的属权力，不称为“法律监督权”，只是作为参与诉讼的一个权力环节。但是，从诉讼程序的角度来看，检察权与侦查权、审判权的分工负责实际上也是一种分权，只是不属于国家层面的平面分权。在我国一元分立的集权体制没有平面分权的前提下，法律监督权作为司法权，与侦查权、审判权一样参与诉讼程序，实际上也是诉讼程序内的分权，这一点与实行三权分立的国家并无二致，而且这个机制有一个共同的目的就是控制权力，让侦查权、检察权和审判权之间互相制约。不同的是，我国宪法和法律还赋予检察机关以诉讼监督权，除了履行诉讼制约的功能之外，还对侦查权和审判权进行监督，从控制权力的视角来看，诉讼监督也一样是控制权力的手段。

一、控权视角下的世界检察制度

国内外多数学者认为，近代意义上的检察制度发祥于法国的“国王的代理官”制度，主要是“为了调整封建割据状态下的权利义务关系，通过诉讼形式解决庄园与庄园之间、庄园与国王之间的经济、财产利益方面的纷争”[①]。这也是“公诉”代替“私诉”的开始，因此有观点认为，导致公诉权形成的制度性诱因乃是因为国家权力的分离，包括控审分离。[②]也有观点更直接地认为，公诉权的产生主要来自民主制度的夯实和国家集权加强双向矛盾运动，而现代公诉制度的最终形成是与分权理论的建立密切相关的。[③]在对权力实施制约与监督的视角下，世界检察制度的主要特点主要包括：

（一）权力属性——自说自话的不同定位

检察权属于什么类型的权力？要回答这个问题，首先需要确定一个国家的政治体制，但无论是在实行分权还是集权的国家，检察权的存在至少都包括为了制约侦查权和审判权。从总体上看，与审判权不同，世界各国检察权的权力属性并没有一个统一的标准，而是典型的自说自话。一是检察权属于行政权，这主要以英国、美国等英美法系国家为代表，检察机关与审判机关一般分开设置，属于审检分署，检察机关一般归属于司法行政机关，检察权属于国家行政权。[④] 二是检察权属于准司法权，认为检察权既不是行政权，也不是司法权，而是介于二者之间的一种权力。这主要以法国、德国等大陆法系国家为代表，检察机关一般设置在审判机关内部，属于审检合署。[⑤] 日本虽然属于大陆法系国家，但在第二次世界大战后深受美国影响，改为审检分署，检察权属于准司法权，与此类似的还有韩国，虽然总体上韩国属于英美法系国家，但因受到日本殖民的影响和第二次世界大战后英国的影响，检察权也属于准司法权。三是检察权属于司法权。作出明确规定的是意大利。意大利虽然属于英美法系，但是根据1941年第12号国王谕令第65条，可以将设置在最高法院内的总检察院理解为为保障法律正确实施和统一解释的“最高司法机关”。意大利的司法机关包括审判机关和检察机关，警察机构属

---

① 参见孙谦主编：《中国检察制度论纲》，人民出版社2004年版，第6页。

② 参见郝银钟著：《刑事公诉原理》，人民法院出版社2004年版，第62~68页。

③ 刘方著：《检察制度史纲要》，法律出版社2007年版，第15页。

④ 参见何家弘主编：《检察制度比较研究》，中国检察出版社2008年版，第361页；王然冀主编：《当代中国检察学》，法律出版社1989年版，第55页。

⑤ 邓思清著：《检察权研究》，北京大学出版社2007年版，第25页。

于政府序列的行政机关。检察机关依照法院的组织体系平行设置于法院内部，并由经最高司法理事会任命的全体检察官组成，检察机关包括设在普通法院体系中的检察院和设在特别法院中的检察院，主要职能是负责侦查、提起公诉、上诉和监督法律的执行，不同层次的检察机关所享有的职权各不相同。检察官与法官同属司法官员，经司法理事会批准，在检察官与法官的职务之间可以进行最多四次的变更。① 四是检察权属于法律监督权，这主要以俄罗斯、中国等受前苏联影响的国家为代表，审检分署，法律监督权属于国家权力的一种，而检察权则是法律监督权的一种具体体现。② 本书认为，就检察权而言，最为重要的是其存在要实现对其他权力进行制约与监督的根本目的。在分权国家，各种权力有序运行并互相制约，无论检察权归属何种权力，在这个大的体制之内，均能发挥应有的作用。在中国，检察机关专司法律监督职能，亦能发挥其监督作用。事实上，权力的结构和运行是一个复杂的体系，无法规定也不可能规定权力只有立法、行政和司法这三种，脱离一国权力体系和环境去讨论检察权属于别的国家的何种权力，并以这种权力的特点去评价本国检察权是不是科学，这本身就不科学。

（二）公诉职能——一以贯之的普遍选择

无论检察权的性质如何界定，公诉是各国检察机关一以贯之的普遍选择。公诉制度发端于中世纪的法国，“公诉制度是为了消除封建割据状态下法制不统一对追诉犯罪活动带来的影响”和监督法院审判，维护国王制定法律的统一实施而问世的。③ 可以说，公诉制度发端之初就既有与法官分权的功能，也有防止警察滥权的功能。检察制度在法国发端之后的 1848 年，德国引入了法国的检察制度，并在 1879 年德意志帝国的《刑事诉讼法》中就检察制度的有关内容作出了规定，并将公诉制度确立下来。之后，法国、德国的检察制度传到欧洲和亚洲，并被这些国家吸收。④ 虽然我们无法考证英国公诉制度起源的具体时间，但可以肯定的是，英国最早的检察官也是作为公诉行为的发动者出现的。在英文中，检察官（prosecutor）意即公诉人的意思，英美法系的检察制度基本上也是以公诉职能为核心的。⑤ 但是，随着世界各国司

---

① 参见徐鹤喃：《意大利的司法制度》，载《人民检察》2005 年第 5 期；殷炳艳：《意大利独特的检察制度》，载《文化月刊》2003 年第 9 期。

② 事实上，这个观点在中国并没有完全达成共识，但目前被多数人认可。

③ 参见王桂五主编：《中华人民共和国检察制度研究》，法律出版社 1991 年版，第 4 ~ 5 页。

④ 参见马相哲：《韩国检察制度简介（上）》，载《国家检察官学院学报》2006 年第 1 期。

⑤ 参见何家弘主编：《检察制度比较研究》，中国检察出版社 2008 年版，第 444 页。

法制度和检察制度的改革，有的国家检察机关则丧失了公诉职能，而成为个专司监督的国家机关。例如，俄罗斯从 1992 年 1 月通过检察机关法到 2012 年俄罗斯联邦通过法令、决议、修法等形式对检察机关的职能进行了多次修改补充，在法律执行情况监督领域增加了对俄罗斯联邦宪法遵守情况的监督，增加了规定俄罗斯联邦检察院总检察长有权向俄罗斯联邦提交书面询问，增加了关于保护人权免受非法侵害等新的监督职责，强化了对一般执法活动和公共管理的监督。但在发展和强化“一般监督”职能的同时，检察机关在诉讼方面的职能几乎被全部取消，检察机关变成了一个单纯的监督机关。例如，从 2007 年 9 月开始取消了检察机关的侦查权，并将检察机关原来的侦查人员改组给独立的刑事侦查委员会，检察长无权批准和决定搜查、扣押和电话监听；取消了检察长批准和决定逮捕、羁押权；取消了检察机关对刑事审判的监督权；从 2012 年开始又取消了检察机关的公诉权，并将公诉权也移交给刑事侦查委员会。①

（三）犯罪侦查——判若霄壤的权力配置

检察机关的侦查权既包括职务犯罪侦查权，也包括特定条件下的机动侦查权。考察世界各国和地区检察机关的侦查职能，检察官直接侦查的案件，相对集中于公职人员的职务犯罪案件以及与职务犯罪相关的其他人员的犯罪案件。所以，这里的侦查限定为职务犯罪侦查。职务犯罪侦查在诉讼程序上是确保公诉权顺利进行的需要，在本质上是对公共权力的一种制约和监督。世界各国对于职务犯罪侦查权的配置模式，可谓是纷繁复杂，判若霄壤。总的来看，主要包括检察机关专有模式、警察机关专有模式、独立机关专有模式、警察机关和检察机关共有模式和其他联合模式。② 检察机关专有模式，是指将职务犯罪侦查权单独赋予检察机关行使，检察机关内部设有专门的侦查机构负责职务犯罪侦查工作，这是一种依附于检察职能的模式，如中国、日本、罗马尼亚。警察机关专有模式在世界上比较多见，如加拿大、巴西、英格兰和威尔士地区、瑞士、南澳大利亚地区等。巴西联邦警察局主要通过

---

① 笔者 2012 年 10 月随同中国检察代表团出访俄罗斯期间，俄罗斯联邦总检察院副总检察长萨金柴夫、圣彼得堡市检察院检察长里特维年科均向代表团介绍了这方面的情况。不过，他们认为这种改革违背了司法规律和国际趋势，而是作为反面教材向我们介绍，并表示他们正在通过各种渠道争取恢复检察机关的批捕、起诉权力。

② 参见何家弘主编：《检察制度比较研究》，中国检察出版社 2008 年版，第 413 页。

调查政府、州长等各级官员的行为来处置有关指控。① 独立机关专有模式，是在警察机关、检察机关之外成立独立的机关专门行使职务犯罪侦查权，如我国香港地区的廉政公署、新加坡的贿赂调查局、印度的中央调查局、菲律宾的独立调查处等，他们的调查权不受任何方面的干扰。警察机关和检察机关共有模式，是指警察机关和检察机关均有权对职务犯罪实施侦查，但根据两机关发挥作用不同又分为检察机关主导模式，如德国、法国、意大利等国家；警察与检察分工负责模式，如希腊、捷克、丹麦等国家；警察与检察联合侦查模式，如挪威，警察与检察合署办公，侦查职务犯罪。其他联合模式，如美国的联邦调查局、联邦检察机关、州检察机关、独立检察官、大陪审团等多个机构均有职务犯罪侦查权。我国台湾地区的"法务部调查局"是检察机关和其他机构共有职务犯罪侦查权。

（四）诉讼监督——孜孜以求的公正坚守

诉讼进程是各种诉讼权力按照诉讼环节逐步推进的过程，也是各种诉讼权力互相制约的过程，这是诉讼的基本规律，但世界各国对诉讼监督的法律规定和具体制度差异很大。

无论是检察主导侦查的国家还是警察主导侦查的国家，侦查监督一般都不同程度地存在，这与检察机关产生之初便具有制约侦查权的天然属性有很大关系，囿于诉讼制约在程序推进过程中的有限性，多数国家都规定检察机关对警察机关的侦查具有监督权。例如，德国、法国、日本、韩国属于检察主导侦查，检察机关对侦查机关的监督具有法律依据；美国、加拿大属于警察主导侦查，检察机关基于诉讼环节上的分权制约而对警察具有监督职能。

对审判监督的差异和争议最大，因为不少国家基于审判独立的前提，认为对审判活动进行监督会破坏司法独立，有干预审判之嫌。因此，我国有学者认为，在英美法系国家的刑事诉讼中，法官是绝对的权威，公诉人当然无权对法官的审判活动实施法律监督，并且基于"禁止双重危险"理论，禁止检察官对法院的裁判提出不服的上诉、抗诉。② 也有学者认为，现代各国的检察机关都具有对审判机关的审判活动的监督职能，不同法系的国家检察机关的这种监督职能的权限亦有所不同。一般来说，大陆法系国家检察机关的

① 参见梁国庆主编：《国际反贪污贿赂理论与司法实践》，人民法院出版社 2000 年版，第 544 页。

② 参见陈卫东、刘计划：《公诉人的诉讼地位探析——兼评检察机关对法院的审判监督》，载《法制与社会发展》2003 年第 6 期。

这种监督职能的权限要比英美法系国家的这种权限广泛。[①] 笔者认为，差别如此巨大的一个重要原因就是如何理解“制约”与“监督”，前文已述，制约与监督只是两种不同的控权手段，如果一定要区别二者的外延大小，应当是监督的外延大于制约，从这个意义上说，诉讼进程中的分权与制约也是一种互相监督。事实上，对法院的裁判，世界上多数国家都赋予检察机关有权上诉或者抗诉，当然这只是程序启动权，不是裁判权，最后如何裁判还是由法院决定，从广义上说，这种互相制约也是监督。[②]

在大陆法系国家，《法国刑事诉讼法典》第 35 条规定：“检察长保障在上诉法院整个管辖区范围内适用刑事法律以及辖区内各检察院的良好运作。”对于预审法官或者自由羁押法官的裁定，即便裁定内容和他的请求是一致的，共和国检察官也可以提起上诉。检察长还可以对上诉法院预审庭的大部分决定向最高法院提起撤销之诉。共和国检察官可以对轻罪法院的判决和违警罪法院的判决提出上诉，如果是有罪判决，检察官还有权要求上诉法院法官宣告比一审法院宣告的刑罚更重的刑罚，检察长还可以对重罪法院的无罪判决向上诉法院提起上诉。法国 1790 年 8 月 16 日至 24 日法律第三编第 46 条还规定：“在民事方面，检察机关在法律规定的情形下依职权行为。检察机关监督法律、裁定和判决的执行。”[③]《德国刑事诉讼法典》规定，“检察机关除了作为刑事追诉机构领导对刑事案件的侦查和决定是否提起公诉外，还对刑事审判活动实施监督。这种监督主要是通过提起法律救济的方式进行。无论是在初审程序还是在上诉程序中，检察官均有权对法院的不公正裁定提起抗告。抗告的理由可以分为程序上的错误和实体上的错误。前者主要是指程序违法、管辖错误以及作出判决的法庭非依法定条件组成；后者是指对案件事实的认定明显错误、量刑不当以及出现新的犯罪事实”[④]。日本的检察官和德国检察官在审判程序、上诉程序和再审程序中的监督职能基本相近。

在英美法系国家，刑事诉讼奉行“庭审中心主义”，法官是绝对权威，一般不允许检察官对法官的裁定提出上诉和抗诉。在美国，这并不意味着检

---

① 参见刘兆兴：《两大法系国家检察机关在刑事诉讼中的职权比较》，载《外国法译评》1995 年第 3 期。

② 这里的“监督”不能等同于我国宪法意义上的“法律监督”，事实上，监督、法律监督、诉讼监督不是同一个概念，甚至区别很大，而不少学者将它们混同，一说起监督就说是法律监督或者诉讼监督，这必然导致法律监督或者诉讼监督的泛化理解。本书对这几个概念已经做过辨析和厘清。

③ 参见魏武著：《法德检察制度》，中国检察出版社 2008 年版，第 92 ~ 95 页。

④ 魏武著：《法德检察制度》，中国检察出版社 2008 年版，第 238 页。

察官对法官的枉法裁判可以置若罔闻。《美国律师协会刑事司法准则》之“检察职能”规定，检察官应即刻遵守法庭之所有指令，但有义务将其认为涉嫌司法不公之事如实记录在案；检察官亦有权要求复议判决结果。[①]《美国律师协会刑事司法准则》之“刑事上诉”规定，检察官可针对基于某些实质性理由驳回大陪审团之起诉书或检察官之控告状之法庭令、基于其他原因做出的终止起诉的法庭令提出上诉。[②] 英国一般不具有上诉权，但对刑事法院的第二审判决，检察官有权以法律上的错误为由向高等法院提出上诉，加拿大、新西兰也允许检察官因法律原因对无罪判决提起上诉。[③]

为了保障刑事判决和裁定的执行，世界上许多国家的刑事法律都具体规定了刑事判决执行程序、指挥和监督程序，各国的具体制度内容虽然各异，但总体来看主要包括：检察机关指挥执行的体制，如韩国、日本、我国台湾地区；检察官监督执行体制，如俄罗斯、中国、德国、我国澳门地区；检察官和法官分权制衡的体制，如法国、意大利。

综上所述，检察机关的诉讼监督职能虽然千差万别，表现形式或者选词用语也不相同，但是诉讼监督并非中国独有的特例，具有一定的普遍性。在制约与监督的视角之下，诉讼监督自然有其合理性和科学性，不同的是在三权分立的体制下，诉讼监督权不可能作为第四权而单独存在。在我国一元分立的中央集权体制下，最关键的是如何进行诉讼监督才能体现制约与监督这一科学原理。

二、控权视角下法律监督的正当性

关于中国法律监督的正当性问题，质疑与反对的声音从未消失，但学界也有不少观点予以肯定并加以论证。例如，陈光中教授认为，“检察机关除公诉权外，履行法律监督职能并非我国独有的现象，随着检察制度的发展，检察机关法律监督职能逐渐发展起来……”[④] 樊崇义教授立足法哲学视角，从一元分立论、对立控制论、存在决定论等方面进行论述，也承认并支持我

---

① 参见宋远升、闵银龙编著：《最新国外刑事司法制度研究》，东南大学出版社 2007 年版，第 367 页。

② 参见张鸿巍著：《美国检察制度研究》，人民出版社 2009 年版，第 129 页。

③ 参见顾永忠著：《刑事上诉程序研究》，中国人民公安大学出版社 2003 年版，第 131 ~ 132 页。

④ 陈光中等著：《中国司法制度的基础理论问题研究》，经济科学出版社 2010 年版，第 216 页。

国法律监督权的正当性;[①] 张文显教授立足法理学视角，从法的运行角度指出“法律监督是法律运行不可或缺的构成性机制”;[②] 朱孝清大检察官认为在我国设立法律监督机关“是我国的国体、政体、国情和制度传统使然”[③]; 孙谦大检察官结合检察的产生、发展和属性，论述了法律监督制度的合理性与必然性;[④] 等等。这些经典论述既是对质疑、反对观点的回应，也体现了法学界百家争鸣的学术氛围。本书换个角度，从控制权力的视角来看法律监督的正当性。

（一）法律监督符合监督概念之间的逻辑关系

本书绪论部分已经阐述，从概念的外延看，监督大于法律监督，法律监督大于诉讼监督。根据我国宪法和刑事诉讼法有关法律监督的规定，在刑事诉讼中，公检法三机关分别行使侦查、起诉和审判权，且三个权力互相制约。其中，检察机关的侦查权制约一般意义上的行政权（公权力），批捕权制约公安机关的侦查权，起诉权制约公安机关的侦查权和审判机关的审判权，它们都是以权力制约权力，本书称之为刑事诉讼中的“诉讼制约”。检察机关的诉讼监督主要包括立案监督、侦查监督、审判监督、刑罚执行和监管活动监督、死刑复核监督、赔偿监督。

以往乃至现在，学界对检察机关与法律监督有关的职权多有质疑，如为什么检察机关的侦查是监督而公安机关的侦查就不是监督？为什么检察机关对公安机关、审判机关的制约是监督而反之却不是？如何解决检察官既是运动员又是裁判员？等等。本书认为，这些质疑的根本原因在于忽视了监督、法律监督和诉讼监督的概念之间的区别，将三者等同起来使用。从监督的概念看，检察机关的侦查是监督，公安机关对刑事案件的侦查尤其是对经济犯罪案件的侦查当然也是监督；检察机关对公安机关、审判机关的制约是监督，公安机关、审判机关对检察机关的制约当然也是监督。这是应然。但是，公安机关对刑事案件的侦查和公安机关、审判机关对检察机关的制约这两种“监督”不是宪政层面上的法律监督，更不是诉讼监督，至少在名称上不是，这是实然。因为我国宪政层面上的“法律监督”仅指检察机关的监督，宪法对检察机关这种授权，既可以说是职权名称的授权，也可以说是职权权能的授权，是我国宪政的鲜明特色之一。

---

① 樊崇义著:《刑事诉讼法哲理思维》，中国人民公安大学出版社 2010 年版，第 341 ~ 352 页。

② 张文显主编:《法理学》，高等教育出版社 2003 年版，第 287 页。

③ 朱孝清:《中国检察制度的几个问题》，载《中国法学》2007 年第 2 期。

④ 参见孙谦著:《检察：理念、制度与改革》，法律出版社 2004 年版，第 45 ~ 128 页。

可见，监督是一个属概念，公安机关、审判机关对检察机关的制约是监督的一种，是监督的种概念；法律监督也是监督的一种，也是监督的种概念。从概念的逻辑关系上看，同一属概念的两个种概念之间一般不互相包含。因此，公安机关、审判机关对检察机关的制约与检察机关对公安机关、审判机关的制约都是监督，宪法没有对前者进行特殊授权，而将后者授权为“法律监督”。很显然，既然法律监督不违反监督概念之间的逻辑关系，那么不能因为它使用了某一个名字就怀疑这个制度的正当性。况且，这个名字本身也并无不妥。

（二）法律监督权对内对外、横向纵向均可实施

根据监督的基本理论，监督权既可以横向对外监督，也可以纵向对内监督，法律监督亦然。法律监督横向上既有对公安机关、审判机关诉讼程序上的制约型监督，即上文述及的一部分诉讼制约；也有对公安机关侦查活动、审判机关审判活动是否合法的督察型监督，即诉讼监督；纵向上有对内监督，即系统内自上而下的自我监督。近年来，检察机关通过建立健全人民监督员、职务犯罪案件审查逮捕上提一级、检务督察等制度不断加强内部监督。

（三）人大监督不能取代各种专门监督

因为监督的具体职责不同，人大监督作为一种宏观监督，不可能取代法律监督、审计监督、食品药品监督、质量技术监督、纪律检查、行政监察等各种专门监督。2006 年 8 月 27 日通过的各级人民代表大会常务委员会监督法第 8 条第 1 款规定：“各级人民代表大会常务委员会每年选择若干关系改革发展稳定大局和群众切身利益、社会普遍关注的重大问题，有计划地安排听取和审议本级人民政府、人民法院和人民检察院的专项工作报告。”可见，人民代表大会作为一个定期性的议事机构，很难对经常性的行政活动与审判活动进行动态的、具体的监督，这与三权分立之下对权力的动态控制相比，力度和强度显然不足，为了弥补这种不足，更为了控制权力，就需要在行政权与审判权之外设置一个经常性的专司法律监督的权力，以保证法律的统一正确实施。因此，法律监督权可以说是一元分立权力架构下对权力运行的必然选择。

（四）“谁来监督监督者”、“检察官既是运动员又是裁判员”是对法律监督权的曲解

检察机关的职权除不起诉是具有终结诉讼功能的实体性权力外，其他权力都是不具有终结诉讼功能的程序性权力，更不具备“裁判”效力，这些权力之中，有的要受到侦查权、审判权等其他权力的制约，有的要受到人大监

督、社会监督。因此，所有的法律监督职权没有也不应该有超然于监督之外的权力，即便是检察机关的不起诉权，公安机关可以申请复议、复核，被害人如果不服既可以申诉也可以直接起诉，根据修改后的刑事诉讼法的规定，被不起诉人对所有的不起诉都可以提出申诉，又怎么能说不受监督？综合分析检察机关的这些权力，我们不难发现它们大多是一种异议权，有的是程序启动权（如起诉和抗诉），启动以后怎么处理还是审判机关的事情，检察机关根本不具有裁判职权；有的是建议权（如纠正违法通知书），检察机关建议以后，被监督者是否接受建议则要看被监督者自己，更没有裁判功能。这就如同在一场足球比赛中，运动员当然可以监督裁判，如果发现裁判不公或者错误裁判，他们可以对裁判提出异议和申诉，但是没有人会认为运动员的异议和申诉就相当于裁判权。而且，裁判本身是否错误、对错误是否纠正、如何纠正则由裁判依据比赛规则作出，不是由监督者作出，即便是存在"黑哨"行为，也只能依法另行启动调查处理程序，而不能由监督者直接予以纠正。因此，既不能认为检察机关拥有不受监督的"真空权力"，也不能将检察机关的异议权等同于裁判权。

三、权力制约与权力监督在我国诉讼运行中的体现

我国是一元分立权力架构的中央集权制国家，并不存在国家层面的平面分权。但在诉讼运行中，既存在典型的权力分工和权力制约，也存在典型的权力监督，是权力监督与权力制约有机结合的典范。根据我国刑事诉讼法、民事诉讼法、行政诉讼法和有关司法解释的规定，权力制约与权力监督在我国诉讼运行中主要有以下体现。

第一，公安机关与检察机关之间的制约。主要体现在刑事诉讼中检察机关的审查逮捕和审查起诉。对公安机关提请的逮捕、起诉，检察机关有权依法作出批准或不批准逮捕、起诉或不起诉的决定。反向来看，公安机关对认为错误的不批准逮捕或不起诉决定，可以要求复议或提请复核，以对检察机关对这些权力形成制约。

第二，检察机关与审判机关的相互制约。主要体现在检察机关对符合起诉条件的刑事案件提起公诉和对刑事、民事、行政案件的抗诉。在刑事公诉案件中，法院根据检察院的公诉范围进行审判，地方各级检察院认为本级法院的裁判确有错误的，有权提出抗诉。反之，如果法院认为公诉案件的事实不清、证据不足，可以退回检察院补充侦查；如果法院认为公诉案件证据不足或在法律上不构成犯罪，可以作出无罪判决。在民事诉讼和行政诉讼中，

检察院对生效的违法裁判，或民事调解、行政赔偿调解损害国家利益、社会公共利益的，有权提出抗诉。对于检察机关抗诉的案件，法院应当开庭审理，是否支持抗诉意见，则由法院综合考虑事实、证据、法律适用、诉讼程序和当事人的意愿等因素依法决定。对刑事案件提起公诉和抗诉，审判机关根据检察机关的公诉进行审判，可以退回检察机关补充侦查，可以做出无罪判决等。

第三，检察机关对公安机关和审判机关从事诉讼活动依法实行诉讼监督。一是刑事立案监督，主要包括对公安机关应当立案而不立案的监督和不应当立案而立案的监督。二是侦查监督，主要包括对侦查活动和搜查、查封、扣押、冻结等侦查措施的监督，通过羁押必要性审查对羁押进行监督。三是刑事审判活动监督，主要是指对人民法院的刑事审判活动是否合法实行法律监督。四是刑罚执行和监管活动监督，主要是指对刑事案件判决、裁定的执行，刑罚的变更是否合法以及监狱、看守所、劳动改造机关的活动是否合法实行监督。五是赔偿监督，主要是指对法院赔偿委员会作出的刑事赔偿决定、非刑事司法赔偿决定的监督和对行政赔偿诉讼的监督。六是死刑复核程序监督，主要是指根据刑事诉讼法第 240 条第 2 款规定，在复核死刑案件过程中，最高人民检察院可以向最高人民法院提出意见。最高人民法院应当将死刑复核结果通报最高人民检察院。七是民事诉讼监督，主要是指对民事执行活动的监督，对诉讼调解的监督和对审判监督程序以外的其他审判程序中审判人员违法行为的监督。八是行政诉讼监督。

第四，职务犯罪侦查权对一般行政权、行政执法权的制约。职务犯罪侦查的结果之一是使符合逮捕和起诉条件的案件进入逮捕和审查起诉环节，相反如果没有通过职务犯罪侦查取得证明犯罪事实的证据，则不能移送审查起诉，因此从这个角度而言，职务犯罪侦查则属于诉讼制度范畴内的诉讼制约。此外，在行政执法与刑事司法的衔接机制中，行政执法机关或者个人应当将符合刑法规定的入罪条件的案件移送侦查机关进行侦查，如果没有将应当移送的案件予以移送，则可能承担徇私舞弊不移交刑事案件的责任，这也属于诉讼制约的内容。

第三章　理性法律监督的几个问题

以铜为鉴，可以正衣冠。

——李世民

法律监督的理性内核充分说明了法律监督的理性之所在，但是要将“理性法律监督”作为一个复合概念来研究，就需要明确其内涵、特征，还要研究理性法律监督的理论基础、原则、实现理性法律监督的模式等基本问题，这些问题是深入研究理性法律监督的基本内容。

第一节　理性法律监督的含义及其特征

理性法律监督并不是一个规范的法律概念，是“理性”与“法律监督”的复合，但并不是二者的简单相加，而是有机组合。因为在这个组合当中不仅仅是概念的叠加，最重要的是理念、原则的结合。

一、理性法律监督是法律理性与法律监督的内在统一

法有善恶之分，善法即理性之法。善法一般是指体现多数人意志，符合社会公共利益，限制侵害行为的法律，善法是法自不必论。与善法相反，恶法一般是指体现少数人意志，不符合社会公共利益和历史发展规律，限制人们正当行为的法律。围绕“恶法非法”还是“恶法亦法”，因此形成了两大立场，自然法学派认为“恶法非法”，分析法学派认为“恶法亦法”。无论如何，现代法治社会之法一定是善法，否则就不是法治社会。基于这一前提，法律本身应当是理性的产物。选择法律之治必然抛却人治，这在本质上已经是一种理性选择；法律立改废的前提是社会情势客观需要，是基于多数人意志和社会公益，立改废的过程是一个调整社会关系、分配社会资源的理性过

程；相较于社会发展，法律本身难以完全同步，法律的滞后性、局部性和局限性决定了法律适用并非总是非此即彼的明晰选择，而可能是多样化的取舍，取舍均不能以执法者个人好恶和意愿而定，而是一个基于法律原理和精神，以公平正义为出发点，理性选择适用法律的过程；法律功能的实现当然需要执法者的理性思维和理性行为，然而就一个社会而言，社会环境和社会公民是实现法律理性的基础，如果根基不存，遑论法律理性。所以西塞罗说："法律即理性。"①

理性法律监督是法律理性与法律监督的内在统一。就公共权力而言，法无规定不能为，从这个角度看，法律是为授权公共权力而来。然而，如果因此而认为法律只是为公共权力大开绿灯那就大错特错了，法律授权公共权力是为了服务公共利益，不是也不可能仅仅为了强化个人的权力。然而，权力行使的主体是人，当行使权力之人假借公共权力去实现个人利益时，授权公共权力的本意则异化为强化个人权力，于是就出现了权钱交易、贪污腐败、行贿受贿，法律理性至此荡然无存。因此，法律在为公共权力"开源"的同时，必然需要对公共权力进行"节流"，也就是将公共权力控制在为公共利益服务的范围之内，于是制约与监督就相伴而生。在我国，法律监督的目的是保障宪法和法律的统一正确实施，维护社会公平正义。易言之，法律监督是为了实现法律理性。法律监督是实现法律理性的手段，法律理性是法律监督的目的。法律监督也是一种权力，同样具有公共权力的各种特征，存在擅权、滥权的可能。因此，除了需要外部的制约与监督体制进行控制之外，法律监督本身也需要理性。② 可想而知，如果法律监督本身是非理性的，那又如何实现法律理性呢？所以，要实现法律理性，法律监督本身也必须是理性的。因此，理性法律监督是法律理性与法律监督的内在统一。

二、理性法律监督的特征

法律监督权除了具有公权力的特征之外，还具有自身的特征。理性法律监督权的实施过程也有其独有的特征，这是理性法律监督应当具备的基本特征，这些特征说明理性法律监督不同于其他监督，也不同于非理性的法律监督。

---

① ［古罗马］西塞罗著：《论共和国 论法律》，王焕生译，中国大百科全书出版社 1997 年版，第 1 页。

② 这正是本书要研究的内容之一，亦即为什么法律监督要理性实施，详见本书相关内容，此处点到为止，不做赘述。

（一）目的性

苏格拉底认为，事物都是为某种有用的目的而存在的东西，是由理智所产生的，即事先经过深思熟虑的工作而造成的。柏拉图认为，世界上的事物之所以发生并且秩序井然，是因为作为创造主的神为宇宙制定了理性目的和方案。目的是实现世界的真实原因。[①] 这正如一个在大街上毫无目的漫步的人，很难说是出于某种理性的目的。可以说目的性是一切理性行为的共性，法律监督亦然。法律监督的目的不仅仅包括实施法律监督行为的目的，还包括制定法律监督制度的目的。宏观层面，法律监督的目的是保障宪法和法律的统一正确实施，维护社会公平正义。目的是一切手段的归宿，手段理性才能确保目的理性。当然，理性法律监督所追求的目的通常不是显现在人们面前，而是隐藏在法律监督的行为背后，是否实现了目的同样需要人们凭借理性思维去感知、通过理性活动去捕捉。但是，无论如何，理性法律监督的目的性从来不应当放弃，如果不是奔着目的而去，法律监督就会迷失方向。

（二）规范性

手段作为追求目的的一种行为或方式，总是与目的有着一定的距离，也就是说实施一定的行为未必一定会带来预想的结果。同理，实施了法律监督的行为，未必一定能够带来公平正义的结果，实践中针对检察机关的信访并不少见，但我们不能因此就放弃法律监督行为，而是应当寻求能够带来预想结果的法律监督行为，也就是理性法律监督行为。因此，通过理性法律监督，既要惩罚犯罪，又要保障人权；既要实体公正，又要程序公正。法律监督不是一种完全超然于被监督对象之外，站在一边以旁观者的身份对被监督者评头论足的行为，而是一种法定主体依据法定职权、法定方式和法定程序实施的公共权力，即法律监督的合法性。合法性是规范性的前提，也是确保法律监督行为不受干预、依法独立行使的保障。在规范性方面，法律监督的内容必须有法律的明确授权，不能超越法律授权实施监督，不能不作为，也不能乱作为。法律监督的方式需要根据不同的情况采取不同的方式：“对处于违法犯罪临界状态的事项加以事前防范性监督，以便采取有效措施防止违法犯罪行为的发生；对法律实施过程中涉及国家利益或社会主体重大权益的有关执法活动，诸如侦查活动、审判活动、刑罚执行活动等进行事中过程性监督，以保证其合法进行；对已发生的犯罪行为和对适用法律中的过法行为进行事

① 参见夏甄陶著：《关于目的的哲学》，上海人民出版社 1982 年版，第 8 ~ 12 页。

后纠正性监督，使被破坏的法律秩序得以及时恢复。”[1] 规范性是理性法律监督的应然性特征，在法治社会尤其应当如此。一个国家机关，只有其职权内容和行使职权方法和程序体现出规范性，才能体现这个机关的价值，否则可能变成一个可有可无的临时性机构。

（三）程序性

理性法律的程序性不仅仅是说法律监督需要依照法定的程序实施，而不能随心所欲地实施，更重要的是说法律监督的功能主要在于启动一个新的程序或者保障已有程序顺利进行，以使有权机关进行实体处理，一般不是由法律监督机关直接进行实体处理。例如，检察机关批准逮捕虽然实体上造成了对犯罪嫌疑人人身自由的羁押，但逮捕本质上是一种强制措施而不是实体处分，是为了保障刑事诉讼程序的顺利进行。又如，提起公诉只是开启了审判，被告人有没有罪，有什么罪，如何处罚均由法院进行实体裁决。再如，抗诉也只是开启了对案件进行再一次审理的程序，而不是法院对抗诉的案件一定会按照检察机关的抗诉意见予以改判。因此，“检察机关的审判监督权无论是抗诉权还是纠正违法权，都仅是程序性的权力，检察机关提出抗诉或纠正违法通知后，是否纠正及如何纠正，都由法院独立作出决定。因此，这种权力只不过像运动员发现裁判有误或不公而提出异议的权力，而绝不是什么裁判权”。[2] 当然，法律监督的程序性功能并不是单纯地以程序论程序，而是在对案件事实、证据作实体法意义上的分析、判定的基础之上，是以实体法上裁量可能性作为启动程序性决定的依据，因此有些程序的启动必然含有实体判断的成分，甚至涉及实体处分。例如，检察机关作出的不起诉决定在程序上终结了诉讼，事实上处理了实体问题。但同时我们也要看到，检察机关这一涉及实体处理的不起诉权力也受到侦查机关和当事人的制约和监督，仍然具有较为浓重的程序色彩。例如，侦查机关认为不起诉决定有错误的，可以要求复议，如果意见不被接受，还可以向上一级检察机关提出复核；被害人、被不起诉人对不起诉决定不服的，被害人可以向上一级检察机关申诉，请求提起公诉，也可以直接向人民法院起诉，被不起诉人可以向检察机关提出申诉。

（四）专门性

我国建立了较为完善的监督制度，包括人大监督、政党监督、行政专项

---

① 陈正云：《试论我国法律监督架构及其属性》，载《人民检察》2006 年第 5 期。

② 朱孝清：《检察机关集追诉与监督于一身的利弊选择》，载《人民检察》2011 年第 3 期。

监督、法律监督、媒体监督等。法律监督是我国监督制度的一部分，不同于其他各种监督，是一项独立的专门的国家权力。其权力主体是专门的，只能由检察机关行使，其他机关行使的监督有其自己的名称，但不是法律监督；权力内容是专门的，只能由法律专门授权，没有授权的也不是法律监督；行使权力的方式和程序也是专门的，如抗诉会引起案件的再次审理，抗诉就是检察机关的专门性权力，其他机关或者其他监督方式均无权抗诉，至少不叫做“抗诉”。正是法律监督的专门性决定了其在监督制度中的特殊性，这种特殊的监督要求检察机关必须理性地行使法律监督权，否则就可能异化为一种“特权”。检察机关在行使这种专门性权力的时候，要始终牢记宪法法律之上，法律监督的目的是保障法律的统一正确实施，维护社会公平正义。法律监督在强调行使权力的专门性和独立性的同时，也不能或独立于人大监督，不但权力内容要来源于人大制定的法律，监督活动的运行状态也必须在立法机关的监督之下。同时，法律监督还要接受执政党的领导和监督，这是由我国的政治体制所决定的。

第二节 理性法律监督的理论基础

法律监督既有其存在的必要性和必然性，也有其理性的内核。当必要性、必然性和理性内核作为一种外在的或者法律规范的行使而存在的时候，我们并不能否认其理论基础，否则没有存在理论基础的制度则很难具有科学的生命力。在我国，理性法律监督无论是在法理、法治、宪政，还是在法律监督权自身规律和文化方面，都有其存在的理论基础。

一、理性法律监督的法理基础

在法律监督权的行使过程中，既要注重依法追究犯罪，也要注重切实保障人权。对此，除了可以从刑事诉讼中法律监督权的任务和法律监督应当坚持的基本理念来进行阐释之外，还可以从犯罪的原因上找到其理由。“犯罪是一种不可避免的现象，每一个社会，无论性质如何，都有自己的犯罪形态。”[①] 犯罪是人类进入阶级社会以来，无论任何一种社会形态中普遍存在的社会现象，而且犯罪的表现形态各种各样，这就是犯罪存在的客观性和复杂性，也表现为犯罪之果的客观性和复杂性，因果索因，可以知道犯罪原因的

---

① ［意］菲利著：《实证派犯罪学》，郭建安译，中国人民公安大学出版社2004年版，第6页。

客观性和复杂性。随着不同类别犯罪的发生以及不同情况下犯罪嫌疑人（或者是罪犯）的不同表现，人们发现并不是所有的犯罪一定要采取与犯罪相对应的处罚手段对其实施报复性司法，有的犯罪嫌疑人（罪犯）还博得了人们的同情甚至司法官的同情，“像惩罚这样一种单纯、千篇一律的措施，不足以治疗犯罪这种自然和社会的现象，因为犯罪本身有其自然的和社会的原因”①。于是，刑法的谦抑性被越来越多的人重视并在司法活动中予以运用，尤其是在判例法的国家，司法官的裁量权为刑法谦抑性在全世界的推行和传播起到了重要作用，人们不断地考量一种原来被认为是犯罪的行为，在一定的条件下，如情节轻微的初犯和偶犯，是否还有必要作为犯罪处理；或者一种多发性的原来不认为是犯罪的行为，如饮酒后驾车行为，是否有必要归为犯罪予以处理。当然，在报复性司法理念之下，犯罪行为理当处罚，不过随着以罪犯为中心的监禁、矫正政策的失败，“恢复性司法”作为解决纠纷的一种新方式在20世纪六七十年代应运而生。“恢复性司法”强调和关注的中心不再是对犯罪行为的惩罚，而是如何对受到犯罪行为破坏的社会关系予以修复，在司法的过程中追求的也不仅仅是“自作自受”，还包括如何化解加害方与受害方之间的矛盾纠纷，也注重通过司法行为满足不同利益主体的需要，从而使国家、集体、加害方、受害方之间的利益得到合理的平衡进而达到修复受损的社会关系的作用。检察机关的法律监督作为参与刑事诉讼的一种公权力，在刑法谦抑性和恢复性司法理念基础上，应当保持其应有的理性和克制。

在民事法律中，意思自治是一个重要的原则，即民事主体在从事民事活动时，以自己的真实意思来充分表达自己的意愿，根据自己的意愿来设立、变更和终止民事法律关系。在民事诉讼中，意思自治原则具体体现为诉权处分自由，应当说民事上的诉权是当事人的一项私权，私权一般应当是自由地交由权利人处分。虽然绝对的自由和私权是不存在的，一旦一个人的自由危及别人的自由，一个人的私权危及他人的合法权益或者社会公共利益的时候，那么也就是私权应当受到干预的时候。但是，法律监督毕竟是一项公权力，公权力介入私权利在非以公益和公正为目的的前提下，总是会与私权的自由发生冲突。法律监督作为公权介入私权的时候，保持一种理性、克制和谦抑是一个应当推崇的理念。

---

① ［意］菲利著：《实证派犯罪学》，郭建安译，中国人民公安大学出版社2004年版，第206页。

二、理性法律监督的法治基础

法治，简单地说就是法律之治。实际上，法治具有十分丰富的内涵。法治是与人治相对而言的一种社会调控和治理方式，突出体现法律至上和法律作为治理手段的含义；法治还是一种被人们认可的相对稳定的管理秩序，这种秩序是人们在长期的依法办事的过程中形成的一种思维模式或行为模式；同时，在现代社会，法治还是一种价值和追求，甚至是一种评价标准，当论及一个制度的优劣或者一种思想的先进性的时候，通常会以是否符合法治的要求进行评判。

就法治与权力、权利的关系而言，“法治又是指通过法律使权力和权利得到合理配置的社会状态”①。因此，在法治的内涵之中，还包含着法律对权力和权利的合理配置的内容。一般而言，权力主要是指公权力，一般掌握在国家机关手中；权利主要是公民或者社会组织的私权利。在法治的基本精神之下，权力和权利合理配置的状态就是“法无规定不能为，法无禁止则自由”②。

“法无规定不能为”主要是就权力的行使而言，公权力的行使必须有宪法或法律的明确授权，而且授权到什么程度、什么范围，公权力就及于什么样的程度和范围，否则就是违法。法律监督权作为一项公权力，权力来源就是宪法和有关法律的授权，因此法律监督的行使必须以宪法和有关法律为前提，而不能任意而为，这必然要求法律监督权并没有超越宪法和法律之上的权力，需要理性地行使权力。“法无禁止则自由”主要是就权利的行使而言，在法律没有禁止的情况下，公民自由行为的权利而不被认为是违法。在法治精神的引领下，权利与权力已经成为依法治国过程中必须面对并处理好的两大关键词。根据法治的基本原理，对于权力和权利的配合关系，一般来说应当是公民的权利优先于权力，这是现代文明国家的共同价值观。这种关系不仅仅应当体现在宏观的社会调控和国家治理之中，还应当落实在围观的法律监督的权力行使之中。因为法律监督除了对有关公权力进行制约和监督之外，其涉及公民的自由、财产等基本权利，而且法律还赋予检察机关在行使法律监督权的过程中，有权直接限制或剥夺公民的人身自由和财产等基本权利。

---

① 中央政法委：《社会主义法治理念读本》，中国长安出版社 2009 年版，第 3 页。

② “法无规定不能为，法无禁止则自由”原来是行政法学上的理论观点，本意是说凡是法律没有规定的，行政机关不能对公民作出行政处罚；凡是法律没有禁止的，公民的行为则不违法。本书认为，这句是描述出来的权力与权利关系在论述理性法律监督的基础时，在法治的精神之下依然适用。

因此，检察机关行使法律监督权依然应当遵循法治的基本原理和基本精神。

三、理性法律监督的宪法基础

我国宪法第129条规定："中华人民共和国人民检察院是国家的法律监督机关。"第131条规定："人民检察院依照法律规定独立行使检察权，不受行政机关、社会团体和个人的干涉。"但同时我国宪法第135条还规定："人民法院、人民检察院和公安机关办理刑事案件，应当分工负责，互相配合，互相制约，以保证准确有效地执行法律。"第126条规定："人民法院依照法律规定独立行使审判权，不受行政机关、社会团体和个人的干涉。"这四个条文分别规定了我国法律监督的地位和关系，也是检察机关及其职能的宪政体现，对此我们需要有全面的认识。

这些规定不是割裂开来的单独内容，而是互相联系的整体。在人民检察院和人民法院独立行使审判权和检察权的同时，公检法三机关只是分工负责，工作中还要互相配合、互相制约。首先，从我国刑事诉讼中的检警关系看，不存在谁高谁低，更不存在领导与被领导的关系，二者地位平等，只是分工不同。就诉讼制约而言，也不是检察机关只能制约公安机关，公安机关一样可以反向制约检察机关。同时，检察机关对公安机关的侦查监督也是对公安机关违法行为的监督，而不是对公安机关的全面监督，也不能说明检察机关的地位高于公安机关。其次，从我国刑事诉讼的控审关系看，尽管在诉讼之中可以互相制约，检察机关还依法实施法律监督，但是审判权和检察权均是独立行使的，这不仅独立于行政机关、社会团体和个人，二者互相之间也是独立的。同样的道理，检察机关的法律监督权也是对违法行为的监督。从法律监督的职权内容看，无论是对公安机关、人民法院的诉讼制约还是诉讼监督，法律监督都是程序性的权力，不具有实体处分的权力，这是宪法作出的规定和定位。因此，法律监督权不可能成为超越侦查权之上的权力，[①] 法律监督权也不可能"实际上是赋予了检察院指挥法院的权力，为检察院干预法院司法提供了借口"[②]。在实践中，相对于法律监督权的强势与越位而言，倒是法律监督权的弱化与缺位的问题更为突出。

因此，在宪法规范明确规定的前提下，公检法三机关在司法实践中应当

---

① 虽然世界上有不少国家在检警一体化体制下，检察机关主导和指挥警察机关进行侦查，如法国、德国、日本、韩国等国家，但是在我国并没有建立这样的体制。

② 谢佑平、万毅：《分工负责、互相配合、互相制约原则另论》，载《法学论坛》2002年第4期。

切实注意防止两种不当倾向。一是重配合轻监督，即过于强调公检法在办案过程中的互相配合而导致公检法实际上变成“一家”，诉讼制约和诉讼监督无法得到落实，法律监督变成一纸空文。二是检察机关过于强调自身的法律监督地位，或者将法律监督看做位于侦查和审判之上的权力，对公安机关和人民法院随意监督、越位监督，导致公安机关和法院产生抵触情绪，最终使得法律监督无法实现。应当说这两种倾向都是法律监督权行使过程中的非理性表现，与宪法授权的内容和确立的原则都是不相符合的。

四、理性法律监督的诉讼规律基础

在诉讼运行中，侦查、起诉和审判是环环相扣、依法逐步推进的，权力主体分工负责，各司其职，这也是世界各国经过长期司法实践确立的诉讼规律。在诉讼制约的过程中，检察机关应当恪守宪法和法律赋予的职责，既不能违法前进一步代行侦查职权，也不能后退一步行使裁判权，只能在宪法和法律划定的“圈子”里行使好诉讼权力，发挥好诉讼运行中的诉讼制约职能，这本身就要求法律监督权必须理性实施。

同时，诉讼监督也有其自身的规律，突出表现在诉讼监督的程序性、事后性和单向性。程序性体现在当检察机关发现公安机关或者人民法院的违法行为之后，通过检察建议、纠正违法通知书等形式来启动纠错程序，而公安机关和人民法院是否纠正、如何纠正则仍然不由检察机关决定。因此，诉讼监督“不应该具有实体处分的权力，而只能是检查督促有关机关和人员自行纠正违法行为。这种监督关系的实质不是要被监督者必须服从监督者，必须按照监督者的意志纠正自己的错误，而是被监督者与监督者之间的一种制衡关系，它要求被监督者必须重视监督者的意见，重新审视检查自己的行为。如果认为确有错误就应当按照被监督者自己的意志来纠正错误”①。

不同于诉讼制约，诉讼监督的启动以发生违法行为为前提，这决定了违法行为在先，诉讼监督在后，即诉讼监督的“事后性”；诉讼监督启动后，只是检察机关对公安机关和人民法院违法行为的单方监督，此时公安机关和人民法院不能反向监督检察机关，即“单向性”。这决定了诉讼监督权的行使应当坚持理性、谦抑的立场和方法，只要公安机关、人民法院和刑罚执行及监管机关没有违反法律的规定，诉讼监督就不能随便启动，只有发现监督对象具有违反法律规定的情形时，诉讼监督方可启动，因为“司法活动、行

① 张智辉：《法律监督三辨析》，载《中国法学》2003 年第 5 期。

政活动、国家工作人员职务活动的各种违法程度是不同的，只有达到一定程度的违法行为出现后，才能实施监督。在没有出现法律规定的情形时进行所谓事前监督，应被视为是对其他国家权力或公民权利的不当干涉”①。

五、理性法律监督的法律文化基础

从对犯罪的认识过程看，人们最早认为犯罪是双方当事人之间的“私事”，采取的是“同态复仇”、“决斗”、“自诉”等处理方式，随着社会生产的发展和国家的出现，统治阶级逐渐认识到犯罪行为在根本上是破坏了社会公共秩序和统治阶级的利益，于是国家采取“公诉”的形式才开始介入刑事案件。② 而且，在我国传统的法制观念中，“和合是中国文化的精髓”③，中国自古就有“礼之用，和为贵”，“兼相爱则治，交相恶则乱”等论述，“人和”、“兼爱”、“不争”思想的社会功能在古代已经十分明显。在长期的历史传统中，民众“无讼”的思想观念根深蒂固，纠纷产生后，人们更愿意在司法和法律之外寻找解决问题的方案而不是动辄诉诸法律途径，而且民众对司法的畏惧由古至今，已经形成了固有的观念、意识，许多人信奉“冤死不告状”的信条。④ 在近年来，我国提出了构建和谐社会的理念，倡导建立民主法治、公平正义、诚信友爱、充满活力、安定有序、人与自然和谐相处的社会。可见，和谐社会的理念与我国传统的“和合”文化既一脉相承，又是对“和合”文化的发扬光大。

无论是中国传统的和合文化，还是西方宗教中的宽恕、博爱观念，都十分推崇和缓、宽容的纠纷解决方式，倡导人们化解冲突，和睦友爱相处。在冲突解决过程中既承认矛盾、对抗，又力图达成共识与和解，这恰恰成为不同文化传统所共同崇尚的理念和纠纷解决方式。⑤ 当一个纠纷的解决不需要通过刑事手段来解决的时候，法律监督自然没有介入的必要；即便是通过刑事手段解决的纠纷，只要在法律允许的范围内，法律监督权依然应当为纠纷的多元化解决途径预留一定的空间，而不是简单地、生硬地排除其他任何解

---

① 孙谦：《中国的检察改革》，载《法学研究》2003 年第 6 期。

② 参见张书铭：《刑事和解几个问题思辨——兼评〈刑事诉讼法修正案（草案）〉相关内容》，载《中国刑事法杂志》2011 年第 11 期。

③ 参见张立文：《中国文化的精髓——和合学源流的考察》，载《中国哲学史》1996 年第 21 期。

④ 参见王沪宁著：《当代中国村落家族文化》，上海人民出版社 1991 年版，附录部分。

⑤ 参见陈光中、葛琳：《刑事和解初探》，载《中国法学》2006 年第 5 期。

决方式。事实上，在我国从传统走向现代化的进程中，特别是改革开放以来，社会的二元结构已经生成，社会群体和个体组织的权益得以凸显和保障，公民的民主与法治意识不断增强，在这种情形下，我国纠纷的生成与解决机制呈现出两个明显的特征：一是纠纷的数量激增，纠纷类型复杂；二是旧有的纠纷解决机制部分失灵，新的纠纷解决机制逐步生成。特别是在构建和谐社会成为党的执政目标的背景之下，“以理性化的方式化解和消弭各种不稳定因素、实现治理的有序化迫在眉睫”[①]。例如，在恢复性司法的理念下，刑事和解作为一种纠纷解决机制近些年来得到较大发展，并在世界各国获得了较为普遍的认可。刑事和解的非刑罚化、非犯罪化倾向与刑法的谦抑性品质是一脉相承的，它们都追求刑事案件的多元化解决机制，反对不假思索地科以刑罚。从司法实践看，刑事和解既有利于化解矛盾纠纷，也有利于实现不枉不纵地惩罚犯罪，一方面是因为当事人双方和解的只是民事部分，刑事责任一般不能由当事人双方协商确定。另一方面，刑事和解的案件分流、简化程序功能有利于节省司法资源，并将之配置到处理重大、复杂的案件之中，以确保对重大刑事案件打击的力度和精度，更好地维护国家和社会利益以及公民人身财产利益，更好地维护社会和谐稳定。[②]

第三节 理性法律监督的原则

法律监督的原则是法律监督行为在运行过程中所应遵从的基本原则，这体现着法律监督的价值追求，决定着法律监督的指导思想和活动方向。法律监督制度在不同国家有不同的体现，总体体现为检察制度。由于各国政治制度和法律制度不同，检察机关行使职权的原则也不尽相同。例如，有观点认为，法治原则、客观公正原则和独立行使职权原则是大陆法系国家检察活动的基本原则。[③] 也有观点认为，检察一体原则、独立行使职权原则、合法性原则、公益原则、公平原则、群众路线原则是各国检察机关共同的活动

① 吴卫军、樊斌等著：《现状与走向：和谐社会视野中的纠纷解决机制》，中国检察出版社2006年版。

② 参见张书铭：《刑事和解几个问题思辨——兼评〈刑事诉讼法修正案（草案）〉相关内容》，载《中国刑事法杂志》2011年第11期。

③ 龙宗智著：《检察制度教程》，法律出版社2002年版，第192页。

原则。①

在我国，学界对法律监督的原则观点不一，主要包括六原则说、七原则说、九原则说。事实上，根据我国宪法和法律规定，在刑事诉讼、民事诉讼和行政诉讼活动中，检察机关均有权实施法律监督。严格地说，法律监督活动在不同的诉讼活动中所应遵从的基本原则并不相同，刑事诉讼中的有些原则并不能用于民事诉讼和行政诉讼，但是法律监督作为检察机关一项统一的职权，在理性理念之下，法律监督在三大诉讼活动中，法治原则、平衡原则、公益原则、公正原则、比例原则和专群结合原则是需要遵从的共同原则。

一、法治原则

法律之治简称法治，与人治对立并否定人治，一般包括宪法法律之上、法律制度健全、执法司法公正等基本内容。“从法律监督的作用看，法治意味着依靠法律权威在监督与被监督者之间建立起一种约束关系，使其犹如一道法治的屏障，既能保障被监督者守法，也能保障监督者监督目标的实现。”②

在我国推进依法治国的进程中，法治原则应当成为各种权力行使过程中的普遍原则，法律监督亦然。法治原则应当成为贯穿法律监督始终的一项重要原则，只有在这一原则指导下，法律监督才真正是理性的法律监督，才能保障国家法律得到有效的遵守和执行，达到维护法制统一正确实施的根本目的。具体而言，理性法律监督所应遵从的法治原则，是指法律监督主体必须严格按照法定的职权、方式和程序实施法律监督行为。

法定职权，是指我国宪法和法律赋予检察机关法律监督的权限，亦即法律监督权的内容，必须依据宪法和法律的规定行使权力，做到既不失职，又不越权；当法律对法律监督的内容作出调整时，必须及时调整法律监督的思路和行为，与法律规定保持一致。

法定方式，是指我国宪法和法律规定的检察机关行使法律监督权所依托的方式，针对不同的情况要采取不同的方式，不能乱用、滥用监督的方式，如不能为了转嫁社会矛盾乱用、滥用抗诉权，也不能不考虑法律监督的效果，将本可以使用纠正违法通知书、检察建议方式解决的问题而不当使用调查等

① 孙谦、刘立宪主编：《检察理论研究综述（1989－1999）》，中国检察出版社2000年版，第32～33页。

② 汤唯、孙季萍著：《法律监督论纲》，北京大学出版社2001年版，第90页。

方式，影响其他企事业单位的正常运转和经营秩序。

法定程序，是指我国宪法和法律规定检察机关行使法律监督权所应遵守的步骤，以及完成这些步骤的时限和时序，这是法律监督的适用是否理性的重要前提，是拘束法律监督主体正确行使权力的重要机制，是确保法律监督理性实施的有效措施。可以说不遵守程序的法律监督就是胡乱的法律监督，更不可能是理性的法律监督。

二、平衡原则

从哲学视角看，平衡是指事物处在量变阶段所显现的特征，是绝对的、永恒的运动中所表现的暂时的、相对的静止。我们总是将平衡置于一定的系统之内去讨论，也就是说，如果不存在行使权力的系统，那么就不必去讨论行使权力的平衡。事实上，在现代法治国家，每一项公共权力的行使必然是处于一定的权力系统之内，脱离权力系统而独立存在的权力是不存在，至少不是法治国家的权力。

我国强调依法治国，在我国权力架构下，监督是作为对其他权力的控制手段而存在，法律监督主要体现在诉讼活动中对与诉讼相关的各种权力的控制。就监督制度来说，包括人大监督、党的监督、行政监督、法律监督、群众监督、媒体监督等；法律监督也是由众多层次不同、类型各异、功能有别的子系统构成的立体监督网络。因此，法律监督既存在于监督制度这个监督系统之中，也存在于政治制度这个宪政系统之中。在权力行使的系统之中，法律监督万能论和法律监督无能论的观点都是没有遵从权力行使平衡原则的观点，当然也不是理性的法律监督。在实施法律监督的过程中，检察机关既要注意在横向上平衡好与法律监督权邻接的各种权力之间的关系，也要注意在纵向上平衡好各级检察机关之间的关系；既要注意平衡好法律监督职权与社会发展大局之间的关系，也要注意平衡好法律监督各种职权之间的关系。具体而言，主要包括平衡好服务大局与立足本职的关系、社会公益与个人权利的关系、打击犯罪与保障人权的关系、实体公正与程序公正的关系、侦查控诉与诉讼监督的关系、检察一体与地方能动的关系、对外监督与自我监督的关系等。

三、公益原则

公共利益简称公益，亦即国家和全体社会成员或公共集体的福祉和利益。从检察官的缘起看，检察官产生之初就是为了代表国家或公共利益参与诉讼，其发展历程也经历了国王、国家和公共利益的代表这一历程。在英国，“有犯罪嫌疑就必须起诉，这从来就不是我们国家的方针，我希望今后也不是。在指导检察长工作的最初规则中就已规定，只有当罪行和犯罪时的情形具有这样一个特点——该案件的起诉符合公共利益，他才应该起诉。公共利益仍然是我们应当考虑的首要问题”①。因此，英国王室检察院在决定是否起诉时，有两个明确的阶段：第一个阶段是检验证据，第二个阶段是检验公共利益。在完成证据检验后，起诉通常会继续，除非存在阻止起诉的公共利益因素，并且这些因素明显压倒支持起诉的因素。德国和日本的不起诉制度均将公共利益的考量作为一个重要原则。其实，不仅是起诉或者不起诉需要考虑公益因素，检察官的所有行为均应当考虑公益因素。

在现代法治国家，无论是大陆法系国家还是英美法系国家，检察官被称为是公共利益的代表，因而维护公共利益（公益）成为检察机关活动的一项重要原则，它一般要求法律监督活动要兼顾考虑国家利益、社会利益和公民个人权利。

在我国，“社会主义国家检察机关，在整个检察活动中也贯穿着维护国家利益和社会利益的原则。这是社会主义国家检察机关所遵循的首要原则”②。在公益原则指导下，我国检察机关必须维护好国家和社会公共利益，同时还要注意维护好公民个人权利，在刑事诉讼活动中尤其如此，因为刑事诉讼法涉及国家权力与个人权利的调整，封建社会以国家为本位，所以国家利益必然大于个人权利，个人权利也通常被置于可有可无的境地，但在法治社会中，虽然国家和社会公共利益也是单独存在的，但是也强调以人为本，国家的重要目的之一就是保障公民的自由和权利，如果权力的运行以侵犯公民权利为基础，那么法治必然荡然无存。因此，在刑事诉讼中，必然要求限制公权力，保障公民权利，这与法律监督的公益性原则并不矛盾。

四、公正原则

公正即公平正义，基本内涵是要在司法活动的过程和结果中体现公平、平等、正当、正义的精神。公正包括实体公正与程序公正。所谓实体公正，就是说司法活动就诉讼当事人的实体权利和义务关系所作出的裁决或处理是公正的。所谓程序公正，是指诉讼活动的过程对有关人员来说是公正的，换

① 徐静村主编：《刑事诉讼法学》（上），法律出版社1999年版，第266页。
② 金明焕主编：《比较检察制度概论》，中国检察出版社1991年版，第56页。

言之，诉讼参与人在诉讼过程中所受到的对待是公正的，所得到的权利主张机会是公正的，所得到的权利主张的机会是平等的。①

如果将案件办理比作生产产品的一条生产线，那么实体公正是指这条生产线的最终“产品”是合格的；程序公正是指生产该“产品”的整个生产过程是正确的。理性法律监督一定是坚持公正原则的法律监督，既要追求实体公正，也要追求程序公正。法律监督中的公正义务主要体现为检察官的客观公正义务。“检察官客观公正义务的基本内涵：坚持客观立场，忠实于事实真相，实现司法公正。坚持客观立场，就是检察官必须站在客观立场，而不应站在当事人立场上进行活动。忠实于事实真相，就是检察官必须努力发现并尊重案件事实真相，还案件的本来面目，并严格依据案件的事实真相为诉讼行为。实现司法公正，就是检察官必须通过自己的诉讼活动使案件的办理达到公平正义的目标。”②

具体而言，检察机关在参与诉讼活动中，收集、运用证据必须公正，既要收集和运用有罪、罪重的证据，也要收集、运用无罪、罪轻的证据，不得使用刑讯逼供及其他非法方法收集证据，要注意利用证据证明案件的事实真相；适用法律必须公正，既要准确理解实体法规定的精神和本意，又要准确地适用法律程序将实体法的规定落到实处，对当事人的合法权益依法平等保护，对违法犯罪要依法追究，不能随意使用法律；对诉权的行使必须公正，不能任意处分诉权。对被告人应当起诉的，不能以非法的理由不提起控诉，发现被告人不应当起诉的，就不应提起控诉，已经提起的控诉有错漏的，检察官应当及时通过撤回起诉、追加起诉或变更起诉的方式予以纠正。③

五、比例原则

比例原则最早起源于英国大宪章的规定，人们不得因为轻罪而受重罚。19 世纪，德国的警察法中首次使用比例原则，随着民主、法制的发展，比例原则后来超越了警察法领域，被德国联邦法院赋予宪法地位，但其核心内容行政成本应与行政效果之间保持合理的比例关系。比例原则的基本含义是行政主体实施行政行为应兼顾行政目标的实现和保护相对人的权益，如果行政目标的实现可能对相对人的权益造成不利影响，则这种不利影响应被限制在

① 参见何家弘：《司法公正论》，载《中国法学》1999 年第 2 期。
② 朱孝清：《检察官客观公正义务及其在中国的发展完善》，载《中国法学》2009 年第 2 期。
③ 参见刘建云：《检察官客观公正义务的法理基础》，载《人民检察》2006 年第 6 期（上）。

尽可能小的范围和限度之内，二者有适当的比例。比例原则着眼于法益的均衡，以维护和发展公民权为最终归宿，是行政法上控制自由裁量权行使的一项重要原则。比例原则是一个广义的概念，包括了三个次要概念：适当性原则、必要性原则以及狭义的比例原则。适当性原则，是指一个法律或公权力措施的“手段”可达到“目的”。“必要性”原则，是指在前“适当性”原则已获肯定之后，在所有能够达成目的之手段中，选择对人民的权利“最少侵害”的方法，因此本原则也称为“尽可能最小侵害原则”。狭义比例原则，是指一个措施，虽然是达成目的所“必要”的，但是不可予以人民“过度之负担”。所谓“过度的负担”，是指法律或一公权力措施所追求的“目的”和所使用的方法，在造成人民“权利”损失方面，是“不成比例”的，其形象的比喻就是不可以杀鸡取卵。①

就法律监督制度而言，理性的法律监督也必须符合比例原则。因为司法资源总是有限的，而诉讼活动确实是高消耗的，以最少的司法资源获得最大的诉讼效益总是需要诉讼符合一定的比例，不能浪费司法资源。因此，理性的法律监督并不是说法律监督的行为越多越好，力度越强越好，而是要根据诉讼过程的实际需要来决定是否批准逮捕、是否起诉、是否启动诉讼监督，亦即法律监督的必要性。同时，同样是法律监督，不同的监督方式需要的司法资源也不相同，如果能以较简单的监督方式消耗较少的资源可以达到监督的目的，那么理性法律监督就要求不要使用复杂的监督方式消耗更多的资源去达到目的。在具体的办案过程中，还要不断强化比例原则的使用意识，扩大简易程序适用范围，不断提高诉讼效率，探索快速办理案件的新方式。

六、专群结合原则

专群结合原则主要是指法律监督工作要遵循专业化与民主化有机结合的原则，这是长期在我国司法工作中积累和发展起来的一个重要原则，也是一条法治原则，这是由我国法律监督行使上的专门性和本质上的人民属性所决定的。

专业化不仅要求法律监督权具有独立的法律地位，这一点得到了宪法和法律的认可，而且要求检察机关和检察官只能从事宪法和法律规定的专门性职权而不是其他职权，还要求行使法定职权的检察官必须具有一定的专业知识和技能，并在此基础上形成独立的法律监督职业伦理。民主化就是要求法

① 参见白贵秀：《社会应急管理机制研究》，载《当代法学论坛》2011 年第 3 辑。

律监督工作要坚持民主集中原则，领导人员的产生要经过民主程序，法律监督权的行使要实行检察长负责制与少数服从多数制度，法律监督权的行使要着力解决人民群众的合法诉求，并使人民群众能够依法参与。

专业化和民主化既是矛盾对立的，也是有机统一的，二者共同服从和服务于维护司法公正，维护广大人民的根本利益。专群结合原则就是要求法律监督权的行使必须兼顾专业化和民主化，要保持这两个方面的相对平衡。既要做到二者并行不悖，又要有效化解二者之间必然产生的矛盾和冲突，不能无限扩展一方面，而忽略否定另一个方面，权力的行使过程中也不能以一方代替另一方。目前，在我国法律监督权运作的司法实践中，专业化和民主化各自都存在一定的问题，但是存在“文化大革命”过程中出现过的以民主化完全取代专业化的极端行为，因此我们目前更要注重二者的有机结合，针对二者各自存在的具体问题，采取相应措施，进一步提高专群结合的程度。

第四节 法律监督的模式

一、检察权运行模式简介

19 世纪末，德国社会学名宿马克斯·韦伯认为，模式是由互有联系的要素所组成，不是人的主观意志想象得出，而是研究者透过具体问题的经验分析，参考对现实因果关系的了解，予以的高度抽象而得出。其目的不是简单地拷贝社会现实，而是我们获得对现实世界认识的一种工具和手段。[①] 20 世纪 60 年代，美国学者赫伯特·帕卡将对法学模式的研究由纯理论性理想类型模式转变为以司法制度为背景的实证模式理论研究。本书认为，赫伯特·帕卡理论科学性的一个重要表现就是他将司法制度作为研究具体权力行使模式的背景性条件，而不是纯粹地建立在联想王国之中。在此基础上，我国也有不少学者对诉讼模式下的具体诉讼制度进行了研究，如陈瑞华教授对审判模

① ［德］马克斯·韦伯著：《社会科学方法论》，韩水法等译，中央编译出版社 2002 年版，第 19 页。

式进行研究，形成了较为完整的审判程序模式理论体系；[①] 万毅教授对侦查模式进行了研究并进行了具体分类。[②] 检察权运行模式，是指一个国家法律规定的在行使检察权的过程中所依据的法律规范以及该规范所规定的权力主体、权力内容和行使权力的方式、方法等要素构成的具有一定概括性、典型性的范式。其实，即便是在司法制度这一大背景之下，由于选取的研究角度不同，归纳出来的模式也不相同，检察权运行模式亦然。虽然世界各国检察权的运行模式并不相同，但是公诉权是检察权的缘起和核心这一点没有受到质疑和否认，因此循着公诉权之于检察权的地位，我们可以发现检察权的运行模式主要包括三种。

（一）诉权保障模式

诉权保障模式主要存在于英美法系国家，这些国家视诉讼为解决争执的一种手段，刑事诉讼也不例外，它只是政府与被告人之间关于刑事责任的一场争执，这场争执的解决将基于"公平竞争理论"而展开，由检察官与被告人通过直接的对抗或竞争，在裁判面前展开理性的交涉和说服活动。正如美国学者所指出的"执行代理使命的政府官员与私人或社团当事人是平行的——两者都是一起纠纷当事人，因此，即使是代理性的国家活动也被吸收到纠纷解决活动之中"[③]。这些国家具有较强的当事人主义理念，大多采用当事人主义诉讼模式，其宪政核心是限制公共权力，保障公民权利，司法制度亦然。公诉权几乎是检察权的全部，易言之，检察权即公诉权，检察权的运作模式体现了以公民权利制约与监督司法权力的价值取向，检察官是一方当事人，在行使检察权的过程中，公诉检察官与被告人地位对等，检察权自身也强调当事人双方的平等性，注重一方诉讼参与和诉权的实现。与此相适应，

---

① 陈瑞华教授认为，刑事审判模式构成要素主要包含由刑事审判程序在历史上的来源与发展、体现刑事审判程序核心特征的诉讼控制分配情况、在刑事审判程序背后起着支配和制约作用的基础性价值观念和思想三个方面，并在具体阐述的基础上，将其作为刑事审判模式的划分标准，从而形成一套完整的刑事审判程序模式的理论体系。参见陈瑞华著：《刑事审判原理论》，北京大学出版社 2003 年版，第 265 页。

② 万毅教授从模式要素构造的角度入手，认为侦查模式理论涉及的主要是侦查程序中主体的权力（利）配置问题，在不同的侦查模式下，将会形成不同的权力（利）配置方案，使侦查程序中的权力（利）冲突以完全不同的方式得以解决，从而以行使控诉职能和辩护职能的主体在相互关系上所呈现的状态将侦查模式划分为对抗式侦查模式与职权式侦查模式，以及司法型侦查模式与行政型侦查模式等类型。参见万毅：《转折与定位：侦查模式与中国侦查程序改革》，载《现代法学》2003 年第 2 期。

③ ［美］米尔伊安·R. 达玛什卡著：《司法和国家权力的多种面孔——比较视野中的法律程序》，郑戈译，中国政法大学出版社 2004 年版，第 116 页。

检察权或者检察官的职权则受到较大的限制，而且检察机关的组织体系也较为松散。诚然，检察权运作过程中不可避免地也会对侦查权和裁判权进行一定的制约与监督，既是为了防止警察的恣意，也是为了防止法官的擅断，但是这种制约与监督依然是立足于检察官所代表一方的诉权保障。

（二）诉权平衡模式

诉权平衡模式主要存在于大陆法系国家，这些国家突出强调国家权力的主导地位。无论是卢梭、康德还是黑格尔，国家权力理念都表达出这样一个观念：相信个人只有通过国家才能找到实现其道德存在的途径；国家的权力是无限的，而且只有这种无限的权力才能保障个人的自治性。[①] 因此，个人自由、权利都来自国家并通过国家权力而实现，在这种观念下，国家追诉主义理念成为公诉权的产生基础，不过检察权是以公诉权为核心而不是仅仅局限于公诉权，“检察机关是法律监督机关、公诉机关与社会公益代表人三重角色”，[②] 除了公诉权之外，法律监督权较为集中，除了批捕权由法院行使外，检察权对侦查权和裁判权还具有很强的监督功能。与英美法系不同，这种监督的目的是基于对公共权力的控制，实际上是代表国家权力积极、全面地介入刑事诉讼以及各参与诉讼的机关的权力。“在司法体制中，检察机关是行政权力机关的代表，以国家的名义活动。”[③] 它强调国家权力的平衡与控制，注重权力价值的实现以及诸项诉讼权力之间的制约与监督，从而形成诉讼权力的平衡模式。与此相适应，检察权的组织形式一般采用中央集权的形式，无论检察机关设置在法院内部还是分开设置，检察权的独立性和上下一体的领导关系都是比较明显的特征。

（三）统一专门模式

这种模式主要存在于前苏联、俄罗斯和中国，这些国家设立专门的法律监督机关，法律监督权交由检察机关统一行使，其职责任务是维护法律的统一正确实施，形成了检察权行使的统一专门模式。在这种模式下，尽管行使公共权力的各个国家机关之间也存在机制性的制约与监督，但法律监督是检察机关的基本职能，法律监督的内容也要比实行诉权平衡国家的检察权范围更为广泛。检察机关一般享有广泛的法律监督权，包括侦查监督、审判监督、执行监督，在民事诉讼、行政诉讼中，也享有一定的监督权。与此相适应，

---

① ［法］狄骥著：《法律与国家》，冷静译，春风文艺出版社1999年版，第263页。

② 甄贞等著：《法律监督原论》，法律出版社2007年版，第115页。

③ 卞建林、刘玫著：《外国刑事诉讼法》，人民法院出版社2002年版，第108页。

检察机关的法律监督权是国家一项独立的权力，检察机关在国家宪法中也具有独立的宪法地位，检察机关上下级之间一般也实行独立领导的一体化体制。

但是，随着俄罗斯近年来司法改革的推进，已经将检察机关包括批捕、起诉和诉讼监督的职能完全剥离出去，形成了专司“一般监督”职能的机关。而在中国，这种统一专门的模式得到强化，事实上实行的是监诉一体模式，即检察机关的法律监督集职务犯罪侦查、公诉与诉讼监督为一体。

二、中国法律监督的模式及特点

我国宪法将检察机关定位为国家的法律监督机关，从实然层面看，法律监督权与检察权具有内在统一性。就世界范围来看，法律监督不是一个通用的称谓，而是一个具有中国特色的称谓。总体上我国的法律监督模式属于统一专门模式，但是就职权行使方式而言，与仅仅从事“一般监督”而没有诉讼权力的当下俄罗斯检察权相比，我国则形成了独特的监诉一体模式。我国检察权运行模式发展完善至当前，可以说是对中国古代御史制度的辩证扬弃和对西方检察权运行模式吸收借鉴的结果，但同时也存在不少争议和质疑。这一模式具有以下特点：

（一）受大陆法系和苏联检察制度的深刻影响

大陆法系检察制度发端于法国的“国王代理人”制度，德国随后引入法国的刑事诉讼制度创设了检察制度，第二次世界大战后的芬兰、意大利、俄罗斯以及法国殖民地的一些国家无不深受法国的影响。一般认为，大陆法系检察制度的创设目的有三个：一是废除当时诉讼中的纠问制度，确立诉讼上的分权原则；二是催生法治国家，控制警察活动的合法性，克服警察国之明显标志；三是守护法律，使客观的法意——保护人权贯通于整个刑事诉讼程序。[①] 在法律传统上，大陆法系与中华法系乃至社会主义法系都有诸多近似。中国检察制度同样深受其影响，检察制度的许多基本内容与大陆法系检察制度相通相融。大陆法系检察制度对中国检察制度的影响具体体现在三个方面：一是为中国近代检察制度的确立提供了直接的制度和理念渊源；二是大陆法系检察制度的形成和发展轨迹对中国检察制度有着深刻的影响；三是大陆法系检察制度对中国检察制度的具体内容和特点有一定的影响，如检察机关的地位、检察官的职权、客观公正义务、检察机关的组织体制和检察官制度

① 参见林钰雄著：《检察官论》，台湾学林文化事业有限公司1999年版，第17页。

等。① 苏联时期，列宁的法律监督思想和理论为我国检察制度提供了思想和理论基础，苏联检察制度也为我国提供了直接的制度蓝本。在宪政体制方面，在我国人民代表大会基础上设置专门的检察机关代表其行使法律监督权；在法律传统方面，我国作为统一的多民族国家，专门的法律监督机关有利于确保代表人民共同意志的宪法和法律在全国得到统一正确的实施。但是，我国检察制度的建立并没有完全照搬苏联的检察制度，而是进行了本土化改造。例如，法律监督不是最高监督，而是人大监督的下位监督，检察机关不享有一般监督权，也不实行完全的垂直领导，等等。

（二）检察机关集追诉与诉讼监督为一身

一般认为，从宪法层面理解，我国检察机关行使的一切职能都属于广义的法律监督职能，其中批捕、公诉和侦查属于追诉职能，立案监督、侦查监督、审判监督、执行监督以及对部分司法行政机关活动的监督属于诉讼监督。这个模式吸收了西方国家公诉制度的合理内核，刑事诉讼构造以职权主义为框架，同时吸收了当事人主义合理因素，其提起公诉权、出庭公诉权的首要特征也是代表国家行使追诉犯罪的权力。同时，这个模式继承了人类政治文明发展进程中形成的分权制衡理论的精髓，在人民代表大会之下、在行政权与审判权之外平行设置法律监督权。② 但是，我国这种模式在理论界也颇受诟病，有不少观点认为这两方面职能存在矛盾和冲突，认为应当将追诉职能与监督职能分开设置。对此，下文将对我国法律监督制度模式的评析部分做较为详细的阐述。

（三）公检法三机关分工负责、互相配合、互相制约

我国宪法第135条规定："人民法院、人民检察院和公安机关办理刑事案件，应当分工负责，互相配合，互相制约，以保证准确有效地执行法律。"刑事诉讼法和人民检察院组织法作了相同的规定。分工负责，是指三机关根据法律规定的职权，各负其责，各尽其职，严格依照分工进行诉讼活动，不允许互相代替和超越职责权限。互相配合，是在分工负责的前提下，为了实现惩罚犯罪保护人民的共同任务，全力合作、互相支持。侦查、起诉和审判三道工序犹如一个工厂流水作业的三个车间，前一道工序要为后一道工序做好合乎质量要求的准备，后一道工序要在前一道工序的基础上进行。互相制约是指三机关按照诉讼职能分工和诉讼程序进度，一个程序以另一个程序的

---

① 参见孙谦著：《中国特色社会主义检察制度》，中国检察出版社2009年版，第64～66页。

② 参见王传红：《论我国公诉加监督的检察模式》，载《人民检察》2011年第12期。

结束为起点，环环相扣，防止发生错误，及时纠正错误，保证法律的准确实施，做到不错不漏，不枉不纵。这个原则是一个科学统一的整体，不能片面强调其中任何一个方面。其中，“分工负责”是基本前提，也是司法和诉讼的必然要求；“互相制约”是“分工负责”的自然延伸，有分工必然有制约，否则就是自然属性的分割而不是分工；“互相配合”则是“分工负责”和“互相制约”共同作用的结果，其中心内容在于各机关依照法律规定，切实履行自己的职责，而不是为了配合某一司法机关的工作而放弃自己的诉讼权能，或者为了达到某一目的而人为地削弱另一司法机关的权能。

（四）检察机关内部实行检察长负责制与民主集中制相结合的领导体制

检察长负责制和民主集中制相结合的领导体制是我国的检察制度的一个创举，在世界各国检察制度中颇具特色。人民检察院组织法第 3 条第 1 款规定：“各级人民检察院设检察长一人，副检察长和检察员若干人。检察长统一领导检察院的工作。”这是检察长负责制的直接规定。民主集中制是我国党与国家机构的根本组织原则和领导制度。所谓民主集中制，就是在高度民主的基础上实行集中，其含义可以概括为民主基础上的集中，集中指导下的民主。民主是集中的前提和基础，集中是民主必然的要求。人民检察院组织法第 3 条第 2 款规定：“各级人民检察院设立检察委员会。检察委员会实行民主集中制，在检察长的主持下，讨论决定重大案件和其他重大问题……”这是民主集中制的直接规定。检察长负责制与民主集中制相互依存、相互补充。从适用目的来看，两者均是为了正确决策，保证检察权正确统一实施；从运行过程来看，两者都经过一定的民主程序；从运行方式和决策执行来看，两者都体现了一定程度的集中原则。① 从检察权的实际运行情况来看，“实行这种领导体制，既保留了首长负责制的优势，尊重和维护检察长的权威，确保工作效率，有利于发扬民主，集思广益，避免‘一长制’可能带来的弊端，保证检察权的依法正确行使和对重大案件、重大问题的决策正确”②。

三、对中国监诉一体法律监督模式的评析

对于我国监诉一体法律监督模式，理论界多有诟病。有的学者以公诉与法律监督的关系为切入点进行研究，有的学者从检察权与法律监督权的关系

---

① 参见孔璋、叶成国：《检察长负责制与民主集中制关系论证——以检察机关内部领导体制为视角》，载《第七届国家高级检察官论坛会议文章》（2011 年），第 213 页。

② 孙谦著：《中国特色社会主义检察制度》，中国检察出版社 2009 年版，第 17 页。

的角度进行研究，有的学者甚至从检察权存废的角度审视法律监督制度。当然，也有学者从利弊分析、宪政结构等不同角度对监诉一体的法律监督模式进行研究，论证其科学性、合理性。概括起来，关于监诉一体法律监督模式的观点主要包括“取消论”、“两元论”、“一元论”和一元论前提下的“适当分离论”。

“取消论”认为应当取消检察机关的法律监督职能，或者取消检察机关。例如，有观点认为，“当法庭上的公诉人还在行使法律监督权的时候，一方面会导致法官在审判过程中直接受到检察机关单方面的强制性干预和影响，使司法权的独立性和中立性难以得到保障，作为诉讼生命的诉讼公正恐怕就只是一个梦想，庭审中的审检冲突也是不可避免的”①。又如，也有观点认为，“中国检察机构的设置只是根据列宁个人的一篇文章产生的，没有经过科学的论证，没有扎实的理论依据，混淆了司法权与行政权的区别，导致国家整个权力系统的不协调并且在实践中产生了不良的影响。因此，应该恢复检察权作为行政权的本来面目，把检察院体制从司法体制中取消”②。还有的观点认为，“法律监督应当逐渐淡化并在条件成熟时最终退出检察机关的职能范围”③。

“两元论”认为，监诉一体的机制存在矛盾冲突，应当进行分离式改造。例如，有观点立足于公诉与法律监督的关系，主张“职权二元论”，认为从理论研究和实际工作的运作过程分析，法律监督职能与公诉职能虽有联系，但是也有实质的区别，如果不加以区分，直接影响着两种职能的运作效果。因此，公诉与法律监督分离，设置专门的法律监督机构，以履行法律监督职责，将公诉职能独立于法律监督，纳入诉讼的轨道，遵循诉讼的规律，实现其独立的功能和价值。这样，可以避免集“运动员与裁判员”于一身的弊端，既尊重了诉讼运动规律，保证诉讼渠道通畅，实现公诉职能专业化，保证公诉的质量，又回应对检察权的各种质疑，强化了法律监督的职责。④ 又如，有观点认为，法律监督权是一种与其对犯罪的立案、侦查、起诉职权不同的职权，其所指向的是公安机关及检察院自己的侦查部门所进行的立案、侦查活动和法院的审判活动（在此监督中，如发现与刑事司法有关并属其立案范围的犯罪，检察机关虽可以且应当立案、侦查、起诉，但这已不属监督

① 陈益生：《论公诉权与法律监督权的独立行使》，载《政法论丛》1998 年第 1 期。
② 夏邦：《中国检察体制应当取消》，载《法学》1999 年第 7 期。
③ 陈瑞华著：《问题与主义之间》，中国人民大学出版社 2003 年版，第 33 页。
④ 参见樊崇义：《法律监督职能哲理论纲》，载《人民检察》2010 年第 1 期。

的范围，而属于其他刑事检察权），原因是这种职权是中国检察机关的一种较特殊的职权，并且在最近这些年，最高人民检察院检察长在向全国人民代表大会作工作报告时，均将这类监督活动与其刑事侦查、起诉等活动相并列，作为一个单独的问题进行汇报，检察机关的刑事监督权是检察机关在刑事司法领域里对公安机关的立案、侦查活动及法院的审判所进行的监督。①

“一元论”认为，检察权就是法律监督权，监诉一体的模式有其科学性、合理性。例如，有观点认为，“法律监督方式和手段的多样性、多元化与法律监督本质和职能的唯一性、统一性并不矛盾。各种检察职能包括诉讼职能和非诉讼职能统一于法律监督，都是法律监督的实现方式和途径。法律监督方式和手段的多样性与法律监督性质的唯一性是统一的，共性寓于个性之中，个体体现共性。检察机关不具有与法律监督平行或并列的其他职能。我们反对检察定位和性质的多元论，即反对把公诉职能和侦查职能与法律监督职能并列，或者把检察机关定位为公诉和法律监督机关。正是在这种意义上，我们坚持法律监督一元论，因为只有一元论才符合我国宪法和法律关于人民检察院是国家的法律监督机关的规定，才具有理论上的彻底性，才能理解各种检察职能之间的内在联系，发挥检察职能的整体效能，坚持检察改革的正确方向”②。又如，还有观点认为，“公诉本身就具有法律监督的性质，公诉权本身就是法律监督权的一个组成部分，公诉机关本身就是法律监督机关。没有必要人为地把公诉权从法律监督权中分离出来，设立两个不同的机关分别行使统一的法律监督权”③。

“适当分离论”认为，在“一元论”的前提下，应当采用利弊分析的方法辩证、理性地看待监诉一体机制，在检察机关内部对法律监督权予以适当分离。有观点认为，对于检察机关集追诉与监督于一身这一职能特点，要辩证、理性地加以分析，既要看到其弊，更要看到其利；既要看到追诉与监督矛盾、冲突的一面，更要看到它们兼容、协调的一面。监诉集于一身模式的优势是比较明显的：一是它有利于落实检察官客观公正义务，使追诉更加客观公正；二是有利于公诉人防止和克服片面的控诉倾向，从而更有利于实现控辩平等；三是有利于节约司法资源，增强法律监督效果。因此，检察机关身兼追诉、监督二任，是符合权力配置规律的制度设计的，它能使追诉和诉

---

① 参见王敏远：《论我国检察机关对刑事司法的监督》，载《中外法学》2000年第6期。

② 孙谦著：《中国特色社会主义检察制度》，中国检察出版社2009年版，第42页。

③ 张智辉著：《检察权研究》，中国检察出版社2007年版，第89页。

讼监督互促共进，既有利于节约司法资源，又有利于增强监督实效。但是，监诉存在矛盾也是客观事实，因此应当“有限度地分离”。分离的主要内容，一是职务犯罪侦查职能与侦查监督、审判监督、民事审判和行政诉讼监督职能在行使上的分离；二是公诉职能与纠正庭审违法职能在行使上的分离。[①]也有观点认为，在坚持法律监督权“一元论”的前提下，“法定的检察权能在检察机关内部的设置，只要能体现法律监督的性质，在遵循效率和效益的原则下，具体权能在内设机构之间可以根据各地检察机关的实际情况适当分离或者合并，不必遵循统一的格局，更不必无论人员多少，也无论工作量的大小，都要所有部门一个不少的设立”[②]。

无论是英美法系国家还是大陆法系国家，考察其检察制度的配置可以发现，无论是检察权是否被称为“法律监督权”，其检察制度都没有脱离各自的司法制度尤其是诉讼制度而独立存在。所以，中国的法律监督模式也一样，必须放在中国的政治制度、诉讼制度的范畴内予以考察和评价。总体来看，中国法律监督模式契合中国政治体制，符合中国传统，满足现实需要，实践证明是科学合理的，正在维护社会稳定、开展反腐倡廉、构建和谐社会中发挥着越来越重要的作用。虽然国外检察权与中国的法律监督权在权力性质、职能范围、履职方式上有不小差异，但是其中不少具体内容与我国的法律监督具有异曲同工之妙，只是它们有法律监督之实而无法律监督之名。正如陈光中教授所言，“检察机关除公诉权外，履行法律监督职能并非我国独有的现象，随着检察制度的发展，检察机关法律监督职能逐渐发展起来，有的国家的检察机关履行法律监督的职能仅限于诉讼领域，有的超出了诉讼领域，对国家机关及其工作人员实施监督”[③]。可见，中国的法律监督监诉一体的模式不是什么异类，而是在中国法律文化传统影响下形成的，是与中国国情和传统相结合的产物，正在成为一种独立且特殊的模式广为世界关注并逐渐接受。笔者2012年10月随同中国检察代表团访问俄罗斯检察机关的时候，俄罗斯检察官对我国监诉一体的法律监督模式深表赞赏，俄罗斯联邦副总检察长萨金柴夫评价说：“我们在改革中丢掉了批捕权、起诉权和侦查权，事实证明这是不成功的，所以我们正在提请总统恢复检察机关的这些权力，希望贵国的检察改革不要走我们这个路子。”圣彼得堡市检察院检察长里特维年

---

① 参见朱孝清：《检察机关集追诉与监督于一身的利弊选择》，载《人民检察》2011年第3期。

② 刘国媛：《坚持“一元论”前提下的检察权能适当分离》，载《江汉大学学报》（社会科学版）2012年第4期。

③ 陈光中等著：《中国司法制度的基础理论问题研究》，经济科学出版社2010年版，第216页。

科听完我们的介绍后感慨地说："中国的检察机关在世界上树立了一个监督公权力的范例，有利于震慑职务犯罪，维护社会公正！"①

基于前文关于法律监督、诉讼制约与诉讼监督的观点，所谓的诉讼职能就是本书所说的诉讼制约职能，多数论者所说的法律监督实际上是本书所说的诉讼监督。如果对法律监督和诉讼监督不加区别地混用或者互用，当然会得出诉讼职能不可能是诉讼监督的结论。事实上，正如前面所指出的，本书一直也认为，诉讼职能就是诉讼制约职能，不是诉讼监督，它和诉讼监督是并列的。因为从概念的种属关系上论，诉讼监督是法律监督的种概念，这就如同法律监督是监督的种概念一样。因此，诉讼制约不同于、不属于诉讼监督，并不能说明诉讼制约也不可以属于法律监督，这就是有关监督、法律监督、诉讼制约和诉讼监督这几组概念之间的关系。

对于诉讼制约与诉讼监督职能是否分离的问题，本书赞同要对二者进行适度分离，因为诉讼制约和诉讼监督的特点、规律、要求还是存有区别的，但同时也要看到，诉讼制约和诉讼监督在很多时候是相得益彰的，诉讼制约难以做到法律监督的面面俱到，诉讼监督因此可以从更加超然的角度填补诉讼制约的"死角"；同时，只有诉讼制约才能真正地深入到诉讼程序之中，在权力的互相制约中捕捉可以进行诉讼监督的"监督点"，而如果只有"操起袖子站在一边观察"的诉讼监督，很显然这种诉讼监督也将会变得可有可无。因此，对于我国监诉一体的法律监督模式，目前并没有必要进行革命式的改变，但需要遵从比例原则进行适度的分离。总体上，可以把握这样一个度：对于严重的违法犯罪则要启动专门的诉讼监督，交由专门的诉讼监督部门，由专人去办理；对于一般的违法，没有必要用"高射炮打蚊子"，则可以在行使诉讼职能的过程中及时发现并指出，没有必要由专门机构、专人办理，这也符合诉讼经济原则和司法资源使用的比例原则。对此，在后文有关法律监督运行机制建设部分将有更加详细的论述。

① 这些内容记载在笔者回国后的出访报告中。

第四章 理性法律监督的理念、立法彰显及挑战

人是生而自由的，却无往不在枷锁之中。

——［法］卢梭

在我国2008年开始的第二轮司法体制和工作机制改革中，明确强调要以加强权力制约监督为重点，优化司法职权配置。2012年修改后的刑事诉讼法、民事诉讼法集中体现了强化对权力制约与监督的基本精神，进一步完善了法律监督制度，优化了权力配置，强化了对刑事诉讼、民事诉讼的法律监督，与行政诉讼法一起形成了一套完整的法律监督体制，其中不少内容彰显了理性法律监督的理念和原则。①

第一节 彰显理性法律监督的理念

随着社会主义法治理念的不断深入，中央提出了“忠诚、为民、公正、廉洁”的政法干警核心价值观，这是我国执法、司法工作在理念层面的一次洗练和提升。在推进和落实政法干警核心价值观的过程中，检察机关提出了“六观”、“六个有机统一”和“四个必须”，这为检察机关理性实施法律监督提供了理念和原则指引。

① 我国行政诉讼法律监督的法律规定见于宪法第129条、行政诉讼法第10条和第64条，其他还散见于一些法规和司法解释。实践中，行政诉讼法律监督在操作层面的主要依据是行政诉讼法第64条。虽然近年来出现了一些有关行政公诉等内容的真知灼见，但立法目前还没有变化，故本书不再将其作为一部分内容专门论述。有关行政公诉的研究，参见田凯著：《行政公诉论》，中国检察出版社2009年版。

一、法治文化建设下执法价值观的理性彰显

法治文化是一个国家文化的重要组成部分，涉及立法、执法、司法、守法、法学教育、法学研究和法制宣传等各个方面，体现了一个国家公民的法律意识、法治观念和法律素养。法治文化既有对传统法治文化的扬弃，也有对现代法治文化的调适，是一个国家法治发展的力量源泉。良好的法治文化有利于为一个国家的执法、司法工作及执法、司法人员提供坚强的思想保证、强大的精神动力、有力的舆论支持和良好的文化条件。

在我国文化建设的进程中，针对我国法治文化的实际情况，中央在总结政法各单位法治文化建设的基础上提出了“忠诚、为民、公正、廉洁”的政法干警核心价值观，并要求各级政法机关要把政法干警核心价值观教育作为政法文化建设的一项重要任务抓好。中央政法委员会第 21 次会议对这一核心价值观作出了阐释：“忠诚”，就是忠于党、忠于国家、忠于人民、忠于法律，这是政法干警的政治本色；“为民”，就是始终把人民放在心中最高位置，切实做到执法为民，这是政法干警的宗旨理念；“公正”，就是公正执法，维护社会公平正义，这是政法干警的神圣职责；“廉洁”，就是清正廉明、无私奉献，这是政法干警的基本操守。

“忠诚、为民、公正、廉洁”是社会主义核心价值观在执法和司法活动中的集中体现，反映了社会主义法治理念的核心要求，它从政治本色、宗旨理念、神圣职责和基本操守等不同方面诠释了法律工作者必须遵循的最基本、最核心的价值观念。我国宪法对检察机关的定位是“国家法律监督机关”，法律监督的“国家性”在不同的具体情况下可以有不同的具体体现，但“国家性”作为核心价值观体现的就是“忠诚、为民、公正、廉洁”。可以说，从每一方面的内容看都体现了理性的思维。“忠诚”要求检察机关和检察官把好政治方向，坚定理想信念，恪尽职守，反对理想信念缺失与不忠于党和检察事业；“为民”要求坚持群众路线，认真解决人民群众的合理诉求，保障人民群众合法权益，反对脱离群众，搞特权思想和霸道作风；“公正”要求秉公执法，办理案件以事实和证据为根据，反对执法不严、司法不公；“廉洁”要求执法办案遵守法律纪律，坚守职业道德，反对以权谋私、贪赃枉法。不难想象，如果法律工作者没有了政治观念和宗旨理念，那么适用法律解决问题的时候就可能迷失正确的方向，就很难做到理性适用法律；如果法律工作者忘记了职责的神圣和基本的职业操守，那么就可能陷入感性、感情和利益的旋涡，也同样难以做到理性地适用法律。

二、法律监督工作理念的理性彰显

“执法理念作为一个历史范畴，是根据执法实践中不断出现的新情况新问题，对传统执法理念适时、适当修正所形成的观念集合。”① 执法理念反映了执法主体的性质、功能、目标和价值取向，也是指引执法行为的“指挥棒”。

在加强社会主义法治理念教育，推进和落实政法干警核心价值观的过程中，检察机关结合构建和谐社会与科学发展观的要求和目标，对如何实施法律监督工作进行了深入的思考，最高人民检察院曹建明检察长在2011年7月召开的第十三次全国检察工作会议上提出了“六观”、“六个有机统一”和“四个必须”，并发展形成了检察工作的发展理念和执法理念。“六观”的内容包括：一是推动科学发展、促进社会和谐的大局观，更加自觉地把检察工作摆到经济社会发展全局中来谋划和推进，做到执法想到稳定、办案考虑发展；二是忠诚、为民、公正、廉洁的核心价值观，忠于党、忠于国家、忠于人民、忠于宪法和法律，守护公平正义，保持清正廉洁，坚持执法为民，构筑全体检察人员共同的价值追求；三是理性、平和、文明、规范的执法观，更新执法理念，改进执法方式，规范执法行为，加强执法管理，使人民群众通过检察机关的执法办案，既感受到法律的尊严、权威，又感受到人民检察官的关爱和温暖；四是办案数量、质量、效率、效果、安全相统一的业绩观，坚持以数量为基础、质量为生命线、效率为保障、效果为根本、安全为前提，做到五者协调统一、相辅相成；五是监督者要自觉接受监督的权力观，始终把强化自身监督放在与强化法律监督同等重要的位置，坚持职权法定，有权必有责，用权必监督，滥用必追究；六是统筹兼顾、全面协调可持续的发展观，正确处理检察工作中的一系列重大关系，加强对各项检察工作的统筹协调，推动检察工作科学发展。“六个有机统一”的内容包括：一要高举中国特色社会主义伟大旗帜，努力实现检察工作政治性、人民性和法律性的有机统一；二要坚持以科学发展观为统领，努力实现检察工作服务科学发展与自身科学发展的有机统一；三要坚持围绕“四个维护、两个促进”② 的根本目标，努力实现打击、预防、监督、教育、保护职能的有机统一；四要坚持贯

---

① 李乐平：《执法理念的四重境界》，载《检察日报》2012年7月31日第3版。

② “四个维护、两个促进”的具体内容是：维护人民合法权益，维护社会公平正义，维护社会和谐稳定，维护社会主义法制统一、尊严和权威，促进反腐倡廉建设，促进经济社会发展。

彻检察工作总要求，努力实现强化法律监督、强化自身监督、强化队伍建设的有机统一；五要坚持以执法办案为中心，努力实现法律效果、政治效果和社会效果有机统一；六要坚持解放思想、实事求是、与时俱进，努力实现继承、创新、发展的有机统一。“四个必须”的内容包括：一是检察权必须严格依法行使；二是检察权必须受到监督制约；三是检察职能的发挥必须与经济社会发展相适应；四是检察机关的法律监督必须遵循法治原则和司法规律，符合诉讼原理。

以“六观”、“六个有机统一”和“四个必须”为主要内容的检察工作发展理念和执法理念，正确回答和解决了新时期检察工作实现什么样的发展、怎样发展、为谁执法、怎样执法等一系列重大理论和实践课题。这是一个相辅相成、不可分割、构成完整的理论体系。“六观”从思想认识的高度概括了当代中国检察机关和检察人员应当树立的基本理念，是检察工作发展理念和执法理念的精髓；“六个有机统一”从工作发展的战略和策略的高度概括了检察机关和检察人员处理一系列重大问题的基本方针，是检察工作发展理念和执法理念的实践要求；“四个必须”从依法治国的基本方略的高度概括了检察机关和检察人员履行法律监督职责的基本原则，是检察工作发展理念和执法理念的制度支撑。它们分别侧重于观念、政策、制度这三个不同的层面，又是对检察工作提出的基本要求，具有内在的一致性，互相补充，有机联系，共同构成检察工作发展理念和执法理念的完整理论体系。[①] 任何系统理论体系的形成不是一蹴而就的，而是在长期实践的基础上，对工作特点和工作规律理性思考和科学总结的结果，检察工作发展理念和执法理念亦然。可以说，它是改革开放30多年来检察工作实践经验理性认识的升华，既包含了对过去发展经验和废改教训的理性思考，也包含了对今后发展方向的理性图景。而且，在执法观部分，又重点提出了“理性、平和、文明、规范”的具体要求，并且将“理性”作为执法观的第一观念摆在首要位置。笔者认为，理性是这一执法观的根本基础，不难想象，离开理性的平和、文明和规范都是空中楼阁。理性的精神内涵要求，在履行法律监督职责的过程中，检察机关和检察官要在服务大局中坚守客观公正立场，恪守客观公正义务，处理好诉讼制约与诉讼监督的关系，融遵循诉讼规律与强化诉讼监督为一体，融专业的法律思维与普通的社会思维于一体，融适用法律与化解矛盾为一体，

① 参见最高人民检察院政治部编：《检察工作发展理念和执法理念讲义提纲》，中国检察出版社2012年版。

真正做到“案结事了”。

第二节　彰显理性法律监督的立法新特点

刑事诉讼法和民事诉讼法（简称两大诉讼法）全面强化了检察机关的法律监督职能。在两大诉讼法有关法律监督的修改内容中，既有对近年来司法体制和工作机制改革中有益成果的巩固与固定，也有通过制度创新直接作出的规范性规定，可谓亮点频现。整体来看，这些新内容彰显了理性法律监督立法上的新特点。

一、体现了“尊重和保障人权”的基本精神

刑事诉讼法作为我国一部重要的基本法律，因其涉及多项国家公权力的配置和行使，而且与公民的人身自由、财产等基本权利息息相关，其在一定程度上反映了一国的人权保障水平，在国际上被称为是一国人权保障的“晴雨表”，因此国内一些学者称之为“小宪法”。

2012 年 3 月 14 日修正的刑事诉讼法将“尊重和保障人权”作为一项任务写入第 2 条，从而将 1996 年刑事诉讼规定的三项任务扩展为四项任务，这是一项非常重要的修改，是刑事诉讼法的一大亮点，也是我国宪法“尊重和保障人权”原则在刑事诉讼法中的具体体现和落实。笔者认为，这是我国刑事诉讼法这次修改的最大理性。因为“尊重和保障人权”入法绝不仅仅是宣示意义上的原则性规定，而且“尊重和保障人权”的理念贯穿了此次刑事诉讼法修改的全过程，围绕这一基本任务，刑事诉讼的每一个环节、每一个程序均有体现，实现了从理念和原则到具体制度的落地生根，体现了刑事诉讼过程的公开、民主和程序公正，必将对执法、司法机关的各项具体工作产生革命性的影响，对更好地尊重和保障人权具有重要意义。

法律监督权全程参与刑事诉讼，它犹如一座桥梁，一头承接着侦查，一头开启了审判，在与侦查和审判互相制约的过程中，还对它们实施诉讼监督，而且桥梁本身还具体关涉到诉讼当事人的诸多基本权利，承载着诉讼参与人的无限期待。因此，在“尊重和保障人权”入法后，检察机关法律监督的理念需要作出应有的调整，这主要包括：“（1）把法律监督功能的单一性调整为多元性，不能只限于对公权力的制约、制衡和监督；（2）把法律监督的单向性调整为双向性，以往的法律监督只是单向进行的，如诉讼监督只能事后提出建议，新刑事诉讼法突破了这种单向监督的格局，即把诉讼救济制度引

入监督过程；（3）把诉讼法律监督的对象从对公权力的制衡扩大到对私权利的法律保障，尤其是把对所有诉讼利害关系人的权利保障都纳入法律监督的视野。"[①] 根据两大诉讼法强化法律监督新内容的规定，法律监督的任务、手段、机构和人员都需要调整。检察机关为了更好地完成"尊重和保障人权"这一基本任务，既要敢于行使职权，又要善于行使职权；既要依法行使职权，又要规范行使职权；既要注重法律监督的刚性和张力，又要防止法律监督权的滥用与擅用。这就必然要求检察机关要理性地实施法律监督，也只有这样，法律监督才能契合社会主流价值取向和法治品格。因此，可以说"尊重和保障人权"入法必然引领检察机关迈向理性行使法律监督权的新思域。

二、体现了权力制约与监督的基本精神

权力不受制约和监督，必然导致滥用和腐败。因此，加强对权力的制约与监督，是法治国家的共同选择，是被实践证明的政治学基本原理和客观规律，不受意识形态、政治制度、司法制度及思想观念的影响。因此，加强对权力的制约与监督，是我国发展社会主义民主政治法制建设的重要任务，党和国家十分重视这个问题。党的十六大明确提出，要建立"结构合理、配置科学、程序严密、制约有效"的权力运行机制；党的十七大又提出"建立健全决策权、执行权、监督权既相互制约又相互协调的权力结构和运行机制"；党的十八大再次提出"健全权力运行制约和监督体系"，并要求"确保决策权、执行权、监督权既相互制约又相互协调，确保国家机关按照法定权限和程序行使权力"。与以往相比，十八大报告在加强权力制约监督问题上的论述思路更清晰、目标更全面、主体更明确、定位更准确。[②]

与之相应，在2004年启动第一轮司法体制和工作机制改革后，中央司法体制改革领导小组就将改革和完善检察机关法律监督体制作为一项主要内容，并列举了包括改革和完善人民检察院对诉讼活动的法律监督，加强对司法工作人员渎职行为的监督，改革和完善对职务犯罪侦查的监督制约制度，加强对检察机关的监督制约等内容。2008年以后，中央在第二轮司法体制和工作机制改革中又明确指出，要以加强权力监督制约为重点，优化司法职权配置，包括改革和完善对侦查活动等的法律监督，改革和完善审查逮捕制度，改革

---

① 樊崇义：《尊重和保障人权与诉讼法律监督》，载《国家检察官学院学报》2013年第1期。

② 参见梁杰：《政治体制改革——十八大发出新信号》，载《人民日报》（海外版）2012年12月8日第5版。

和完善诉讼制度，改革和完善人民检察院对刑罚执行的法律监督以及改革和完善上下级司法机关的关系等内容。我国的权力模式是在人民代表大会一元体制下的行政权、审判权、检察权、军事权，它们分别由不同的部门行使，各部门之间分工协作，互相制约、互相配合。检察机关行使法律监督权，我国两大诉讼法规定检察机关对刑事立案、刑事侦查监督、刑事审判监督、刑罚执行和监管活动、民事审判活动进行监督，均体现了权力制约与监督的理论和内容，尤其是两大诉讼法的修改在明确监督责任、完善监督程序、丰富监督手段、拓宽监督范围等方面强化了检察机关对刑事、民事诉讼的法律监督。

刑事诉讼法在我国素有“小宪法”和“人权宪章”之称，在刑事诉讼法的修改过程中，“立法者面临着三个基本关系的矛盾冲突：人权保障、程序公正与打击犯罪的冲突；刑事诉讼过程中公检法三机关之间权力资源配置方面的冲突；刑事诉讼过程中公权力与私权利之间的冲突”。[①] 要处理这三个基本关系，必然涉及对权力的制约与监督，在宪法和刑事诉讼法规定公检法三机关在办理刑事案件中分工负责、互相配合、互相制约的前提下，强化法律监督成为在刑事诉讼中加强权力制约与监督的最好选项。[②]

民事诉讼法是法院审判民事案件和一切诉讼参与人进行民事诉讼活动所必须遵守的准则，它适用于平等主体的公民之间、法人之间、其他组织之间以及他们相互之间因财产关系和人身关系的诉讼。可以说，公民、法人及其他组织每天都在进行着民事活动，每一次民事活动都可能产生民事纠纷，在纠纷解决机制中，虽然民事诉讼并非唯一选择，却是重要选择。所以，每一个公民、法人和其他组织牵涉民事诉讼的概率要远远大于刑事诉讼，而且民事诉讼也直接关涉到当事人的财产和人身权利，其影响和重要性可见一斑。在民事诉讼中，法院几乎是唯一的公权力主体，在审判实践中，确实存在司法不公、司法权威不高的问题。在支持民事诉法律监督的观点看来，检察机关对民事诉讼实行法律监督，是确保人民法院依法行使审判权、正确实施法律理性化的制度性设计，民事诉讼法律监督有利于纠正错案、保护当事人合法权益、维护司法公正。因此，民事诉讼法修改从监督范围、监督方式、监督手段等方面强化了法律监督，这无疑也是加强对权力制约与监督这一基本精神的体现。

---

① 赵佳月：《刑诉法修改：权力与权利的博弈》，载《南方人物周刊》2011 年 9 月 13 日。

② 参见张书铭：《法律监督的理念与科学实施》，载《人民检察》2011 年第 23 期。

三、体现了司法审查的基本精神

司法审查本质上是一种权力对另外一种权力的制约和监督。在西方国家，司法审查亦称“违宪审查”，是通过司法程序来审查、裁决立法和行政机关是否违宪的一种基本制度。司法审查的基本精神是司法机关通过诉讼程序审查并纠正行政行为中的不当和违法，保护公民和社会组织的合法权益不受非法行政权力侵害，进而保障和促进依法行政。在法治国家，司法审查功能是不可或缺的。

我国刑事诉讼法经过这次修改，在实质上“让检察院承担了一部分西方意义上的司法审查职能……敢不敢承认承担了司法审查职能并且推进这项职能，对于检察机关而言是个考验。”[①] 具有司法审查性质的内容主要有四个方面：一是刑事诉讼法第54条规定的非法证据排除制度，即“采用刑讯逼供等非法方法收集的犯罪嫌疑人、被告人供述和采用暴力、威胁等非法方法收集的证人证言、被害人陈述，应当予以排除。收集物证、书证不符合法定程序，可能严重影响司法公正的，应当予以补正或者作出合理解释；不能补正或者作出合理解释的，对该证据应当予以排除。在侦查、审查起诉、审判时发现有应当排除的证据的，应当依法予以排除，不得作为起诉意见、起诉决定和判决的依据。”二是刑事诉讼法第47条规定的辩护人、诉讼代理人的申诉和处理制度，即“辩护人、诉讼代理人认为公安机关、人民检察院、人民法院及其工作人员阻碍其依法行使诉讼权利的，有权向同级或者上一级人民检察院申诉或者控告。人民检察院对申诉或者控告应当及时进行审查，情况属实的，通知有关机关予以纠正。”三是刑事诉讼法第93条规定的羁押必要性审查制度，即“犯罪嫌疑人、被告人被逮捕后，人民检察院仍应当对羁押的必要性进行审查。对不需要继续羁押的，应当建议予以释放或者变更强制措施。有关机关应当在十日以内将处理情况通知人民检察院。”四是刑事诉讼法第115条规定的当事人及其辩护人、诉讼代理人的申诉和处理制度，即“当事人和辩护人、诉讼代理人、利害关系人对于司法机关及其工作人员有下列行为之一的，有权向该机关申诉或者控告：（一）采取强制措施法定期限届满，不予以释放、解除或者变更的；（二）应当退还取保候审保证金不退还的；（三）对与案件无关的财物采取查封、扣押、冻结措施的；（四）应当解除查

---

① 葛琳：《两大诉讼法修改与检察制度的完善研讨会综述》，载《国家检察官学院学报》2013年第1期。

封、扣押、冻结不解除的；（五）贪污、挪用、私分、调换、违反规定使用查封、扣押、冻结的财物的。受理申诉或者控告的机关应当及时处理。对处理不服的，可以向同级人民检察院申诉；人民检察院直接受理的案件，可以向上一级人民检察院申诉。人民检察院对申诉应当及时进行审查，情况属实的，通知有关机关予以纠正。”这些规定凸显了中国特色的司法审查制度，其特色就在于西方的司法审查权一般由法院行使，而我国则是交由享有法律监督权的检察机关来行使，“这些规定不仅有授权，而且有救济措施，更有比较刚性的监督结果，使我们比较明显地看到我国萌生司法审查制度和司法救济制度有了法律依据，也使法律监督的手段、方式更加规范和法治”。同时，“这些规定向我们昭示，人民检察院的法律监督已经被纳入正当法律程序的轨道，初步形成了法律救济体系。它不仅完善了我国刑事诉讼法在人权保障诉讼救济程序方面的空缺，更是检察机关法律监督程序的升位和提高，把法律监督提升到诉讼救济制度的位阶”。①

四、体现了价值平衡的基本精神

价值是指客体能够满足主体的需要，法律的价值即法律的有用性，是指法律在发挥其社会作用的过程中能够保护和增加的价值。例如，自由、平等、公平、秩序、安全、效率，也就是法律所追求的理想和目标，法理学上称之为法律的目的价值。与之相对，法律的形式价值是指法律在形式上应当具备的值得肯定的品质或特征，如法律应当逻辑严谨、简明扼要、明确清晰等。一般而言，论及法律的价值主要是指法律的目的价值。法律是一个以设置权利和义务为内容的规范性制度体系，法律规范的内容一般也就是权利和义务的内容，它们既蕴涵了法律的某种价值，也是法律某种价值的载体。而社会冲突的内容一般而言都是权利义务关系的冲突，其归根结底都可以上升为法律价值的冲突。因此，法律价值的冲突在所难免，如自由与秩序、公正与效率的冲突等。

从目的价值的角度来看，惩罚犯罪与保障人权是刑事诉讼法的两大价值，这两种价值作用维度的不同必然导致产生价值冲突。既然冲突难以避免，那么最主要的不是想办法消解价值冲突，而是平衡价值冲突。“刑事诉讼价值平衡是现代司法价值对立统一关系的要求。”② 从刑事诉讼法修正内容看，正

---

① 樊崇义：《尊重和保障人权与诉讼法律监督》，载《国家检察官学院学报》2013 年第 1 期。

② 袁其生：《刑事诉讼价值平衡论》，载《中国检察官》2006 年第 3 期。

是体现了惩罚犯罪与保障人权两种价值的平衡。

例如，随着刑事犯罪趋向复杂化、隐蔽化、技术化、智能化的态势，赋予侦查机关一定的技术侦查手段成为有效打击犯罪的必要条件，但是刑事诉讼法在授权的同时，又对技术侦查措施的适用进行了严格的限制，以防止其侵犯人权现象的发生，即刑事诉讼法第150条的规定：“采取技术侦查措施，必须严格按照批准的措施种类、适用对象和期限执行。侦查人员对采取技术侦查措施过程中知悉的国家秘密、商业秘密和个人隐私，应当保密；对采取技术侦查措施获取的与案件无关的资料，必须及时销毁。采取技术侦查措施获取的材料，只能用于对犯罪的侦查、起诉和审判，不得用于其他用途……”

又如，鉴于同当前犯罪作斗争的需要，刑事诉讼法完善了强制措施的体系和使用，细化了逮捕条件，增加了取保候审的强制执行令制度，增加了对几种重大犯罪指定居所监视居住的规定，对重大、复杂的案件适当延长拘传的时间。但是，“对于强制措施的适用也在更高的层次上，提高了人权保障的水平，使强制措施制度更加法治化和民主化”。① 例如，通过讯问犯罪嫌疑人、询问证人等诉讼参与人、听取辩护律师的意见等措施严格、完善了人民检察院的审查批捕程序；增加规定人民检察院对指定居所监视居住的决定和执行是否合法实行监督；增加规定当事人和辩护人、诉讼代理人、利害关系人对于司法机关及其工作人员侵犯其合法权益的，有权向该司法机关申诉或者控告，并在刑事诉讼法第115条第2款规定：“受理申诉或者控告的机关应当及时处理。对处理不服的，可以向同级人民检察院申诉；人民检察院直接受理的案件，可以向上一级人民检察院申诉。人民检察院对申诉应当及时进行审查，情况属实的，通知有关机关予以纠正。”

民事诉讼中意思自治原则具体体现为诉权处分自由，即民事诉讼法律的“自由”价值；法律监督作为一种公权力介入民事诉讼是为了追求司法公正，即法律监督的“公正”价值。因此，法律监督介入民事诉讼中便产生了自由与公正这两种价值的冲突。事实上，在不少反对民事诉讼法律监督的观点中，法律监督作为公权力不应当干预意思自治是他们最为重要的理由之一。2012年修改的民事诉讼法也一样注意了这两种价值的冲突，并在具体法律规定和机制等方面进行了较好的价值平衡。

例如，针对司法实践中申诉人在法院裁判后，一面向法院申请再审，同

---

① 樊崇义：《刑事诉讼法修正案（草案的）哲理之思》，载《人民检察》2012年第5期。

时也向检察机关申诉，要求检察机关抗诉，导致审判监督程序与抗诉程序错乱无序、浪费司法资源的情况，民事诉讼法对当事人向检察机关申诉做了适当限制，即民事诉讼法第209条规定："有下列情形之一的，当事人可以向人民检察院申请检察建议或者抗诉：（一）人民法院驳回再审申请的；（二）人民法院逾期未对再审申请作出裁定的；（三）再审判决、裁定有明显错误的。人民检察院对当事人的申请应当在三个月内进行审查，作出提出或者不予提出检察建议或者抗诉的决定。当事人不得再次向人民检察院申请检察建议或者抗诉。"根据该规定，当事人不服人民法院生效判决、裁定、调解的，原则上应当先向法院申请再审，然后才能依法向检察机关申诉，在法律上废止了原来直接或同时向检察机关申诉的做法。同时，为了避免法律监督权作为公权力过度介入民事诉讼，当事人向检察机关的申诉也不能是随意而为的，而是在符合三个法定条件的前提下，才能向检察机关申诉，并且申诉应当限于一次。这一规定既有利于理顺法院受理申请和检察院受理申诉案件的关系，遏制原来同时申诉浪费司法资源的现象，也有利于保证法律监督权介入民事诉讼的严肃性和权威性。同时，为了解决该规定可能带来的新的申诉难问题，民事诉讼法还建立了配套制度。民事诉讼法第199条规定："当事人对已经发生法律效力的判决、裁定，认为有错误的，可以向上一级人民法院申请再审……"当事人的申请不必向原审人民法院申请，这样既可以避免多头申诉，重复申诉，又可以保障人民法院能够公平地审理案件。而且，民事诉讼法第200条规定的申请再审的理由更加明确具体，将修改前的民事诉讼法规定的5项可以申请再审的事由增加、细化为现在的13项再加一款，而且规定只要符合规定的情形法院就必须再审，给予当事人更多的救济选择，充分体现意思自治。

又如，修改前的民事诉讼法虽然规定了抗诉权这种法律监督的方式，但是由于法律规定过于原则抽象，而且缺乏行使法律监督权的配套规定，这严重制约了法律监督工作的有效开展。为了解决这个问题，保障以法律监督权的有效行使来促进民事诉讼司法公正的实现，民事诉讼法赋予检察机关调查权。民事诉讼法第210条规定："人民检察院因履行法律监督职责提出检察建议或者抗诉的需要，可以向当事人或者案外人调查核实有关情况。"但是，法律监督中的调查权显然属于公权力，如果让调查权过多地介入其中，同样难免破坏诉权处分原则，而且有可能导致调查权的滥用或擅用。所以，鉴于民事诉讼诉权处分的，民事诉讼法给检察机关行使调查权戴了一个"紧箍咒"，即明确规定调查权的启动必须是"因履行法律监督职责提出检察建议或者抗诉的需要”。

五、体现了以人为本的基本精神

以人为本，是中国共产党倡导的科学发展观的核心。以人为本，首先解决了发展“为了谁”的问题，主张人是发展的根本目的；然后解决了发展“依靠谁”的问题，主张人是发展的根本动力。人是发展的根本目的，也是发展的根本动力，一切为了人，一切依靠人，二者的统一构成以人为本的完整内容。在法律方面，以人为本实质上属于法哲学的范畴，其基本要义在于“一切从人出发，以人为中心，把人作为观念、行为和制度的主体；人的解放和自由，人的尊严、幸福和全面发展，应当成为个人、群体、社会和政府的终极关怀；作为主体的个人和团体，应当有公平、宽容、诚信、自主、自强、自律的自觉意识和观念”①。

法律是调整一定社会关系的行为规范，社会关系归根结底就是人和人之间的关系。因此，以人为本应当成为法律的基本理念。在立法领域，它要求制定法律规范要体现对人权的尊重与保障，把人而不是利益或者关系作为法律的主体并突出对人的关怀。在司法领域，它要求司法主体在具体的司法活动中应当彰显司法制度的本来意图，体现立法精神而不是个人意志；在私法领域，应当关注和尊重人的意愿，保障其权利和自由；在公法领域，应当通过司法活动限制少数违法犯罪者的自由和权利，以保障其他多数人的自由和权利，即便是对待少数违法犯罪者，依然应当给予基本的人道关怀，保障其合法权益。长期以来，受封建传统法制观念的影响，刑事诉讼法和民事诉讼法更多强调的是“国家本位”或者“以国家为本”，而不是“以人为本”，但随着经济社会发展和法治进步，“以人为本”的理念渐入人心，并体现在刑事诉讼法和民事诉讼法之中。

在刑事诉讼法律监督中，以下几个方面突出体现了以人为本的精神。一是法律监督新机制的构建体现以人为本。例如，公诉案件当事人的和解程序，既有利于化解矛盾，实现“恢复性司法”，又实现了刑法和刑事诉讼的谦抑性。办理未成年人刑事案件中严格限制适用逮捕措施和不起诉制度更是集中体现了以人为本的精神。二是对强制措施适用的法律监督体现以人为本。刑事诉讼法第 65 条关于适用取保候审的规定，第 72 条关于监视居住适用对象的规定，特别关注患病、生活不能自理，系生活不能自理的人的唯一抚养人，

---

① 张文显著：《法哲学范畴研究》，中国政法大学出版社 2002 年版，第 389 页。

怀孕或在哺乳自己婴儿的妇女等，对强制措施的法律监督有利于保证强制措施的依法适用，充分体现了法律监督的以人为本。三是保障辩护人权利，健全了当事人参与机制，体现了以人为本。例如，律师意见可以在审查逮捕、审查起诉等诉讼阶段受到充分重视，对于阻碍辩护人行使职权的还建立了有保障的申诉或控告机制，以保障法律监督有法可依等。

在民事诉讼法律监督中，以下几个方面突出体现了以人为本的精神。一是将监督范围扩展至民事执行体现了以人为本。当前一些地方存在的“执行难”、“执行乱”的现象使得当事人赢得的只是一张判决书，严重损害了当事人的合法权益，将法律监督延伸至民事执行有利于保障当事人的合法权益。二是检察建议入法成为监督手段体现了以人为本。修改前的民事诉讼法规定的监督方式大多局限于抗诉这种比较严厉的法律监督措施，对于不能适用抗诉措施的地方则无法实施监督，抗诉的随意使用既不符合监督的比例原则，也不利于维护审判权威，检察建议作为一种相对柔和的监督方式得以依法适用，也体现了监督方式的以人为本。三是公益诉讼制度的建立为检察机关在公益诉讼方面的创新提供了依据，体现了更高层面的以人为本。民事诉讼法第 55 条规定：“对污染环境、侵害众多消费者合法权益等损害社会公共利益的行为，法律规定的机关和有关组织可以向人民法院提起诉讼。”这里列举的案件类型和受害法益均体现了涉众案件的特点，这些案件直接事关人的健康权利、财产权利等基本的人权，更直接地体现了“人”在这些案件中的主体地位。近年来，各地检察院在公益诉讼方面进行了探索，公益诉讼制度写入法律，有利于将法律监督工作拓展到新的领域，更好地践行以人为本的基本精神。

六、体现了抽象法律监督具体化的基本精神

我国宪法和刑事诉讼法虽然均规定了检察机关的法律监督权，但这两条属于原则性规定，刑事诉讼法和民事诉讼法的规定也相对抽象，不够具体，刚性不强。2004 年司法体制和工作机制改革以来，中央政法机关采取司法解释、规范性文件等形式，在强化法律监督方面进行了一些有益的尝试，构建了一些新的制度和机制，以图将抽象的、可操作性不强的法律监督原则性规定具体化、刚性化。例如，《关于办理刑事案件排除非法证据若干问题的规定》规定，检察机关在侦查、审查起诉时发现有应当排除的证据的，应当依法予以排除，不得作为起诉意见、起诉决定的证据。又如，《关于对司法工作人员在诉讼活动中的渎职行为加强法律监督的若干规定（试行）》规定，

针对司法机关及其工作人员在侦查活动中的一些违法情形，人民检察院在必要时可以对有关情况进行调查核实，情况属实的，依法予以纠正。又如，《关于审查逮捕阶段讯问犯罪嫌疑人的规定》规定，人民检察院审查批准逮捕，可以讯问犯罪嫌疑人，具有法定三种情形之一的，应当讯问犯罪嫌疑人。

在刑事诉讼法和民事诉讼法修改的过程中，在加强对权力进行制约与监督这一总体精神的指引下，修改后的有关内容有的是部分吸收或巩固了近年来司法体制和工作机制改革的有益成果，以法典的形式将它们固定下来，也有不少内容进行了制度创新和机制突破，将抽象的法律监督具体化、刚性化。例如，在刑事诉讼中，为强化人民检察院对羁押措施的监督，防止超期羁押和不必要的关押，规定了检察机关对羁押必要性进行审查制度；为适应打击腐败犯罪的需要，在严格审批的前提下，赋予检察机关技术侦查措施的使用权，以增强检察侦查权对公共权力的刚性制约与监督；增加规定监狱、看守所提出减刑、假释的建议或者暂予监外执行的意见的，应当同时抄送人民检察院，人民检察院可以向人民法院或者批准机关提出书面意见；等等。在民事诉讼中，为着力解决执行乱的情况，明确了检察机关对民事执行的法律监督；为督促审判权规范运作，增加了检察建议作为法律监督的手段，并将生效调解书损害国家利益、社会公共利益的也列入可以抗诉的范围；初步构建了民事公益诉讼制度；等等。这些具体化的法律监督的规定有利于改变过去法律监督“打白条”的现象，有利于实现法律监督由“软”到“硬”，但同时检察机关也应当清醒地认识到，具体化后的法律监督既是机遇也是挑战，如何理性地将这些权力行使好，确保每一个监督行为不但要经得起被监督方提出的异议，还要经得起社会和舆论的拷问。

第三节　完善刑事诉讼法律监督的主要内容及理性彰显

刑事诉讼法律监督制度是我国法律监督制度最重要的内容，也是法律监督制度在我国司法制度中最集中的体现。在当今世界各国检察制度中，虽然西方检察制度没有“法律监督”之名，但是检察权实际上包含了不少类似我国法律监督的内容。在1996年刑事诉讼法有关法律监督规定的基础上，刑事诉讼法又强化了法律监督，其中不少内容彰显了理性的理念。

一、完善侦查制度，强化对一般行政权和侦查权的制约和监督[①]

为强化对一般行政权和侦查权的制约与监督，解决制约检察机关突破职务犯罪案件的瓶颈问题，刑事诉讼法改革了侦查程序，健全了强制措施，有效提高了检察机关的侦查能力和侦查水平，同时也注重强化对侦查权的制约和监督。主要表现在以下方面。

（一）赋予了检察机关决定技术侦查措施的权力

刑事诉讼法设置了“技术侦查措施”专节，刑事诉讼法第 148 条第 2 款规定：“人民检察院在立案后，对于重大的贪污、贿赂犯罪案件以及利用职权实施的严重侵犯公民人身权利的重大犯罪案件，根据侦查犯罪的需要，经过严格的批准手续，可以采取技术侦查措施，按照规定交有关机关执行。”还规定，采取技术侦查措施收集的材料在刑事诉讼中可以作为证据使用；侦查人员对采取技术侦查措施过程中知悉的国家秘密、商业秘密和个人隐私，应当保密；采取技术侦查措施获取的材料，只能用于对犯罪的侦查、起诉和审判，不得用于其他用途。

赋予检察机关技术侦查措施的使用权，并使采取技术侦查措施收集的材料证据化。这既遵循了国际惯例，又有利于改变现行侦查制度的窘境，增强控制和打击职务犯罪的能力。对职务犯罪的侦查不同于对普通刑事案件的侦查，因为“职务犯罪是高智能型、高隐秘型犯罪，犯罪行为有职务作掩护，通常没有直接的被害人，加上痕迹物证少，因而侦查中发现难、取证难、固定证据难的问题十分突出，运用通常的侦查措施往往难以奏效。”[②] 因此，国际公约和世界不少国家都允许对职务犯罪使用技术侦查措施。《联合国反腐败公约》第 50 条第 1 款规定：“为有效地打击腐败，各缔约国均应当在其本国法律制度基本原则许可的范围内并根据本国法律规定的条件在其力所能及的情况下采取必要措施，允许其主管机关在其领域内酌情使用控制下交付和其认为适当时使用诸如电子或者其他监视形式和特工行动等其他特殊侦查手段，并允许法庭采信由这些手段产生的证据。”2001 年《俄罗斯联邦刑事诉讼法典》第 186 条第 1 款规定：“如果有足够的理由认为，犯罪嫌疑人、刑事被告人和其他人的电话和其他谈话可能含有对刑事案件有意义的内容，则在

---

① 这里的行政权主要是指一般行政权和行政执法权，虽然侦查权也属于行政权，但是从法律监督的角度对其作出区分是必要的。

② 朱孝清：《试论技术侦查在职务犯罪侦查中的适用》，载《国家检察官学院学报》2004 年第 1 期。

严重犯罪和特别严重犯罪案件中允许监听和录音。”① 《德国刑事诉讼法典》第100条c规定，在采取其他侦查方法将成果甚微或者难以取得成果的情况下，可以采取电讯监听、秘密拍照或录像、窃听等技术侦查手段。② 在美国，1968年《综合犯罪控制与街道安全法》规定，对于间谍罪、叛国罪、谋杀罪、绑架罪、敲诈勒索罪、贿赂罪、金融诈骗罪、有组织犯罪、毒品犯罪等严重犯罪案件，可以采取秘密监听和录音录像的侦查措施。③ 当前，我国职务犯罪高发、反腐败斗争形势复杂，检察机关依靠“一张嘴、两条腿”的传统侦查方法已经不能适应同职务犯罪作斗争的需要。特别是贿赂犯罪，行贿、受贿双方往往“一对一”，天知、地知、你知、我知，而依靠言词证据来揭露和追诉犯罪在很大程度上取决于行受贿人是否老实交代，行贿人和受贿人如拒不交代，侦查工作往往难以深入，检察机关在传唤时限届满后常常面临放人则可能放纵犯罪、抓人则可能犯罪难以成立这种两难的选择。而且在侦查过程中，一旦检察机关接触犯罪嫌疑人，与之有关的涉案人就闻风而逃，有的甚至逃往国（境）外。所以一些地方检察机关为了突破案件，在司法实践中只得利用“两指”、“两规”方式代替侦查，虽然既不符合法治精神，也容易出现不规范执法，但确属无奈，所以赋予检察机关使用技术侦查措施的权力具有十分积极的意义：第一，有利于及时发现和获取职务犯罪的线索，使检察机关在接触犯罪嫌疑人之前就掌握重要的犯罪证据，避免“打草惊蛇”，有利于对犯罪嫌疑人的稳定和控制。第二，有利于及时有效地收集、固定、鉴别职务犯罪的证据，以解决职务犯罪侦查主要依靠言词证据，而言词证据又易变、可控、反复等困境。第三，有利于实现职务犯罪侦查既要加大惩治力度又要确保办案质量的理想目标，平衡打击犯罪与保障人权之间的冲突。④

（二）完善了讯问犯罪嫌疑人的程序

根据侦查机关的实际需要，增加了口头传唤犯罪嫌疑人的程序；适当延长了特别重大复杂案件传唤、拘传的时间，修改后的刑事诉讼法规定，传唤、拘传持续的时间不得超过12小时；案情特别重大、复杂，需要采取拘传、逮捕措施的，传唤、拘传持续的时间不得超过24小时。

---

① 黄道秀译：《俄罗斯联邦刑事诉讼法典》，中国政法大学出版社2003年版，第145页。

② 李昌珂译：《德国刑事诉讼法典》，中国政法大学出版社1995年版，第34、38页。

③ 参见梁国庆主编：《国际反贪污贿赂理论与司法实践》，人民法院出版社2000年版，第615页。

④ 参见张书铭：《法律监督的理念与科学实施》，载《人民检察》2011年第23期。

刑事诉讼法第121条规定："侦查人员在讯问犯罪嫌疑人的时候，可以对讯问过程进行录音或者录像；对于可能判处无期徒刑、死刑的案件或者其他重大犯罪案件，应当对讯问过程进行录音或者录像。录音或者录像应当全程进行，保持完整性。"需要注意的是，最高人民检察院《人民检察院讯问职务犯罪嫌疑人实行全程同步录音录像的规定（试行）》规定的"应当"适用同步录音录像的范围超出了刑事诉讼法规定的范围，尽管如此，但不能认为二者是矛盾的，因为刑事诉讼法第121条还规定了"对于可能判处无期徒刑、死刑的案件或者其他重大犯罪案件，应当对讯问过程进行录音或者录像"，而职务犯罪案件是否可以归属于其他严重案件则可以有不同理解，最为重要的是，刑事诉讼法第121条的规定考虑到了公安机关侦查案件的情况，最高人民检察院的规定则是检察机关对自身办案工作规范化的更严格要求，所以仍然应当适用。

（三）对特别重大贿赂犯罪案件增加指定居所监视居住的措施

刑事诉讼法第73条规定："……特别重大贿赂犯罪，在住处执行可能有碍侦查的，经上一级人民检察院或者公安机关批准，也可以在指定的居所执行……"同时，为了加大人权保障的力度，防止随意指定监视居所，刑事诉讼法第73条还增加了指定居所监视居住的禁止性条件，即"不得在羁押场所、专门的办案场所执行"。这就明确要求检察机关适用指定居所监视居住时，必须在羁押场所和专门的办案场所之外的地方执行。

为了强化对指定居所监视居住的制约和监督，刑事诉讼法第73条第2款还规定："指定居所监视居住的，除无法通知的以外，应当在执行监视居住后二十四小时以内，通知被监视居住人的家属。"需要注意的是，检察机关对指定居所监视居住的法律监督不是仅仅针对公安机关的侦查，同样适用于检察机关侦查部门的侦查行为。一般而言，对于公安机关适用指定居所监视居住的监督，应当由批准适用该措施的公安机关的同级人民检察院负责实施；对于检察机关侦查部门适用指定居所监视居住的监督，应当由批准适用该措施的检察机关的上一级检察机关负责实施。

（四）增加了对强制措施的监督

为了依法保障当事人的合法权益，强化对侦查行为的监督，刑事诉讼法增加规定了对查封、扣押、冻结等侦查措施的法律监督，规定当事人和辩护人、诉讼代理人、利害关系人对于司法机关及其工作人员有法定行为之一的，经向侦查机关申诉或者控告，对处理不服的，可以向同级人民检察院申诉。

此外，根据侦查犯罪的需要，刑事诉讼法第116条第2款、第122条第1

款规定了讯问和询问的地点，即“犯罪嫌疑人被送交看守所羁押以后，侦查人员对其进行讯问，应当在看守所内进行。”“侦查人员询问证人，可以在现场进行，也可以到证人所在单位、住处或者证人提出的地点进行，在必要的时候，可以通知证人到人民检察院或者公安机关提供证言……”。刑事诉讼法还在查询、冻结的范围内增加了债券、股票、基金份额等财产。

二、完善诉讼结构，强化辩护权在保障司法公正方面的作用

刑事诉讼中引入辩护制度的重要目的之一就是保障控辩平等，维护当事人的合法权益。辩护是犯罪嫌疑人、被告人及其律师，针对控诉方的控诉主张提出与之相反的反驳和辩解，论述犯罪嫌疑人、被告人无罪、罪轻或者应当减免刑事责任的事实和理由。辩护权是我国宪法第125条赋予当事人的一项重要权利，完善和强化辩护权是完善控辩平等诉讼结构的重要内容，它对保障司法公正具有十分重要的作用，也有利于促进侦查权、逮捕权、起诉权和审判权的正确行使。

（一）强化了辩护权的保障

我国1996年刑事诉讼法只规定了审判机关保障辩护权的义务，没有规定公安机关和检察机关对辩护权的保障，因此律师在侦查阶段无法获得“辩护人”的身份和地位。刑事诉讼法修改内容重点包括三个方面：一是以总则的形式强化了辩护权的保障，刑事诉讼法第14条第1款规定：“人民法院、人民检察院和公安机关应当保障犯罪嫌疑人、被告人和其他诉讼参与人依法享有的辩护权和其他诉讼权利。”这是“尊重和保障人权”的具体体现；二是确立了律师在侦查阶段的辩护人地位，刑事诉讼法第33条第1款规定，犯罪嫌疑人自被侦查机关第一次讯问或者采取强制措施之日起，有权委托辩护人；三是明确规定了检察机关的告知义务，刑事诉讼法第33条第2款规定，人民检察院自收到移送审查起诉的案件材料之日起3日以内，应当告知犯罪嫌疑人有权委托辩护人。

（二）完善了辩护人的职责和权利

刑事诉讼法吸收了修改后的律师法有关内容。一是明确了辩护人的责任，刑事诉讼法第35条规定：“辩护人的责任是根据事实和法律，提出犯罪嫌疑人、被告人无罪、罪轻或者减轻、免除其刑事责任的材料和意见，维护犯罪嫌疑人、被告人的诉讼权利和其他合法权益。”二是完善了辩护人的帮助权、会见权、阅卷权和调查取证权，这些权利是辩护权的核心。刑事诉讼法第36条规定：“辩护律师在侦查期间可以为犯罪嫌疑人提供法律帮助；代理申诉、

控告；申请变更强制措施；向侦查机关了解犯罪嫌疑人涉嫌的罪名和案件有关情况，提出意见。”刑事诉讼法第37条第1款规定：“辩护律师可以同在押的犯罪嫌疑人、被告人会见和通信。其他辩护人经人民法院、人民检察院许可，也可以同在押的犯罪嫌疑人、被告人会见和通信。”刑事诉讼法第38条规定：“辩护律师自人民检察院对案件审查起诉之日起，可以查阅、摘抄、复制本案的案卷材料。其他辩护人经人民法院、人民检察院许可，也可以查阅、摘抄、复制上述材料。”刑事诉讼法第41条规定：“辩护律师经证人或者其他有关单位和个人同意，可以向他们收集与本案有关的材料，也可以申请人民检察院、人民法院收集、调取证据，或者申请人民法院通知证人出庭作证。辩护律师经人民检察院或者人民法院许可，并且经被害人或者其近亲属、被害人提供的证人同意，可以向他们收集与本案有关的材料。”三是完善了听取辩护人意见的制度。在检察机关办案环节，主要包括：刑事诉讼法第86条规定，审查批准逮捕环节，可以听取辩护律师的意见，辩护律师提出要求的，应当听取辩护律师的意见。刑事诉讼法第170条规定，审查起诉环节，应当听取辩护人意见并记录在案；法院在开庭前以及开庭中应当听取辩护律师意见；刑事诉讼法第269条规定，人民检察院审查批准逮捕未成年犯罪嫌疑人，应当听取辩护律师的意见。

（三）完善了辩护人权利保障措施

刑事诉讼法第47条规定：“辩护人、诉讼代理人认为公安机关、人民检察院、人民法院及其工作人员阻碍其依法行使诉讼权利的，有权向同级或者上一级人民检察院申诉或者控告。人民检察院对申诉或者控告应当及时进行审查，情况属实的，通知有关机关予以纠正。”

辩护权作为刑事诉讼过程中当事人的重要权利，主要与检察机关的控诉权相对应，如果能够有效发挥其积极作用，必将对理性法律监督的实现发挥积极作用。一是刑事诉讼法赋予辩护律师介入侦查并行使有关诉讼权利，实际上形成一种倒逼机制，有利于人民检察院侦查部门转变侦查观念和方式，提高侦查水平。二是充分辩护律师的职责决定他们必然提出与检察机关在指控犯罪中不同或者相反的材料和意见，有利于检察机关全面了解案件，促进检察机关恪守客观公正立场，理性实施法律监督。三是当律师辩护权受到公安机关、检察机关和审判机关的阻碍时，刑事诉讼法还赋予检察机关法律监督的权力，这本身就给检察机关保障辩护权提出了更高的要求。

三、完善逮捕制度，强化对侦查权的诉讼制约

学理上一般将原来刑事诉讼法规定的逮捕条件总结为证据条件、刑罚条件和必要性条件，它们是一个有机联系的整体，证据条件、刑罚条件是前提，必要性条件是关键，是对前两个条件的制约。刑事诉讼法第79条对司法实践中存在问题较多的必要性条件作了修改，直接列举了采取取保候审、监视居住等方法，尚不足以防止发生社会危险性，应当予以逮捕的五种情形。应当注意的是，必要性条件分为两个层次，首先是犯罪嫌疑人具有社会危险性，其次是采取取保候审、监视居住等方法不足以防止发生这种社会危险性。二者之间是一种层进关系，即在满足第一个层次的条件后，还需要满足第二个层次的条件。第79条第2款还进一步完善了逮捕条件，列举了“应当”逮捕的三种情形。

修改后的刑事诉讼法完善、规范了审查批准和执行逮捕的程序。刑事诉讼法第86条规定了人民检察院审查批准逮捕，可以和应当讯问犯罪嫌疑人、证人等诉讼参与人的情形以及可以和应当听取辩护律师的意见的情形。在逮捕的执行程序中新增了两项规定：一是逮捕后应当立即将被逮捕人送看守所羁押；二是应当在逮捕后24小时以内通知被逮捕人的家属。

逮捕是刑事诉讼中最为严厉的一种强制措施，事关对当事人人身自由这一基本权利的限制和剥夺。但逮捕权“本身就是为了控制侦查行为而设置的，具有监督侦查活动的功能和目的。”① 逮捕条件的设置是否科学关系到逮捕制度本身的设置是否科学正当、逮捕措施是否会被滥用和被羁押人的权利是否能够得到切实保障。从司法规律的角度看，刑事诉讼法对逮捕的必要性条件的细化遵从了无逮捕必要推定原则和强制措施的比例原则。检察人员在全面阅卷、全面熟悉案情和证据的基础上，有针对性地讯问犯罪嫌疑人，听取律师的意见，全面了解案情，核实案件的事实、证据、疑点和细节，有利于准确查明犯罪事实，防止错捕和错不捕；有利于保障犯罪嫌疑人合法权益、保证审查逮捕案件质量。进而可以使逮捕权、辩护权对侦查权形成制约关系，从而使逮捕权的行使更加客观与公正，这些规定也使得我国审查批准逮捕程序进一步走向诉讼化、正当化。②

---

① 张智辉著：《检察权研究》，中国检察出版社2007年版，第53页。

② 参见樊崇义、张书铭：《细化逮捕条件，完善逮捕程序》，载《检察日报》2012年4月16日第3版。

四、完善公诉制度，强化对侦查权和审判权的诉讼制约[①]

检察机关审查起诉（包括不起诉）既是分工负责、互相制约的体现，也是贯彻控审分离、不告不理原则的重要体现；出庭公诉是查明案件事实真相、依法指控犯罪的职责所在，既是法院正常审判的重要条件，也是对法院的制约和监督。刑事诉讼法在构建和谐社会思想和宽严相济刑事政策的指导下，对审查起诉和出庭公诉制度进行了诸多修改完善，总体上强化了对侦查权和审判权的诉讼制约。

（一）修改了证据规定，明确了举证责任

刑事诉讼法将证据概念修改为“可以用于证明案件事实的材料”。相对于1996年刑事诉讼法少了“真实”二字。原概念更加注重客观真实，而现概念更加注重法律真实。证据是证明信息与证明载体的有机统一，原概念将证据也视为“事实”，容易与作为证明对象的“案件事实”相混淆，现概念用“材料”来定义证据，更准确、更客观。调整了证据的种类。刑事诉讼法还将“辨认、侦查实验等笔录”以及“电子数据”纳入法定证据种类，将“鉴定结论”修改为“鉴定意见”，从“结论”到“意见”虽然只有两字之差，但意义重大，有利于强化证据审查，避免办案人员过于迷信科技证据、简单采信鉴定结论的问题，同时刑事诉讼法第192条增设了“专家证人”条款，这是对国外特别是英美法系国家专家证人制度的吸收和借鉴。例如，澳大利亚的判例就认可了专家证人制度，新近的判例更加突出专家证人的中立性，要求专家证人应在其专业领域内向法庭提供独立、客观、无偏见的证言。

刑事诉讼法第49条规定：“公诉案件中被告人有罪的举证责任由人民检察院承担……”关于举证责任和证明责任的概念之争可谓纷繁复杂，焦点集中在如何认识二者的关系上，主要有同一说、并列说、大小说、包容说、前后说等。[②] 在英美法系国家，自19世纪以来，主流观点较多使用证明责任的概念，大多认为证明责任包括“提供证据责任”（burden of producing evidence）和“说服责任”（burden of per suasion）两层含义。[③] 本书认为，在我国，多是翻译选词不同的原因导致了二者概念的人为复杂化，实际上二者可

---

① 参见樊崇义主编：《公平正义之路：刑事诉讼法修改决定条文释义与专题解读》，中国人民公安大学出版社2012年版。

② 参见樊崇义主编：《证据法学》，法律出版社2004年版，第275～276页。

③ 参见卞建林、郭志媛：《诉讼模式视角下的证明责任》，载《甘肃政法学院学报》2008年第11期。

以在证据制度的意义上互相通用，即便是英美法系通说关于证明责任包括提供证据责任和说服责任的二重分解理论，依然可以为“举证责任”所涵盖：“举”即“提供证据责任”；“证”即“说服责任”，用提供方提供的证据说服裁判方。举证责任的重要内容是举证责任的主体和内容，即“谁来举证”、“证明什么”。在我国公诉案件中，代表国家向审判机关提出主张的是检察机关，不是当事人，也不是公安机关。因此，人民检察院作为公诉案件的起诉机关，自然应当成为举证责任的主体。① 刑事诉讼法规定，检察机关证明的内容是“被告人有罪”，言外之意，被告人无罪的证据既不用检察机关来提供，也不用检察机关来证明。根据宪法规定，检察机关是国家的法律监督机关，在刑事诉讼中，既要注重收集证明犯罪嫌疑人、被告人有罪、罪重的证据，又要注意收集证明其无罪、罪轻的证据。从表面看来，刑事诉讼法关于检察机关对被告人有罪的举证责任的规定与检察机关法律监督的地位相悖，实则不然。一是因为这里的举证责任主要是针对审判阶段，而不是整个诉讼过程。在审查起诉阶段，检察机关认为案件事实不清、证据不足的，可以退回侦查机关（部门）补充侦查，也可以自行侦查；认为犯罪嫌疑人没有犯罪事实或者有刑事诉讼法第 15 条规定情形的，应当作出不起诉决定。在这两种情形下，案件均不能进入庭审环节。二是罪轻或罪重的前提是有罪，检察机关收集被告人罪轻的证据仍然是以有罪指控为前提。三是如果被告人及其辩护人提出无罪的主张，那么应当由他们提供证据并证明自己的主张成立，亦不在人民检察院的举证之列。同时，刑事诉讼法关于举证责任的规定在深层次上体现了无罪推定原则在举证环节的落实。因为 1996 年刑事诉讼法第 43 条和第 45 条还规定了审判人员有权收集能够证实犯罪嫌疑人、被告人有罪或无罪、犯罪情节轻重的各种证据。从法理上讲，法院是没有举证责任的，法院的责任在于根据控辩双方的举证情况居中作出裁判。虽然该规定的立法本意并不以证明被告人有罪为前提和目的，也不是为了履行证明责任，但有违“疑罪从无”原则之嫌。加之我国长期以来“重打击、轻保护”的传统观念，司法实践中也的确存在人民法院面对“疑罪”没有“从无”的情况。所以，刑事诉讼法以成文法的形式排除了审判人员的举证责任，可以说是无罪推定原则进一步得到落实。

（二）明确了起诉的证明标准，引入了“排除合理怀疑”

证明标准一般是指举证责任人运用证据对案件事实进行证明所应达到的

---

① 当然，公安机关在刑事诉讼中也有举证的责任，如应当向检察机关提供犯罪嫌疑人符合逮捕条件的事实和证据，但这是提请逮捕时的举证责任，不是审查起诉时的举证责任。

程度。以法国、德国为代表的大陆法系国家在刑事诉讼中采行“内心确信”的证明标准；以英国、美国为代表的英美法系国家在刑事诉讼中则采行了“排除合理怀疑”的证明标准。在我国，理论界存在三种不同理解：客观真实说、法律真实说和诉讼真实说。① 刑事诉讼法第53条第2款明确了证据确实、充分应当符合的条件：“（一）定罪量刑的事实都有证据证明；（二）据以定案的证据均经法定程序查证属实；（三）综合全案证据，对所认定事实已排除合理怀疑。”刑事诉讼法第172条规定，人民检察院认为犯罪嫌疑人的犯罪事实已经查清，证据确实、充分，依法应当追究刑事责任的，应当作出起诉决定。尽管第172条较修正前的第141条并没有对提起公诉的证明标准作出修改，但是因为第53条较修正前的第46条对证据确实、充分的具体条件予以明确，在同一部法律中，证据确实、充分的含义和要求应当是一样的，这在实质上确定了提起公诉时证据确实、充分的标准。1996年刑事诉讼法在证明标准上只强调定罪事实没有强调量刑事实，原来只是一般性地要求“确实、充分”，没有强调要“排除合理怀疑”，也不包含排除合理怀疑的意思。原来的“确实、充分”更多地反映了一种正向求证的思维方式，其优点是有利于从整体上认识和把握案件，但缺乏反向思维的推敲和验证，容易使办案人员疏忽证据体系中的疑点和矛盾点，导致错误认定案件事实。而英美法系国家普遍采用的“排除合理怀疑”是一种反向思维方式，将其纳入证明标准有利于办案人员综合运用正反两种思维方法，对案件事实既运用证据进行正向证明，又运用排除合理怀疑进行排他性检验，即反向证明，这样经过正反两方面的论证之后，所得出的证明结论也就更加可靠。

从法律规定看，刑事诉讼法并没有否定“客观真实”，而是吸收了英美法系“法律真实”理论中“排除合理怀疑”证明标准，围绕理论和司法实践中何为“证据确实、充分”，如何把握“证据确实、充分”等问题长期进行的争执，有针对性地提出了解决方案，即规定了“证据确实、充分”所应满足的具体条件。本书认为，这一规定是科学可行的，它吸收了“法律真实”的合理成果和我国学界的理论研究成果，符合我国现阶段的司法现状和实际

---

① 参见樊崇义：《客观真实管见——兼论刑事诉讼证明标准》，载《中国法学》2000年第1期；锁正杰、吴宏耀、陈永生：《刑事证据前沿问题研究》，载何家弘主编：《证据学论坛》（第1卷），中国检察出版社2000年版；张建伟：《法律真实的暧昧性及其认识论取向》，载《法学研究》2004年第6期；何家弘：《论司法证明的目的和标准》，载《法学研究》2001年第6期；陈卫东：《诉讼中的“真实”与证明标准》，载《法学研究》2004年第6期；陈瑞华著：《刑事诉讼的前沿问题》，中国人民大学出版社2000年版；等等。

需求，便于办案人员准确把握和正确判断案件的事实证据。第一，客观真实强调办案要尊重案件的事实真相，从实际出发查明案件的事实、情节，这对司法活动来说无可厚非。但是，“人的思维是至上的，同时又不是至上的，他的认识能力是无限的，同时又是有限的”。[①] 而刑事案件是已然发生的事实，办案就是还原、再现这一事实，由于认识能力、技术水平、法律素质的局限性，刑事案件这一“破碎的花瓶”可以无限接近，但不能完全还原。因此，在强调客观真实的同时，有必要引入以证据为基础的主观判断，以定罪量刑的法律规定为标准，按照法定的程序进行判断，“排除合理怀疑”应当是这个主观判断的标准。第二，虽然英美法系“排除合理怀疑”的证明标准缺乏具体的、客观的判断标准，具有很强的主观色彩，但是我们所说的案件事实清楚，证据确实、充分这一“客观真实”并非没有主观成分，“清楚、确实、充分”一样是客观现之于主观的标准，一样需要主观判断，也正是这种主观判断，使认定的案件事实具有一种合理的可接受性，而对于那些罔顾常理、吹毛求疵甚至为了给被告人开脱责任而主观臆测的怀疑，可以视为“不合理的怀疑”。可以说，立法采用将“排除合理怀疑”作为“证据确实、充分”的一个条件，体现了主观与客观相结合的科学立法的态度。因此，无论是我们的客观真实标准还是“排除合理怀疑”的主观证明标准，关键是在办案过程中如何理解和把握。

（三）确立了审查起诉阶段非法证据排除制度

刑事诉讼法第 171 条第 1 款规定：“人民检察院审查案件，可以要求公安机关提供法庭审判所必需的证据材料；认为可能存在本法第五十四条规定的以非法方法收集证据情形的，可以要求其对证据收集的合法性作出说明。”第 54 条规定：“采用刑讯逼供等非法方法收集的犯罪嫌疑人、被告人供述和采用暴力、威胁等非法方法收集的证人证言、被害人陈述，应当予以排除。收集物证、书证不符合法定程序，可能严重影响司法公正的，应当予以补正或者作出合理解释；不能补正或者作出合理解释的，对该证据应当予以排除。在侦查、审查起诉、审判时发现有应当排除的证据的，应当依法予以排除，不得作为起诉意见、起诉决定和判决的依据。”这两条规定了非法证据排除规则以及在审查起诉时的应用。

非法证据排除规则，是指在刑事诉讼中，对非法取得的言词证据和部分实物证据予以排除的统称，它萌芽于英国，最早确立于美国，主要内容包括

① 《马克思恩格斯选集》（第 3 卷），人民出版社 1995 年版，第 125 页。

两个方面，一是排除非法搜查、扣押、查封获得的实物证据；二是排除非法获取的供述、陈述和证人证言等言词证据。[①] 刑事诉讼法以立法的形式规定审查起诉阶段可以适用非法证据排除规则，既是保障犯罪嫌疑人、被告人基本人权的需要，也是促进司法公正的需要，有利于规范司法行为，防止刑讯逼供等非法取证行为，有利于保护侦查机关（部门）工作人员的合法权益，减少他们为了公务而个人违法犯罪的概率，因此具有十分重要的积极意义。在国外，一般将排除非法证据的主体法官。在我国，检察机关是否可以成为排除非法证据的主体则存有不同认识，有支持者，也有反对者。[②] 刑事诉讼法之所以作出不同于国外的规定，一是因为在很多国家尤其是英美法系国家，法院是唯一的司机机关，司法机关作为非法证据排除主体的正当性决定了法院作为非法证据排除主体的正当性，二者是同一的；而在我国，司法机关包括人民检察院和人民法院，检察权的司法权属性决定了检察机关作为非法证据排除主体的正当性。二是因为我国刑事诉讼法规定的审查起诉的证明标准与定罪标准几近相同，也说明了检察机关在审查起诉阶段排除非法证据的必要性。三是因为我国检察机关不仅仅承担公诉职能，还承担着诉讼监督职能，对非法证据的排除本身就体现着对侦查权的制约与监督，也是法律监督的应有之义。

既然如此，审查起诉阶段排除非法证据的要求和标准是否应当等同于审判阶段呢？尽管非法证据排除的目的之一是阻断非法证据与裁判者的接触途径，避免误导裁判者；尽管我国属于集事实裁判与法律裁判于一体的一元法庭模式，而“在一元法庭，虽然同样是由个体决定证据的可采性和证据应有的证明力，但却无法避免被禁止但又有说服力的信息的污染。它总是要对裁决者的思想产生影响。”[③] 本书认为，审查起诉阶段非法证据排除的要求和标准不应当高于审判阶段。因为虽然我国刑事诉讼法规定的提起公诉和定罪关于证据的标准均表述为“证据确实、充分”，但是提起公诉对被告人实体权利的影响相对于定罪而言仍然具有很强的或然性，以必然之标准要求或然之

---

① 参见卞建林、杨宇冠主编：《非法证据排除规则实证研究》，中国政法大学出版社2012年版；杨宇冠著：《非法证据排除规则研究》，中国人民公安大学出版社2002年版；张智辉主编：《刑事非法证据排除规则研究》，北京大学出版社2006年版。

② 参见张智辉主编：《刑事非法证据排除规则研究》，北京大学出版社2006年版，第167页；张军主编：《刑事证据规则理解与适用》，法律出版社2010年版，第306页。

③ ［美］米尔建·R. 达马斯卡著：《漂移的证据法》，李学军等译，中国政法大学出版社2003年版，第66页。

标准并不符合法理，因此从应然层面讲，审判阶段对非法证据排除的要求和标准有必要高于审查起诉阶段，此其一。其二，我国刑事诉讼法并没有设置诸如英美法系国家的庭前听证程序等配套制度，不具备完全排除非法证据本身进入审判环节的机制，易言之，审查起诉阶段排除的应当是证据的证明力而不是证据资格。在审查起诉阶段对非法证据排除之后，还有法庭审理阶段对非法证据的排除。如果审查起诉阶段排除了过多非法证据的证据资格，那么许多需要经过法庭质证和控辩交锋才能判断是否应排除的非法证据可能因此不能进入审判阶段，不利于法庭调查中查明案件事实。

（四）改革完善了起诉（申请）和不起诉制度

刑事诉讼法对起诉制度的改革主要有三个方面：一是改革了起诉方式。刑事诉讼法第 172 条规定："人民检察院认为犯罪嫌疑人的犯罪事实已经查清，证据确实、充分，依法应当追究刑事责任的，应当作出起诉决定，按照审判管辖的规定，向人民法院提起公诉，并将案卷材料、证据移送人民法院。"这将 1996 年刑事诉讼法规定的"复印件主义"的起诉方式改为"全案移送主义"。[①] 二是规定了违法所得没收之诉和强制医疗之诉。刑事诉讼法第 280 条至第 283 条规定，对于贪污贿赂犯罪、恐怖活动犯罪等重大犯罪案件，犯罪嫌疑人、被告人逃匿，在通缉一年后不能到案，或者犯罪嫌疑人、被告人死亡，依照刑法规定应当追缴其违法所得及其他涉案财产的，人民检察院可以向人民法院提出没收违法所得的申请，并规定了有关的程序。刑事诉讼法第 284 条至第 289 条规定，对于公安机关移送的或者在审查起诉过程中发现的精神病人符合强制医疗条件的，人民检察院应当向人民法院提出强制医疗的申请，并规定了有关的程序。这两项新规定虽然是"申请"之名，但本质上还是"起诉"之实。三是规定了当事人和解的公诉案件诉讼程序。刑事诉讼法第 277 条至第 279 条规定，对于符合法定条件的公诉案件，犯罪嫌疑人、被告人真诚悔罪，通过向被害人赔偿损失、赔礼道歉等方式获得被害人谅解的，被害人自愿和解的，双方当事人可以和解。四是延长了检察机关二审的阅卷时间。刑事诉讼法第 224 条规定，第二审人民法院应当在决定开庭审理后及时通知人民检察院查阅案卷。人民检察院应当在一个月以内查阅完毕。人民检察院查阅案卷的时间不计入审理期限。

---

① 一般而言，学理上认为起诉方式主要有起诉书一本主义和全案移送主义两种，"复印件主义"的名称来源于学理上对我国起诉方式的解释。参见邓思清：《对我国案件移送方式的检讨》，载《法学杂志》2002 年第 4 期；李奋飞：《从复印件主义走向起诉状一本主义》，载《国家检察官学院学报》2003 年第 4 期；崔全龙：《试论刑事公诉方式的改革》，载《法制与经济》2007 年第 12 期。

在改革完善起诉制度的同时，刑事诉讼法还对不起诉制度作出了修正。一是增加了两种绝对不起诉的情形。第171条第4款规定，对于二次补充侦查的案件，人民检察院仍然认为证据不足，不符合起诉条件的，应当作出不起诉的决定。这就增强了处理上的确定性，防止滥用补充侦查，随意延长办案期限。第173条规定，犯罪嫌疑人没有犯罪事实的，人民检察院应当作出不起诉决定。这就解决了1996年刑事诉讼法对"没有犯罪事实"的案件出路不明的问题。二是增加了附条件不起诉。第271条规定，对于未成年人涉嫌刑法分则第四章、第五章、第六章规定的犯罪，可能判处1年有期徒刑以下刑罚，符合起诉条件，但有悔罪表现的，人民检察院可以作出附条件不起诉的决定。该条还对附条件不起诉的条件、程序等内容作出了规定。三是对符合法律规定的当事人和解的公诉案件，检察机关可以作出不起诉决定。

（五）增设了庭前会议程序，扩大了出庭公诉的案件范围

刑事诉讼法第182条第2款规定："在开庭以前，审判人员可以召集公诉人、当事人和辩护人、诉讼代理人，对回避、出庭证人名单、非法证据排除等与审判相关的问题，了解情况，听取意见。"这有利于将事实证据等庭审重点以外的问题放在开庭之前解决，方便公诉人和辩护人事前明确案件的争议焦点，保障开庭顺利和庭审公正。为强化法律监督，刑事诉讼法还扩大了出庭公诉的案件范围。一是适用简易程序审理公诉案件，人民检察院应当派员出席法庭。二是第223条扩大了二审案件应当开庭审理的范围，根据第224条规定，同级人民检察院都应当派员出席第二审人民法院开庭审理的公诉案件。三是第245条第2款新增规定："人民法院开庭审理的再审案件，同级人民检察院应当派员出席法庭。"

（六）将量刑的事实、证据纳入法庭调查和辩论程序

刑事诉讼法虽然没有改变我国的刑事庭审模式，仍然沿用定罪和量刑一体化的审理模式，但随着最高人民法院、最高人民检察院、公安部、国家安全部、司法部《关于规范量刑程序若干问题的意见（试行）》从2010年10月1日的实施，量刑规范化改革在全国已经全面推开。因此，刑事诉讼法第193条第1款规定："法庭审理过程中，对与定罪、量刑有关的事实、证据都应当进行调查、辩论。"较之1996年刑事诉讼法只对定罪的事实、证据进行调查、辩论，这就将量刑纳入了庭审程序，有利于解决司法实践中"重定罪、轻量刑"的问题，客观上扩大了公诉的职责范围。

五、丰富监督手段，拓展监督范围，全面强化刑事诉讼法律监督

为了强化检察机关对刑事诉讼活动的监督，刑事诉讼法还丰富了监督手段，拓展了监督范围，可以说全面强化了刑事诉讼法律监督。

一是为强化对侦查人员非法收集证据的监督，赋予检察机关调查权，即刑事诉讼法第55条规定："人民检察院接到报案、控告、举报或者发现侦查人员以非法方法收集证据的，应当进行调查核实。对于确有以非法方法收集证据情形的，应当提出纠正意见；构成犯罪的，依法追究刑事责任。"二是为强化对捕后羁押执行监督，防止超期羁押和不当羁押，刑事诉讼法规定了捕后羁押必要性审查制度，即刑事诉讼法第93条规定："犯罪嫌疑人、被告人被逮捕后，人民检察院仍应当对羁押的必要性进行审查。对不需要继续羁押的，应当建议予以释放或者变更强制措施……"三是为保障律师执业权利，规定了检察机关对阻碍辩护人、诉讼代理人行使诉讼权利的违法行为的监督，即刑事诉讼法第47条规定："辩护人、诉讼代理人认为公安机关、人民检察院、人民法院及其工作人员阻碍其依法行使诉讼权利的，有权向同级或者上一级人民检察院申诉或者控告。人民检察院对申诉或者控告应当及时进行审查，情况属实的，通知有关机关予以纠正。"四是为防止指定居所监视居住权的滥用和擅用，刑事诉讼法规定了对指定居所监视居住的监督，即刑事诉讼法第73条第4款规定："人民检察院对指定居所监视居住的决定和执行是否合法实行监督。"为强化检察机关自我监督，第73条第1款规定检察机关对于特别重大贿赂犯罪，在住处执行可能有碍侦查的，经上一级人民检察院或者公安机关批准，也可以在指定的居所执行。但是，不得在羁押场所、专门的办案场所执行。五是对强制措施和强制性侦查措施等的监督，即刑事诉讼法第115条规定的当事人和辩护人、诉讼代理人、利害关系人对于司法机关及其工作人员有采取强制措施法定期限届满，不予释放、解除或者变更，应当退还取保候审保证金不退还，对与案件无关的财物采取查封、扣押、冻结措施，应当解除查封、扣押、冻结不解除，贪污、挪用、私分、调换、违反规定使用查封、扣押、冻结财物五种行为之一的，有权向该机关申诉或者控告。对该机关受理申诉或者控告后作出的处理不服的，可以向同级或上一级人民检察院申诉。人民检察院对申诉应当进行及时审查，情况属实的，通知有关机关予以纠正。六是为保障检察机关对减刑、假释情况的知情权，提高法律监督效能，刑事诉讼法规定了对减刑、假释和暂予监外执行的同步法律监督制度，即刑事诉讼法第255、256、257、262条规定的内容。七

是为了保障死刑案件质量，体现慎重适用死刑法律制度，刑事诉讼法健全了死刑复核法律监督制度，即刑事诉讼法第 240 条第 2 款规定：“在复核死刑案件过程中，最高人民检察院可以向最高人民法院提出意见。最高人民法院应当将死刑复核结果通报最高人民检察院。”八是增加了对特别程序实施法律监督。为了进一步扩大刑事诉讼法调整的范围，与国际社会诉讼规则接轨，切实解决现实中的一些问题，刑事诉讼法增加规定了设置犯罪嫌疑人、被告人逃匿、死亡案件违法所得没收程序和依法不负刑事责任的精神病人的强制医疗程序等特别程序，并规定了检察机关的法律监督职责。即第 282 条规定的人民检察院对于人民法院关于没收违法所得的裁定可以提出抗诉和第 289 条规定的人民检察院对强制医疗的决定和执行实行监督。

六、将法律监督的触角延伸至社会矛盾化解

随着现代刑事司法的发展，以简单实现国家刑罚权而实施的报复性司法已经不合时宜，转而着眼于治疗创伤和恢复受损的社会关系的恢复性司法，有效化解社会矛盾、实现案结事了是实现恢复性司法的应有之义。刑事诉讼法新修改的一些内容将法律监督的触角延伸至社会矛盾化解。一是其第 100 条规定，检察机关在附带民事诉讼中可以申请人民法院采取保全措施。这主要是针对司法实践中有的犯罪嫌疑人、被告人或其近亲属为了逃避民事赔偿责任，在侦查或者审查起诉阶段转移、隐匿财产，等到审判阶段已经没有财产可供查封、扣押、冻结，从而引发新的矛盾。该规定有利于保障被害人的合法权益，特别是能够帮助因犯罪致残致死的被害人获得必要的经济救助，尽可能地补偿财产损失、消弭身心伤害、修复受损关系。二是未成年刑事案件诉讼程序中规定的附条件不起诉制度和犯罪记录封存制度，遵循了“教育、感化、挽救”的方针政策，体现了对未成年人的特殊保护，防止“交叉感染”，有利于促使未成年人更好地回归社会，降低再次犯罪的可能，减少未成年人犯罪带来的矛盾隐患和风险触点。三是当事人和解的公诉案件程序也是对多年司法实践中化解社会矛盾做法的总结和固定，较好地贯彻了宽严相济的刑事政策，有利于双方当事人达成谅解、化解矛盾，促进社会和谐。四是对依法不负刑事责任的精神病人的强制医疗程序，有利于保障精神病人及其家属的合法权益和社会大众安全，减少因病人行为带来的社会矛盾。

第四节 完善民事诉讼法律监督的主要内容及理性彰显

民事法律监督制度是我国法律监督制度的重要组成部分，在当今世界各国检察制度中具有鲜明的中国特色。在2012年通过修改民事诉讼法强化法律监督之前，民事法律监督的方式主要还是对已生效民事判决的抗诉，即便如此，民事抗诉制度仍然颇受质疑。回顾中国民事法律监督制度的历史发展历程，可谓一波三折，它在质疑中不断发展，在实践中不断完善。时至今日，仍有许多学者认为应当通过强化当事人申请再审，取消民事抗诉监督程序。① 还有学者认为，应重构民事检察制度，废除抗诉制度，建立公益诉讼制度，或将监督对象集中于法官个人行为。② 学界和实务界的这些声音对于民事诉讼法律监督的立法，从正反两个方面起到了很好的理性思考作用，也促进了民事诉讼法律监督制度的良性发展。因此，在2012年民事诉讼法的修改中，民事诉讼法律监督制度得以进一步完善和改进。

一、拓展了民事诉讼法律监督的环节

民事诉讼法律监督环节的确定涉及合理确定检察机关行使法律监督权的边界，如何解决既能发挥法律监督权又能防止滥用法律监督权的问题，是司法界面临的一个亟待解决的问题，民事诉讼法进一步扩大了民事诉讼法律监督的环节。一是将法律监督的范围拓展到民事诉讼活动，即民事诉讼法第14条规定："人民检察院有权对民事诉讼实行法律监督。"二是针对近年来民事执行工作遭遇了诸多非议，针对理论界和实务界长期争议的民事诉讼是否包括民事执行的争议，民事诉讼法第235条规定："人民检察院有权对民事执行活动实行法律监督。"这是关于对民事执行实施法律监督的原则性规定，有助于整顿执行秩序，遏制执行乱，缓解执行难。

---

① 参见景汉朝、卢子娟：《论民事审判监督程序之构建》，载《法学研究》1999年第1期；李祖军：《论民事再审程序》，载《现代法学》2002年第2期；最高人民检察院民事行政检察厅编：《民事行政检察论集》，中国政法大学出版社1998年版，第37页。

② 参见阮志勇、任婷婷：《民事抗诉的终结与民事公诉的再生》，载《武汉理工大学学报》（哲学社会科学版）2004年第1期；张卫平：《民事再审制度研究》，1999年诉讼法学年会论文；黄松有：《检察监督与审判独立》，载《法学研究》2000年第4期。

二、扩展了民事诉讼法律监督的范围

一是将损害国家利益、社会公共利益的调解书纳入法律监督的范围。实践中，强迫调解、诱导调解、虚假调解等并不罕见，而2007年民事诉讼法将调解排除在民事法律监督范围之外。民事诉讼法第208条前两款规定："最高人民检察院对各级人民法院已经发生法律效力的判决、裁定，上级人民检察院对下级人民法院已经发生法律效力的判决、裁定，发现有本法第二百条规定情形之一的，或者发现调解书损害国家利益、社会公共利益的，应当提出抗诉。地方各级人民检察院对同级人民法院已经发生法律效力的判决、裁定，发现有本法第二百条规定情形之一的，或者发现调解书损害国家利益、社会公共利益的，可以向同级人民法院提出检察建议，并报上级人民检察院备案；也可以提请上级人民检察院向同级人民法院提出抗诉。"二是将审判人员违法行为纳入民事法律监督的范围。近年来，审判不公，司法腐败等违法行为损害了群众的切身利益，也影响着党和政府的形象。为了有效惩治审判人员违法行为，促使公正执法，促进司法公正，民事诉讼法第208条第3款规定："各级人民检察院对审判监督程序以外的其他审判程序中审判人员的违法行为，有权向同级人民法院提出检察建议。"这款规定突破了民事诉讼法律监督职权仅限于抗诉程序的规定，明确了检察机关有动态的、全程的监督职权。同时，该规定还表明民事法律监督不仅可以对事（判决、裁定）实施监督，也可以对人（行为）实施监督。

三、丰富了民事诉讼法律监督的方式

近年来，涉及民事审判的申诉、上访数量明显增多，需要监督的对象复杂多样，单靠抗诉一种手段根本不可能监督纠正所有的错误裁判和违法行为。为了解决法律监督实践中遇到的各种突出问题，近年来各级检察机关创造性地探索了许多监督方式，如检察建议、检察和解、发出纠正违法通知等，尤其是检察建议，成为民事检察工作中一个非常重要的监督手段和固定的工作内容。但因为法律没有明确规定，常常不被法院所认可。民事诉讼法改变了2007年民事诉讼法规定抗诉权是检察机关行使民事诉讼法律监督的唯一法定方式，人民检察院有权以检察建议的方式对民事诉讼实行法律监督。民事诉讼法第209条规定："有下列情形之一的，当事人可以向人民检察院申请检察建议或者抗诉：（一）人民法院驳回再审申请的；（二）人民法院逾期未对再审申请作出裁定的；（三）再审判决、裁定有明显错误的……"民事诉讼法第

208 条第 3 款规定："各级人民检察院对审判监督程序以外的其他审判程序中审判人员的违法行为，有权向同级人民法院提出检察建议。"由此，检察建议已是检察机关行使民事诉讼法律监督权的另一法定方式，对化解监督难起到重要的作用。

四、优化了民事诉讼法律监督的层级

2007 年民事诉讼法赋予检察机关对生效裁判的抗诉权，具体行使方式是上级检察院对下级法院的生效裁判进行抗诉，同级检察院不能抗诉，这使得广大基层检察院在民事诉讼法律监督中几无法律规定的职权。同时，同级检察院不能监督同级法院的规定，也浪费司法资源，不能发挥监督的效率。民事诉讼法第 208 条第 2 款规定："地方各级人民检察院对同级人民法院已经发生法律效力的判决、裁定，发现有本法第二百条规定情形之一的，或者发现调解书损害国家利益、社会公共利益的，可以向同级人民法院提出检察建议，并报上级人民检察院备案；也可以提请上级人民检察院向同级人民法院提出抗诉。"这条规定将使同级检察院（尤其是基层检察院）在民事诉讼法律监督工作中发挥应有的作用。

五、强化了民事诉讼法律监督手段

检察机关对民事诉讼进行法律监督的前提是对民事诉讼活动的有关情况有比较全面的了解，否则就不能核实证据的真假以及是否存在违法活动，进行法律监督也就成了无源之水。因此，赋予检察机关调卷权、调查权是检察机关开展法律监督工作的必要条件。但是在实际工作中，有些地方的检察机关正当的调卷权不能得到有效保障，阻碍了民事诉讼法律监督权的依法行使。2011 年 6 月 11 日，最高人民法院办公厅、最高人民检察院办公厅《关于调阅诉讼卷宗有关问题的通知》第 1 条明确规定："人民检察院在办理法官涉嫌犯罪案件、抗诉案件、申诉案件过程中，可以调阅人民法院的诉讼卷宗。"该规定的出台为人民检察院行使法律监督权调阅卷宗提供了保障。

民事诉讼法修改前，检察机关在开展民事诉讼法律监督工作中也曾存在调查活动，但是比较混乱。一是调查不能情形，对于确需调查的案件，但因法无明文规定，导致调查权行使困难和调查取得的证据没有法律效力；二是滥用调查权，因没有法律明文规定，就随意行使法律监督权，影响了正常的审判工作。这些问题表明，在立法上明确赋予检察机关在对民事诉讼活动履行法律监督职权时享有调查权，以及对调查的范围、手段和措施进行规制，具有现实的必要性。民事诉讼法第210条规定："人民检察院因履行法律监督职责提出检察建议或者抗诉的需要，可以向当事人或者案外人调查核实有关情况。"但需要注意，检察机关在适用调查权时需要满足以下条件：一是目的性条件，即为履行法律监督职责提出检察建议或者抗诉的需要；二是调查的范围为当事人和案外人，且应当是了解与生效判决、裁定、调解书有关的特定信息。

六、初步建立了检察机关参与公益诉讼制度

民事诉讼法第55条规定："对污染环境、侵害众多消费者合法权益等损害社会公共利益的行为，法律规定的机关和有关组织可以向人民法院提起诉讼。"但是法律并没有规定哪些机关和组织可以提起公益诉讼。从司法实践来看，近年来各地检察院在公益诉讼方面都进行了探索，积累了一定的经验，并取得了初步成效，如果将来规定检察机关可以提起公益诉讼，则给民事检察监督工作开拓新领域提供了依据。从理论上看，虽然许多学者认为起诉主体应当多元化，检察机关、公民个人和有关社会团体成为起诉主体都有正当性，但就检察院行使公益诉讼权而言研究的理论更为充实。首先，诉权是法律监督权的核心权能，检察机关是法律监督机关，履行法律监督职能，维护国家利益和社会公共利益，行使诉权具有一般意义上的法律监督权的属性，所以检察机关成为起诉主体的正当性理论更强；其次，检察机关具有一系列训练有素的法律专业人士，可以最大限度地维护公共利益。

第五节 两大诉讼法修改给法律监督工作带来的挑战

两大诉讼法修改彰显了理性法律监督的理念，给法律监督制度带来了新的发展机遇。同时，也给法律监督工作带来了全方位的新挑战，既有诉讼目的、诉讼风险、诉讼结构等方面的挑战，也有职务犯罪侦查、审查逮捕、公诉和诉讼监督等工作在案件数量、人员力量、办案时间等具体工作层面的挑战。这里仅就其中的主要内容做些列举。

一、诉讼目的转型带来的挑战

随着现代刑事诉讼法治的发展，刑事诉讼的目的正在经历着从传统到现代的转变，亦即从传统的查清事实、打击犯罪转向了惩治犯罪与保障人权并重，伴随着刑事诉讼目的观的转型，必然要求树立正确的符合刑事诉讼目的

的执法理念。刑事诉讼法修改突出体现了惩罚犯罪与保障人权并重的刑事诉讼目的观，而且有若干具体规定的支撑。

一是将“尊重和保障人权”规定为刑事诉讼法的一项重要任务。这一任务需要在侦查、审查逮捕、公诉和诉讼监督的各项具体工作中予以落实。二是强化辩护人权利保障。刑事诉讼法规定，除特别重大贿赂犯罪外，律师凭“三证”就可以会见犯罪嫌疑人，会见时，不被监听。刑事诉讼法还规定，在案件侦查终结前辩护律师提出要求的，侦查机关应当听取辩护律师的意见并记录在案；辩护律师提出书面意见的，应当附卷。三是规定对犯罪嫌疑人拘留、逮捕后要立即送看守所，并在24小时内通知家属；讯问在押的犯罪嫌疑人应当在看守所进行；要对讯问过程全程同步录音录像。四是规定了非法证据排除制度。明确对非法言词证据一律排除，对非法实物证据有条件排除，并规定在侦查时发现有应当排除的证据的，应当依法予以排除，不得作为起诉意见的依据。五是规定了羁押必要性审查制度。六是规定了证人出庭和证人保护制度。这些规定中的不少内容体现了实体公正与程序公正、法律监督与自我监督等理念。

为适应诉讼目的转型，检察机关的法律监督工作也应当调整。一是法律监督的目的与任务要调整，刑事诉讼的目的和任务要增加“尊重和保障人权”；二是法律监督的指向要调整，既对公权力进行制约、监督，也增加对“私权”、利害关系人的权利保障，把刑事诉讼法第47条、第115条落到实处；三是法律监督的手段要调整，围绕刑事诉讼法第47条、第93条、第115条的落实，增加司法救济职能；四是法律监督的机构设置和人员要调整；五是法律监督的程序要调整，要加强和构建对申诉、控告等的受理程序，发现违法事实的调查程序，处理结果纠正违法程序的建设。

理念是行动的先导，直接影响法律监督的效果和质量。即便是建立了比较全面的配套制度，随着诉讼目的的转型，如果执法理念不转变、不到位，工作的目的、任务、手段和程序不调整，那么落实新内容的各项规定依然将是一个漫长而艰难的过程。

二、诉讼结构调整带来的挑战

刑事诉讼法第四章和第170条强化了辩护权的保障，主要包括将律师辩护提前至侦查阶段，明确了律师在侦查阶段的权利范围和辩护职责；加强了对律师会见权行使的保障；加强了对辩护人阅卷权的保障，同时规定检察机关在审查起诉阶段应当听取辩护人、诉讼代理人的意见并记录在案；完善了法律援助制度；规定了辩护人、诉讼代理人诉讼权利的救济。与此相对应，刑事诉讼法第 40 条规定，辩护人收集的有关犯罪嫌疑人不在犯罪现场、未达到刑事责任年龄、属于依法不负刑事责任的精神病人的证据，应当及时告知公安机关、人民检察院。第 182 条第 2 款规定，在开庭以前，审判人员可以召集公诉人、当事人和辩护人、诉讼代理人，对回避、出庭证人名单、非法证据排除等与审判相关的问题，了解情况，听取意见。这些规定从保障控辩平等的角度强化了对辩护权的保障，进一步调整了我国刑事诉讼的结构，增加了庭审的对抗性，有利于促进法律监督权的依法、规范行使，但在客观上也给法律监督权的行使带来了挑战。

三、诉讼模式转变带来的挑战

在起诉方式方面，第 172 条规定的“全案移送主义”使得公诉人掌握的证据完全展示给法官和辩护律师，较之修改前的“复印件主义”，改变了过去公诉人基本独享证据优势的模式。在庭前会议制度和辩护权的强化方面，庭前会议制度使得控辩双方在掌握、分析、判断证据方面处于平等地位，辩护人刑事诉讼权利的主动性也得以大大加强，将改变过去公诉人利用“证据突袭获得胜诉”的模式。在将量刑的事实、证据纳入法庭调查和辩论程序方面，这虽然没有根本改变庭审模式，但公诉人将不得不更加重视量刑的事实、证据，改变了过去更注重追求定罪的公诉模式。在未成年人案件办理方面，这需要检察机关建立一整套完备的工作机制，就公诉部门来说，也需要建立新的审查起诉、出庭公诉和法律监督新模式。在当事人和解的公诉案件处理方面，需要建立一套审查把关、诉或不诉、处理建议的公诉模式。在特殊程序“申请之诉”方面，需要建立一套犯罪嫌疑人、被告人逃匿、死亡案件违法所得没收程序和依法不负刑事责任的精神病人的强制医疗程序的审查、申请、监督模式。

四、刑事诉讼法的不少新内容加大了法律监督的难度和风险

一是对侦查活动的监督制约大大强化。除了要对讯问过程全程同步录音录像外，刑事诉讼法对侦查活动监督新规定了六个方面的监督制约内容，包括第 47 条规定的对阻碍辩护人、诉讼代理人依法行使诉讼权利的监督；第 55 条规定的对侦查人员非法收集证据的监督；第 73 条规定的对指定居所监视居住的监督；第 93 条规定的继续羁押必要性审查；第 115 条规定的对强制措施等的监督；第 171 条和第 57 条规定的要求侦查机关（部门）对证据收集

合法性作出说明或通知侦查人员出庭说明情况。这自然要求侦查工作更加严格规范执法、公正文明办案。二是刑事诉讼法一些新内容使得公诉的变数增多、难度和风险加大。例如，举证和非法证据排除方面，强化了检察机关的证明责任，并对应排除的非法证据的范围、程序作出了明确规定，有些物证、书证一旦被排除，案件很可能不能提起公诉或者提起公诉后被告人被判无罪；当出现证据合法性问题时，检察机关还要承担证明证据合法性的责任，指控的风险进一步加大。又如，辩护律师阅卷方面，第38条规定了辩护律师自人民检察院对案件审查起诉之日起，就可以查阅、摘抄、复制本案的案卷材料，而不局限于1996年刑事诉讼法规定的证据目录、证人名单和主要证据复印件。这样，检察机关掌握的证据辩护律师都能掌握，而律师掌握的证据检察机关却可能不知情。再如，律师核实证据方面，第37条规定了辩护律师自案件移送审查起诉之日起，可以向犯罪嫌疑人、被告人核实有关证据。而对“核实有关证据”却有不同的理解，有观点认为，可以包括将案内有关证据的内容，特别是与犯罪嫌疑人、被告人陈述不一致甚至有较大出入的内容告知犯罪嫌疑人、被告人。[①] 还有观点认为，这“等于认可了犯罪嫌疑人的阅卷权”。[②] 由于对“核实证据”有这样那样的理解，因而难免增加一些案件的变数。还如证人、鉴定人出庭方面，第187条和第188条规定了应当出庭的情况和不出庭的不利后果，而1996年刑事诉讼法未对证人、鉴定人的强制出庭作出规定，司法实践中出庭很少，故庭审中证人证言和鉴定结论一般不会发生变化。而证人被强制出庭后，面对被告人及辩护律师的诘问，有的可能不正常地改变侦查阶段所作的证言，从而给案件原认定的事实带来变数。以上这些内容加大了指控犯罪的难度和风险，增加了庭审的对抗性。

五、新增工作量带来的挑战

一是增加了侦查工作的任务。侦查工作不仅要揭露和证实犯罪、查获犯罪人，还要尊重和保障人权包括犯罪嫌疑人的人权；不仅要收集证据，而且要排除非法证据；不仅要收集证明犯罪的证据，而且要收集证明证据收集合法性的证据；不仅要收集与定罪有关的证据，而且要收集与量刑有关的证据；不仅要做好侦查环节的侦查工作，而且要做好出庭作证（目击证人）和出庭

---

① 参见顾永忠：《律师“会见难”、“阅卷难”基本解决》，载《检察日报》2012年3月26日第3版。

② 晏向华：《刑诉法修改对检察工作既是机遇又是挑战——访北京大学法学院教授陈瑞华》，载《检察日报》2012年5月30日第3版。

说明情况、证明取证合法性的工作。新增加的这些任务，在内容上主要是围绕证据；在诉讼环节上说明侦查工作的任务已经从侦查环节（侦查的第一战场）延伸到了审判环节（侦查的第二战场），侦查人员只有打好第一战场的证据仗（既收集证明犯罪的证据，又收集证明证据收集合法性的证据），才能打好第二战场上证明证据合法的仗。[①] 二是适用简易程序审理的公诉案件，人民检察院都应当派员出庭。1996 年刑事诉讼法规定，人民检察院对此类案件可以不派员出庭，该规定必然使一些地方案多人少的矛盾更为突出。三是二审、再审等需要出庭的案件增多。1996 年刑事诉讼法规定，二审案件需要开庭审理的只有事实不清的上诉案件和检察机关抗诉案件这两类案件。根据修改后的刑事诉讼法第 223 条、第 224 条的规定，应当开庭审理的四类案件，人民检察院都应派员出席法庭。加上出席开庭审理再审案、违法所得没收案和强制医疗案的法庭，从而使出庭案件数量进一步增加。四是公诉的内容增加。修改后的刑事诉讼法第 193 条将与量刑有关的事实、证据纳入法庭的调查、辩论程序，而原法庭审理主要是就与定罪有关的事实、证据进行调查、辩论。因此，检察机关在审查起诉和出庭支持公诉中，不仅要关注与定罪有关的事实和证据，还要关注与量刑有关的事实、证据以及情节。而与量刑有关的事实、证据和情节，有的可能比与定罪有关的事实、证据和情节更多、更具体。这无疑又加重了审查起诉和出庭支持公诉的工作量和任务。五是特别程序增加的任务。修改后的刑事诉讼法增加规定了未成年人刑事案件诉讼程序、当事人和解的公诉案件诉讼程序，犯罪嫌疑人、被告人逃匿、死亡案件违法所得的没收程序以及依法不负刑事责任的精神病人的强制医疗程序，这些程序中的审查、申请、监督等方面也会增加检察机关的工作量。以未成年人刑事案件诉讼程序为例，它对未成年人刑事案件作出了一系列特别的规定。第一，方针、原则特别。即实行教育、感化、挽救的方针，坚持教育为主、惩罚为辅的原则。第二，对办案人员的要求特别。即未成年人刑事案件要由熟悉未成年人身心特点的人员承办。第三，保护特别。即既要保障未成年人得到法律帮助，犯罪嫌疑人、被告人没有委托辩护人的，应当通知法律援助机构指派律师为其提供辩护；又要在讯问和审判的时候通知其法定代理人到场，无法通知、法定代理人不能到场或者法定代理人是共犯的，也可以通知其他成年亲属，所在学校、单位、居住地基层组织的代表到场。第四，处遇特别。即对未成年犯罪嫌疑人要严格限制适用逮捕措施；对被拘留、逮

① 参见朱孝清：《刑诉法的实施和新挑战的应对》，载《中国刑事法杂志》2012 年第 9 期。

捕和执行刑罚的未成年人与成年人应分别关押、分别管理、分别教育；对符合法定条件的可以附条件不起诉，并由检察机关负责监督考察；审判时不公开审理；被判处5年以下刑罚的应当对相关犯罪记录予以封存。第五，办案要求特别。即在办案中根据情况可以对未成年犯罪嫌疑人、被告人的成长经历、犯罪原因、监护教育等情况进行调查；人民检察院审查批捕时，应当讯问未成年犯罪嫌疑人、听取律师意见。以上这些特别的规定都需要检察机关予以落实或监督有关部门予以落实。六是诉讼监督增加的工作任务。第一，对阻碍辩护人、诉讼代理人依法行使诉讼权利的监督，即刑事诉讼法第47条规定的"辩护人、诉讼代理人认为公安机关、人民检察院、人民法院及其工作人员阻碍其依法行使诉讼权利的，有权向同级或者上一级人民检察院申诉或者控告。人民检察院对申诉或者控告应当进行审查，情况属实的，通知有关机关予以纠正"。第二，对侦查人员非法收集证据的监督，即刑事诉讼法第55条规定的"人民检察院接到报案、控告、举报或者发现侦查人员以非法方法收集证据的，应当进行调查核实。对于确有以非法方法收集证据情形的，应当提出纠正意见；构成犯罪的，依法追究刑事责任"。第三，对指定居所监视居住的监督，即刑事诉讼法第73条第4款规定的"人民检察院对指定居所监视居住的决定和执行是否合法实行监督"。第四，继续羁押必要性审查，即刑事诉讼法第93条规定的"犯罪嫌疑人、被告人被逮捕后，人民检察院仍应当对羁押的必要性进行审查。对不需要继续羁押的，应当建议予以释放或者变更强制措施"。第五，对强制措施和强制性侦查措施等的监督，即第115条规定的当事人和辩护人、诉讼代理人、利害关系人对于司法机关及其工作人员有采取强制措施法定期限届满，不予释放、解除或者变更，应当退还取保候审保证金不退还，对与案件无关的财物采取查封、扣押、冻结措施，应当解除查封、扣押、冻结不解除，贪污、挪用、私分、调换、违反规定使用查封、扣押、冻结财物5种行为之一的，有权向该机关申诉或者控告。对该机关受理申诉或者控告后作出的处理不服的，可以向同级或上一级人民检察院申诉。人民检察院对申诉应当进行及时审查，情况属实的，通知有关机关予以纠正。

总体来看，这些工作任务的增加对于案多人少矛盾本来已经十分突出的检察机关来说无疑是"雪上加霜"，而且如果人数不变，案件数量增加必然导致办案时间紧张。

第五章　法律监督的现状和问题检视

理性是罗盘，欲望是暴风雨。

——［英］波普

“凡是合乎理性的东西都是现实的；凡是现实的东西都是合乎理性的。”① 法律监督制度作为中国特色社会主义政治制度的重要组成部分，是被我国宪法和法律确认的理性制度选择，在维护国家法律尊严和权威，保障国家法律的统一和正确实施，维护社会公正等方面发挥了重要的作用。随着政治文明的建设和发展，强化对公共权力的控制必然成为不可逆转的现实选择。因此，建立健全理性的法律监督制度，理性行使法律监督权，对于推进依法治国进程，控制和规范司法权力具有十分重要的作用。但是，在实施法律监督的过程中，由于法律监督的外部环境、运行机制和管理体制等方面还存在不少问题，异化、泛化、虚化法律监督的现象并不少见，制约了法律监督职能科学、理性地发挥作用。

第一节　法律监督外部环境检视

外部环境是任何一项法律制度必然面临的构成性机制，良好的外部环境是一项制度得以顺利实施的重要条件。在法律监督的实施过程中，需要面对一个比较复杂的外部环境，因此也需要面对一个复杂的外部关系主体，“包括党的机关、国家机关、社会组织和公民个人。国家机关又包括立法机关、行政机关和人民法院。社会组织包括公司、企业、事业单位、社会团体

① ［德］黑格尔著:《法哲学原理》，范扬、张启泰译，商务印书馆1961年版，第11页。

等。”[①] 笔者认为，需要本书研究的与法律监督直接相关的主体并没有如此宽泛，因为接受中国共产党的领导是法律监督的必然作为，而与公安机关、审判机关的关系则是法律监督权运行过程中必然发生的内部关系。所以，法律监督外部环境存在的问题主要体现在理论环境、立法环境[②]、社会环境等方面。

一、法律监督理论研究的现状检视

自1978年检察机关恢复重建以来，围绕着宪法关于检察机关是国家法律监督机关的定位以及有关法律的各种授权性规定，我国法学理论界和司法实务界对法律监督进行了广泛而深刻的研究。经过30多年的理论研究，法律监督理论取得了显著的成效：产生了一大批研究成果，基本回答了什么是中国特色社会主义检察制度、为什么要建立这一制度、怎样发展完善这个制度和深入开展检察工作的问题，初步建立了中国特色社会主义检察制度理论体系，促进和完善了立法，指导和促进了检察制度的发展、完善和检察工作的深入开展。[③] 其中，如何推进检察体制改革一度成为理论和实践争论的焦点与热点，完全在西方三权分立制度模式下来评价我国司法制度、法律监督制度的声音此起彼伏，对于法律监督权的性质、法律监督机关的地位、权限的争论也一直存在。

从总体来看，理论界基于对法律监督的质疑，进而对检察权和检察机关的质疑主要包括三种观点：一是法律监督本身需要重新定义，检察机关不是法律监督的唯一主体。该观点认为，“法律监督”作为法律术语，逻辑上本身就不妥当，也与实际难符，因为法律本身不需要监督，需要监督的是法律的制定和实施。“法律监督”，其实也就是“监督法律的实施”，在这种意义上，我国的党和国家机关都可以监督法律的实施，因此都可以作为“法律监督机关”。[④] 二是应当取消检察机关的法律监督权，将检察机关改造成为单独的公诉机关。该观点认为，宪法和法律将检察机关的性质界定为专门的法律监督机关缺乏法理根据，因为现代检察制度起源于公诉制度，检察官的诉讼

---

① 蔡柏林、纪丙学：《法律监督外部关系优化研究》，载《法学杂志》2007年第6期。

② 这里将立法环境归为外部环境主要是就法律监督制度既成之后的运行和操作而言，但就法律监督的生成机制而言，立法环境非但不能说是法律监督的外部环境，而且是最为重要的源头性环节。

③ 参见朱孝清：《检察理论研究30年的回顾与展望》，载《检察日报》2008年8月28日、29日第3版。

④ 参见张步文：《论人民检察院的改革与完善》，载《中国律师》1998年第8期。

职能就是公诉职能。诉讼机制要求控辩双方权利平等，而法律监督是一种单向的、绝对的国家行为，具有绝对的国家性、权威性、专门性和超然性，这与公诉行为的性质是冲突的。因此，承担控诉职能的检察机关是完全不具备“专门法律监督机关”主体资格的。检察机关是监督的对象，不应成为监督主体。① 与此相关，也有观点主张“中国检察院体制应予取消”，认为检察权的存在混淆了司法权与行政权的区别，导致整个国家权力系统不协调，应当恢复检察权作为行政权的本来面目，把检察院体制从司法体制中取消。② 三是改变检察机关一般法律监督的性质，转变检察机关的职能，使它把主要职能放在公诉和司法监督方面。该观点认为：第一，我国宪法对检察机关的定性是按照列宁的法律监督理论，照搬苏联1936年宪法而来，已经被苏联的实践证明不符合实际；第二，法律规定的一般监督权实际上没有实施；第三，我国有一套独立的监督体系，人民代表大会制度决定了检察机关法律监督的有限性，检察机关的第一角色是公诉人，现代国家对法律的监督权已经多元化了，不可能由一个国家机关统揽法律监督权。

应当说任何对法律监督这一具体制度的研究和探索都是十分可贵的，正是这些不同的声音让我们更加清楚地认识业已确立的司法制度，并给我们发展完善的动力。单纯从理论的角度出发，每一个论点都有充足的论据予以丝丝入扣的论证，因此这些观点无不闪烁着思想的光芒。不过，本书想强调的是理论研究成果最终要用于指导实践，如果我国的法学理论研究不能被应用到执法和司法实践之中，理论研究就变成了纯粹的“空中楼阁”，那么法学理论研究的目的到底又是什么呢？关于法律监督权到底属于哪一种权力、是否应当存在的问题，在很大程度上是基于“三权分立”的前提而提出的，因为在三权分立的架构下，法律监督权抑或检察权才存在归属哪一种权力的问题，这个问题的答案只能是“行政权”或者“司法权”。如前文所述，我国一元分立的权力架构模式根本不同于西方的三权分立模式，如果将权力架构模式比作“皮”，法律监督制度或者检察制度则是“毛”，那么中国法律监督制度之“毛”必须依附于中国权力架构之“皮”，否者“皮之不存，毛将焉附”；或者此“毛”依附于彼“皮”，难免出现免疫系统错乱。因此，脱离一定“皮毛”关系的理论研究很难说是理性的。

---

① 参见郝银钟：《检察权质疑》，载《中国人民大学学报》1999年第3期。

② 参见夏邦：《中国检察院体制应予取消》，载《法学》1999年第7期。持检察权属于行政权说的还有李德海：《论司法独立》，载《法律科学》2000年第1期；徐显明：《司法改革二十题》，载《法学》1999年第9期。

二、法律监督立法思想和立法技术检视

“人类理性的命令将更深刻的限制条件强加于立法方面的完全自由意志之上。”[①] 理性法律监督必须通过立法才能确定性地予以实现，但立法是由立法主体依据一定职权和程序，运用一定技术，制定、认可和修改法律的主观能动性活动，必然体现立法主体的选择性自决力量，因此立法活动难免受到社会、理论和立法者自身思想、技术条件的影响。法律监督的立法环境既包括理论界和社会公众对该制度的认知、认可程度以及对立法机关的影响，也包括立法机关的立法思想、立法技术和对理论界及公众意见、建议的吸纳。[②]

由于法律监督职能一般发挥在刑事案件的中间环节，对民事案件和行政案件的参与又十分有限，所以社会公众对法律监督知之甚少，甚至不少非法学的知识分子对检察机关和法律监督制度也是一知半解，因此在立法环境上可谓“先天不足”。改革开放以来，随着国民经济的高度发展，对法律和法治提出了前所未有的新要求，但由于几千年封建传统文化的影响，中国整体法制积累薄弱、法治观念淡薄，所以法律和法治都没有找到自己的根基和支撑点，而恰恰在这个过程中，西方民主制度、法律制度和法治观念大行其道，随着改革开放有意或无意地一同涌进中国。当然，西方法律制度的很多内容是人类文明的优秀成果，本书认为应当对其进行借鉴、移植，反对的是制度设计抑或立法上的弃本土化和完全西化。客观地讲，多年来尤其是 2010 年之前，理论界对法律制度和司法制度的研究更多地关注了西方而忽视了我国本土特点，甚至有人完全以西方的制度设计来裁剪我国各项法律制度。也不可否认，近年来法学研究的西化和本土化的争论确实提升了法学研究的质量，推动了我国立法思想和立法技术的进步。但总体上，在这样的理论研究氛围下，法律监督制度的立法环境可谓“后天失调”。

立法思想，是指立法活动的基本理念和基本原则。“30 年改革开放立法的最大进步是立法指导思想和反映在法律中的理念发生了根本性转变。这个转变就是从 1992 年以前是计划经济体制时期的法律工具主义，发展到 1992 年以后市场经济改革时期以平等和限权为立法指导思想；发展到 2003 年以后

---

① ［美］波斯纳著：《法理学问题》，苏力译，中国政法大学出版社 1994 年版，第 265 页。

② 法律监督的立法是对法律监督制度的认可与设计，至关重要。后文将谈到法律监督权力运行中存在的各种问题，有一些是权力主体方面的原因，另一些则是立法技术方面的原因，此处重点探讨法律监督制度的立法环境，侧重于从宏观角度谈法律监督立法问题。

‘以人为本’保障公民权利成为立法理念和重心。”① 但是，在立法思想进步发展的同时，一些旧的立法思想并没有彻底从理论界和立法者观念中消失，立法技术的发展未能跟上立法思想的发展，相对于立法思想仍然比较滞后。例如，“重实体轻程序”倾向不仅仅在司法实践中有突出表现，在立法过程中，程序立法也远远落后于实体立法。自新中国成立至1979年，我国没有诉讼法可循，司法机关基本上是按政策或社会形势需要来适用法律，刑事诉讼法出台很久之后，民事诉讼法于1982年、行政诉讼法于1989年才制定颁布。而截至2012年，1997年刑法一共进行了八次修正，而1996年刑事诉讼法和1991年民事诉讼法分别只进行了一次和两次修正，1989年行政诉讼法至今没有进行过修正。法律监督权多是程序性权力，有关这些权力的规定在三大诉讼法之中已经是少之又少，在重实体轻程序的大环境下，在三大诉讼法本身比较滞后的形势之下，法律监督更是难以获得起码足够的重视。又如，“立法宜粗不宜细”无论作为立法思想还是立法技术，都已经不合时宜。“立法宜粗不宜细”是在改革开放过程中政治、经济、社会、法制发展的特定的历史环境和现实国情下形成的，在其主导下，我们用30多年的时间实现了法律数量的快速增长，改变了我国无法可依的状态，建成了社会主义法律体系，推进了依法治国进程。“但也应当看到，立法宜粗不宜细只是在特定历史时期立法工作的权宜之计，必然受限于当时的现实背景和历史认识，而不是科学的立法思想。”② 因为法律是以国家强制力为后盾的社会规范，表述明确、规定周全、避免一法多解是其应有的内在要求，也是其得以切实有效贯彻实施的基本前提。当前在我国的法律体系中，由于众多的法律规定普遍过于原则和粗略，使得法律在出台后就面临一些突出的问题。尽管2012年修正的刑事诉讼法、民事诉讼法已经有了较大的改进，但是专门的监督法依然缺位，有些法律监督的规定仍然过于原则，还存在不少可操作性问题。因此，有学者一针见血地指出，正是这种“宜粗不宜细”的粗放型立法思维造就了今天“有法必依”的巨大阻力。在立法速度不快、立法数量过多的同时，因为法律规范的原则性过强而导致可操作性差的弊端一直存在，因此立法应转向“宜细不宜粗”。③

---

① 蔡定剑：《中国法治三十年——立法篇》，载刘剑主编：《法治的脚步——中国法治三十年网络征文活动文集》，群众出版社2009年版，第265页。

② 梁超：《宜粗不宜细的立法原则应修改》，载《学习时报》2012年1月9日第5版。

③ 参见王琳：《立法应转向“宜细不宜粗”》，载《民主与法制》2007年第6期。

三、社会环境对法律监督的期待和愿望检视

任何权力的运行都不能脱离一定的社会现实而存在，因此必然要同权力所处的现实社会发生各种各样的关系和联系，并形成特定的社会环境，“现实社会对权力的认可和支持程度，作为权力运作的环境，必然影响到权力行使的有效性”。① 法律监督权亦然。在我国目前社会转型期，旧有的思想观念没有得以彻底根除，而民主法治观念则在日益增强，在这种社会向好转变过程中尤其是在当下社会刚刚进入全媒体时代，法律监督生发的社会环境存在两个问题：一是影响和制约法律监督发挥作用的因素仍然很多；二是社会公众对法律监督的新要求、新期待急速增加，甚至出现“法律监督万能论”。

第一个问题主要是指法律监督面临的客观情势。任何一项法律制度的落实都需要仰仗良好法治精神和法律文化的支撑，否则社会就难以形成良好的执法环境，法律制度价值目标就无从实现。法律监督工作同样需要社会营造崇尚法律和公正的司法环境，需要依托民众法治观念的养成。当前我国社会整体的法治环境依然欠佳，缺乏崇尚法治的文化传统，封建社会的人治、等级、特权思想和重权轻法、重言轻法、重情轻法的观念根深蒂固，现实生活中以言代法、以权压法、以情扰法、有法不依、执法不严、违法不究的情况仍然比较突出；地方、部门保护主义不同程度地干扰着法律监督制度的落实，说情风、送礼风也干扰着法律监督的实施；“暗箱操作”、“跑冒滴漏”等各种“潜规则”仍然大行其道。“检察机关行使法律监督职权过程中时常受到非法律因素的干扰，从根本上影响着法律监督的根基。”②

第二个问题主要是指社会公众对法律监督的主观愿望。随着经济社会的发展，公众对法律监督产生新要求、新期待都是正常现象，也是法律监督发展进步的不竭动力源泉。但“社会上很多人，甚至包括一些法律工作者，对检察院的法律监督职能还不太了解。”③ 仍然流于字面理解，认为与法律相关的问题都应当由检察机关进行法律监督，而对检察机关的地位、职能、作用并不了解。因此，当表面的理解与具体的案件或者事件交叉时，这种要求和期待甚至演化成“法律监督万能论”，尤其是在全媒体时代，新闻媒体可以超越案件范围的限制、诉讼阶段的限制和报道方式的限制，将摄像机架到案

---

① 张智辉著：《检察权研究》，中国检察出版社 2007 年版，第 231 页。

② 参见尹晋华：《试析影响法律监督的现实问题》，载刘佑生、石少侠主编：《规范执法：检察权的独立行使与制约》，中国方正出版社 2007 年版，第 11 ~ 12 页。

③ 吴志明：《改善法律监督的外部环境》，载《上海人大》2009 年第 11 期。

件办理的各个环节，无孔不入地对司法实施新闻监督。每当分析、解剖不公正事件背后的原因时，“监管缺失”或者“监督不力”总是成为颇受诟病的共同选项，其中检察机关的法律监督也总是与具体事件一起被进行“绑定式”炒作和评价。

在这种特定的社会环境之中，检察机关必须要认真研究如何面对和处理好这两个问题，如果处理不好，法律监督就可能面临比较尴尬的境地，甚至会导致个别检察机关知难而退，或者为了迎合公众和媒体喜好离开法律监督的本职工作搞“监督”，结果可能导致该做的、能做的没有做好，不该做的、不能做的做不好，影响法律监督的效果。

第二节 法律监督权力运行的现状和问题检视

在我国，法律监督权的运行是指检察机关根据宪法和法律授权，按照法定程序，监督和纠正法律实施过程中违法犯罪的过程。论及法律监督权的运行，必然以检察机关履行法律监督的职能为中心，这个过程就是检察活动、检察实践，但法律监督权的内容决定其的运行不可能是一个孤立的过程，必然和与法律监督相关的权力主体发生各种关系，这种关系也应当内在地包含在法律监督权的运行之中。因此，研究法律监督权运行中的现状和问题，既要研究检察机关履行法律监督职能中存在的问题，[①] 也要研究与法律监督权邻接的权力主体对法律监督功能与作用的不同认识。

一、法律监督权邻接权力主体对法律监督的不同认识

法律监督“是一种政治机制、政治权力的运作机制，准确地说是一种政治权力运行的控制机制，即权力的拥有者当其不便或者不能直接行使权力，而把权力委托给他人行使以后，控制后者按照自己的意志和利益行使权力的制度安排和行为过程”[②]。因此，法律监督是我国最高权力机关对检察机关的授权，检察机关应当按照最高权力机关的意志和利益行使权力，同时最高权

① 前文已述，法律监督职能包括诉讼制约职能、诉讼监督职能和其他职能。诉讼制约包括职务犯罪侦查、审查批准（决定）逮捕、公诉；诉讼监督包括刑事立案监督、侦查活动监督、刑事审判活动监督、刑罚执行和监管活动监督、赔偿监督、死刑复核程序监督、民事诉讼监督、民事执行监督、行政诉讼监督；其他职能包括司法解释、参与社会管理、职务犯罪预防等内容。因此，本部分从诉讼制约与诉讼监督两方面来检视法律监督运行中的非理性表现。

② 甄贞等著：《法律监督原论》，法律出版社 2007 年版，第 20 页。

力机关还将行政权、侦查权和审判权等权力授权给其他不同的权力主体，由于法律监督权中的职务犯罪侦查权与行政权①、侦查权和审判权均有直接关系，而批捕、起诉和诉讼监督权也与侦查权、审判权有直接关系，因此，在法律监督权运行过程中，行政权、侦查权、审判权就成为法律监督权的邻接权力。在我国，一般行政权的主体是行政机关，侦查权的主体是公安机关②，审判权的主体是人民法院。事实上，这些邻接权和邻接权的主体正是法律监督的被监督对象。虽然检察机关有权独立行使法律监督权，不受其他行政机关、社会团体和个人干涉，但是这些权力主体对法律监督能否有一个客观、理性的认识也是影响法律监督能否顺利实施的一个重要方面。

检察机关与公安机关、人民法院的关系尤其是在办理刑事案件中的关系在我国宪法、刑事诉讼法中已有明确的规定，学理上称之为检警关系、控审关系，这是两个老生常谈的问题，但就本书而言，要探讨的是公安机关和人民法院对法律监督的认识，以及建立在一定认识基础上的行为问题。随着中央对强化权力制约与监督的基本精神和社会对权力进行制约与监督的呼声不断提高，公安机关和人民法院将对法律监督的认识不断提到新的高度，从公安部和最高人民法院最高领导的讲话看，都从执行宪法和法律、维护社会稳定、保障公平正义的高度来认识法律监督对公安工作和审判工作的重要性。自1996年刑事诉讼法实施以来，公安部和最高人民法院联合最高人民检察院等部门多次下发有关文件，强化法律监督已经成为普遍共识。例如，最高人民检察院、公安部于1999年联合制定下发了《关于加强看守所法律监督工作的通知》，最高人民法院、最高人民检察院、公安部、国家安全部、司法部于2010年联合制定下发了《关于对司法工作人员在诉讼活动中的渎职行为加强法律监督的若干规定（试行)》。2011年4月14日，最高人民法院单独制定下发了《关于自觉接受检察机关法律监督进一步推进刑事审判工作的通知》，要求各级人民法院更好地依法自觉接受检察机关法律监督，着力提高审理刑事案件的质量，不断提高刑事审判工作的效率。该通知指出，各级法院要充分认识依法接受检察机关法律监督对于服务党和国家工作大局、加强和改进人民法院刑事审判工作的重要意义，要从执行宪法和法律的高度，增强接受检察机关法律监督的自觉性和主动性。要把接受监督的重点放在维护

---

① 这里所说的行政权是指一般行政权，因为普遍认为侦查权也属于行政权。

② 也包括国家安全机关、海关缉私部门、监狱、军队保卫部门等有侦查权的机关和检察机关的职务犯罪侦查部门，为表述方便，这里统一以公安机关代称。

公正司法和提高工作实效上，严格依照法律程序公正审理各类抗诉案件，认真听取检察机关提出的检察建议，及时检查和纠正案件审判过程中存在的问题，确保办案程序合法，裁判实体公正。

但在执法和司法实践中，接受法律监督的理念、意识和具体案件甚至和利益发生冲突的时候，认为法律监督“多此一举”，妨害办案，影响效率，不体谅侦查的难度和苦衷，损害审判权威的思想和认识便萌发出来，主要表现为不接受监督、设法逃避监督甚至发动理论攻势要求取消法律监督。[①] 例如，由于公安机关在维护社会稳定上发挥着至关重要的作用，加之法律监督条文在设计上缺乏程序性制裁措施，少数公安机关在办理具体案件中尚未把检察机关的通知认真执行下去，有媒体报道，甚至有的公安机关办案人员当着检察人员的面将送达的《纠正违法通知书》撕得粉碎。又如，一些地方法院不愿意接受检察机关对民事案件的抗诉，对抗诉案件消极拖延，长期不开庭审理，拒绝检察员查阅审判卷宗等，有的法院甚至驳回检察院的抗诉。

二、诉讼制约的现状和问题检视

诉讼制约主要是指参与办案的主体在办案程序上的互相制约，而不是检察机关单方对另外一方的制约。所以，检视诉讼制约中存在的问题，既要检视检察机关履行职能过程中存在的问题，也要检视互相制约的另一方存在的问题。下文以检察机关履行诉讼制约的法律监督职能为中心进行探讨，因为这也必然涉及参与办案的另一方主体。

（一）职务犯罪侦查的现状与问题检视[②]

在本质上，检察机关职务犯罪侦查权是对公共权力的控制权。公共权力的扩张性决定了其排斥控制的必然性，而这正决定了对其进行控制的必然性。职务犯罪侦查权本身作为一种公共权力，也必然具有扩张性。职务犯罪侦查权与其他公权力的交锋过程是权力互相制约并达到平衡的过程，这其中必然产生诸多非理性行为。正因为如此，检察机关职务犯罪侦查权从产生开始，

---

① 例如，在民事、行政案件的抗诉方面，多年来一直是检察机关与审判机关的交锋重点。检察机关认为，应继续强化民事、行政抗诉权。而法院方面认为，可以提出抗诉的裁判仅限于法院在审判程序中作出的某些裁判，而且必须满足事后监督的要求，甚至有的要求取消检察机关民事、行政抗诉权。该内容在后文“抗诉工作的现状和问题”部分有述。

② 职务犯罪侦查并非检察机关侦查权的全部，还包括对公安侦查案件的补充侦查权和检察机关认为需要自己侦查的案件的侦查权。本部分以检察机关履行职能为中心，所以只研究最为典型的职务犯罪侦查。

理论界就从来没有停止过对它的争议和质疑。[①] 因为本部分以检察机关履行职务犯罪侦查职能为检视对象，所以此处不作探讨。

就检察机关履行职务犯罪侦查职能而言，目前研究较多的是履行职能过程中存在的障碍以及强化职务犯罪侦查的方案，而对检察机关在履行这一职能过程中存在的非理性行为关注较少。近年来，检察机关内外兼修，不断加强职务犯罪侦查工作的规范化建设和侦查队伍建设，取得了显著成绩。在检察机关内部，一是规定案件受理、立案侦查、审查逮捕、审查起诉必须由不同内设机构承办，由不同院领导分管；二是上下一体，强化上级检察院对下级检察院的指导和监督；三是建立并推行讯问职务犯罪嫌疑人全程同步录音录像制度，自我戴上“紧箍咒”，促进侦查讯问活动规范化，加强人权保障；四是建立查办职务犯罪工作备案、审批制度，规定职务犯罪案件立案、逮捕必须报上一级检察院备案审查，撤案、不起诉必须报上一级检察院批准；五是改革检察机关所办案件主要由各业务部门分别管理的模式，建立执法办案集中管理新机制。在检察机关外部，一是建立人民监督员制度，规定职务犯罪案件中拟作撤案、不起诉处理和犯罪嫌疑人不服逮捕决定的“三类案件”，全部纳入人民监督员监督程序；二是深化检务公开，建立检察开放日制度；三是自觉接受人大监督、民主监督和社会监督。尽管如此，一些地方检察机关在办案中仍存在不少问题。从总体来看，主要有以下表现：一是人权保障意识与职务犯罪侦查工作的重要性不匹配。职务犯罪侦查对惩治腐败犯罪的重要性不必多言，职务犯罪侦查越是重要，越是要增强人权保障意识。但在实践中，非法适用强制措施、漠视犯罪嫌疑人合法权益和刑讯逼供的现象时有发生，以种种理由甚至非法拖延、拒绝律师正当介入的现象也不鲜见，“在办理案件过程中，也发生过致犯罪嫌疑人死亡的案件，如广西黎朝阳案、

---

① 争议和质疑主要集中在权力属性和权力配置方面。参见朱孝清著：《职务犯罪侦查教程》，中国检察出版社 2006 年版；孙谦著：《中国检察制度论纲》，人民出版社 2004 年版；石少侠著：《检察权要论》，中国检察出版社 2006 年版；邓思清著：《检察权研究》，北京大学出版社 2007 年版；陈卫东：《论法治理念下检察机关职务犯罪侦查权》，载《人民检察》2005 年第 7 期；胡夏冰、冯仁强著：《司法公正与司法改革研究综述》，清华大学出版社 2001 年版；蔡定剑：《司法改革中检察职能的转变》，载《政治与法律》1999 年第 1 期；韩大元、刘松山：《论我国的检察机关的宪法定位》，载《中国人民大学学报》2002 年第 5 期；谭世贵著：《中国司法改革研究》，法律出版社 2000 年版；夏邦：《关于检察院体制存废的讨论》，载《法学》1999 年第 7 期；郝银钟：《检察权质疑》，载《中国人民大学学报》1999 年第 3 期；陈卫东：《我国检察权的反思与重构》，载《法学研究》2002 年第 2 期。

江苏梁继平案，也受到社会舆论的指责”[①]。二是对侦查权制约机制主要根植于自我约束，“握有对侦查权中终极性权力的主体缺乏对立面、缺乏开放性”。相对而言，这种以自我约束为主的机制，制约力必然受到一定的削弱。[②] 三是侦查作风和方式还不能适应惩治犯罪的需要。当前，在侦查过程中，有的侦查方式简单粗放，还没有从根本上改变依靠“一张嘴、一支笔、两条腿”的方法；有的侦查行为不合法、不规范；有的收集证据马马虎虎，侦查取证不全面、不深入，证据的证明力不强，甚至还有瑕疵证据，事实认定不清等问题。[③]

职务犯罪侦查职能的相对方是公权力或者公权力主体，犯罪嫌疑人有地位，有职权，社会关系盘根错节，有些甚至与一些人结成荣损与共的政治、经济利益体，基于趋利避害的本能，他们总是想方设法掩饰隐瞒犯罪，查处一人就会遇到一批人的阻挠和抵抗，他们利用掌握的权力优势，抵制侦查甚至迫使检察机关将应该按照犯罪处理的案件当成一般违法违纪案件来办理。地方、部门保护主义大伞的掩护，一些官员从局部或部门利益或个人声誉出发，对腐败现象视而不见、听而不闻；有的宁愿内部“黑”也不愿外部“丑”，知情不报；更有甚者百般阻挠司法机关依法查处，大事化小，小事化了。[④]

（二）审查（决定）逮捕与审查起诉的现状与问题检视

审查（决定）逮捕主要是制约侦查机关（部门）的侦查行为，审查起诉既可以制约侦查，也可以制约审判。检察机关在履行这些职能过程中的非理性行为主要有以下表现：一是不能切实履行检察官客观公正义务。片面强调逮捕、起诉职能的追诉属性，忽视保障人权、诉讼监督职能，重打击轻保护、重实体轻程序、重配合轻监督，因此在履行逮捕和起诉职能时具有当事人倾向，构罪即捕、构罪即诉的情况屡屡发生，偏离了客观公正立场。实践证明，几乎每一起冤错案件都与重视对有罪、罪重证据的收集、审查判断和运用，而忽视对无罪、罪轻等证据的收集、审查判断和运用有关。二是落实宽严相济刑事政策不到位。由于各种刑事案件的主观恶性、社会危害性、侵害的客

---

① 童建明主编：《新刑事诉讼法理解与适用》，中国检察出版社2012年版，第189页。

② 梁晓淮、张洪得：《检察机关侦查权内部制约机制的检讨与重构》，载刘佑生、石少侠主编：《规范执法：检察权的独立行使与制约》，中国方正出版社2007年版，第323页。

③ 参见詹复亮著：《新刑事诉讼法与职务犯罪侦查适用》，中国检察出版社2012年版，第15页。

④ 朱孝清著：《职务犯罪侦查教程》，中国检察出版社2006年版，第18页。

体、犯罪的手段、情节、后果以及犯罪后的态度各不相同，所以办案中需要综合考量这些因素具体问题具体分析，当宽则宽，当严则严，宽严相济。而逮捕和起诉作为贯彻落实宽严相济刑事政策非常重要的环节，既存在一味从严、当宽不宽的问题，也存在为片面追求社会效果而从宽幅度过大的问题，有些地方没有落实好最高人民检察院“可捕可不捕的不捕，可诉可不诉的不诉”这一要求。三是一些检察人员对理性、平和的执法理念不理解，执法简单粗暴，存在特权思想和霸道作风。一些检察人员陈旧观念和执法陋习根深蒂固，认为批捕、起诉人员要与犯罪嫌疑人进行面对面的激烈斗争，强调理性、平和就不能有效地揭露、打击犯罪，不能显示检察官应有的威严，因而对犯罪嫌疑人提出无罪或轻罪辩解就是抵赖而加以训斥，甚至在出庭公诉时言行举止不规范、不文明。四是群众工作和化解矛盾能力不强。批捕、起诉直接接触案件当事人，在构建和谐社会的背景下，必须具备较强的群众工作和化解矛盾能力。而有的检察人员执法为民意识不强，漠视或者冷处理百姓诉求，甚至利用职权侵害群众利益；有的不善于做群众工作，办案中不重视释法说理，也不善于运用群众语言与群众沟通交流，导致有理说不清、有法讲不明、案结事未了，甚至激化矛盾导致群体上访和不稳定因素。

批捕、起诉职能的相对方是公安机关和人民法院。根据法律规定，公安机关有权对检察机关的不捕、不诉决定提出复议、复核，这是制约检察机关批捕权的需要，但是法律没有对公安机关提出复议、复核的条件作出具体的限制性规定。因此，“在司法实践中，正是由于这种限制条件的缺失，增大了复议、复核程序启动上的随意性”①，这种随意性“既造成了司法资源的不必要浪费，也因行政权对司法权的不当干预而影响了人民检察院审查批准逮捕权的权威性”②。有的采取各种手段抵制达不到目的的复议、复核结果。当然，这一方面与检察机关和公安机关对批捕、起诉的标准把握不一致有关系；另一方面也与被害人及其家属的态度和公安机关的业绩考核有关系。

与起诉相关，人民法院在审判过程中的非理性主要是超越检察机关的起诉进行审判。按照检察机关起诉的事实和罪名进行审判是人民法院中立和被动立场的体现，但在实践中，有的人民法院在审判时任意改变起诉罪名，有的甚至认定检察机关没有指控的犯罪事实。这种做法剥夺了被告人对改变后

---

① 邓晓玲、蔡明：《浅谈复议复核中存在的问题及完善》，载正义网，http://www.jcrb.com/jcpd/jcll/201104/t20110418_531099.html，访问时间：2012年12月10日。

② 陈建强：《不批捕复议复核制度的问题及完善对策》，载《天津法学》2011年第2期。

罪名和新的犯罪事实进行辩护的机会，违背了法治的基本精神，也导致刑罚权被滥用的可能。

（三）抗诉工作的现状和问题检视①

在我国，抗诉是检察机关及其人员按照法律规定的条件和程序，对法院的判决、裁定或者调解依法提出抗诉，要求法院重新审理的权力，这是检察机关履行法律监督职责的重要手段和权力。抗诉包括刑事未生效裁判的抗诉，刑事生效裁判的抗诉，民事生效裁判的抗诉，行政生效裁判的抗诉和损害国家利益、社会公共利益的民事调解的抗诉。以现代法治的标准来考量，我国的抗诉制度在立法上有其明显缺陷，将“确有错误”作为总体理由说明其理论基础偏重于强调实体公正，未规定对未生效民事、行政裁判可以抗诉，缺乏对再审抗诉权在抗诉时间和抗诉次数上予以限制。② 检察机关非理性行使抗诉权的表现主要有：一是客观公正进行刑事抗诉的意识不强，“检察机关的抗诉权表现出了一定程度的主观性和片面性，特别是在刑事诉讼的抗诉实践中”，③ 往往重错判无罪、重罪轻判的抗诉，轻错判有罪、轻罪重判的抗诉。二是既有抗诉不力的问题，也有乱抗诉的问题。例如，职务犯罪轻刑化问题在当前一些地方相当突出，而检察机关提出抗诉的却不多，一个重要原因就是说情干扰多，明知法院判刑畸轻，也不敢抗诉、不想抗诉或不好意思抗诉。再如，有的地方为了追求办案数量或者转移当事人双方矛盾，防止出现缠访、闹访等问题，对明知不符合抗诉条件的刑事、民事和行政案件提出抗诉。这种做法违反了“以事实为根据，以法律为准绳”的办案原则和三项重点工作的精神，不仅把矛盾推诿到更高层次、更高审级，而且加剧了当事人一方对司法的不信任心理，增加了解决问题的难度，影响社会的和谐稳定和司法权威的树立。④

抗诉职能的相对方是人民法院。人民法院对刑事抗诉非议不多，而对民事、行政抗诉则一直颇有微词。检察机关认为，现行抗诉制度范围过于狭窄，

---

① 对于抗诉，很多观点认为属于诉讼监督，是诉讼监督的一种方式。但本书认为，抗诉有其法定的条件，在法定条件成就的前提下，检察机关的抗诉只是启动了对案件再次审理的程序，这种程序不必然导致判决实体结果的改变。也就是说，是否支持检察机关的抗诉理由仍然是法院一家的权力，所以抗诉在本质上还是检察机关和审判机关之间的互相制约。

② 参见邓思清著：《检察权研究》，北京大学出版社2007年版，第355～356页。

③ 孙谦：《中国的检察改革》，载《法学研究》2003年第6期。

④ 参见朱孝清：《充分发挥公诉职能作用，深入推进三项重点工作》载《人民检察》2010年第14期。

应将抗诉范围扩充至审判的全过程，应继续强化检察院的民事、行政抗诉权。[①] 而法院方面则认为，检察机关可以提出抗诉的裁判仅限于法院在审判程序中作出的某些裁判，可以抗诉的裁判必须满足事后监督的要求。[②] 甚至有观点认为，抗诉制度的存在使得民事审判永远不具有终局性，这与审判权作为司法权是格格不入的，检察机关介入民事诉讼使得民事诉讼当事人之间的平衡被彻底打破，因此，检察院行使民事抗诉权是不适当的。[③] 在检察机关和审判机关对这个问题持有几乎相反意见之时，2012 年民事诉讼法除维持原有的有关民事案件的抗诉规定外，同时增加规定，调解书损害国家利益、社会公共利益的，也可以提出抗诉。

三、诉讼监督的现状和问题检视[④]

根据本书观点，监督、法律监督和诉讼监督是三个不同的概念，应当防止并用或混用。检察机关的法律监督包括诉讼制约、诉讼监督和其他法律监督职能，诉讼制约包括审查（决定）逮捕、职务犯罪侦查、审查起诉和抗诉，诉讼监督包括刑事立案监督、侦查活动监督、刑事审判活动监督、刑罚执行和监管活动监督、死刑复核程序监督、民事诉讼监督、民事执行监督、行政诉讼监督和赔偿监督。从总体上看，可以将诉讼监督分为刑事诉讼监督、民事诉讼监督和行政诉讼监督。因为 2012 年民事诉讼法修改之前的民事诉讼监督绝大部分限于对生效判决的抗诉，民事抗诉中存在的问题已在前文做了阐述，所以此处只研究刑事诉讼监督中存在的问题。

根据我国刑事诉讼法的规定，检察机关有权对刑事诉讼的立案、侦查、采取强制措施、审判、刑罚执行等各个环节进行诉讼监督。但由于立法、意识、理念等方面的原因，检察机关在履行这些职能过程中也存在一些问题。总体来看，主要有以下表现：一是监督意识不强，不敢监督、不善监督、监督不到位的现象仍然存在，诉讼监督与人民群众的新期待、新要求仍有差距。二是一些检察人员不能正确处理诉讼制约与诉讼监督、诉讼监督与服务大局、

---

① 参见高建民：《民事检察制度的立法借鉴》，载《检察日报》2000 年 7 月 5 日。

② 参见最高人民检察院民事行政检察厅编：《民事行政检察论集》，中国政法大学出版社 1998 年版，第 37 页。

③ 参见黄松有：《审判监督与司法独立》，载《法学研究》2000 年第 4 期；最高人民法院民事诉讼法调研小组编：《民事诉讼程序改革报告》，法律出版社 2003 年版，第 303 页。

④ 诉讼监督的内容比较广泛。就全国来说，由于经济社会发展、地域条件、人员素质以及对法律的理解把握都有不尽一致的地方，所以检察机关在履行诉讼监督职能时所表现出来的非理性现象也会林林总总，本书在此难以穷尽列举，只能从众多的现象中抽象出一些代表性行为。

法律效果与社会效果等关系，诉讼监督的能力水平有待于进一步提高。三是不善于将诉讼监督与化解矛盾有机结合，监督方式方法简单，不善于从深层次分析、把握和化解矛盾，不善于做新形势下的群众工作。四是“违法违规办案和耍特权、逞威风等问题仍时有发生，少数检察人员顶风违纪，执法犯法甚至以权谋私、贪赃枉法，严重损害司法公信力。”①

诉讼监督的相对方是公安机关、人民法院和司法行政机关。公安机关存在的问题主要有：一是由于诉讼监督职能的立法过于原则、抽象，可操作性不强，加之缺失诉讼监督的程序性制裁措施，没有规定被监督机关及个人如何接受监督和拒绝监督时的法律后果。公安机关受重实体、轻程序传统观念的影响，违反刑事诉讼程序的问题较多，对监督意见接受不虚心、配合不紧密的多，导致立案和侦查中的一些违法问题禁而不止。② 二是有罪不立案、无罪乱立案的现象时有发生。三是在侦查过程中，完全为保障办案需要服务，不区分具体情况滥用强制措施，非法取证、刑讯逼供的现象屡禁不止。

在诉讼过程中，人民法院存在的问题主要有：一是案件审理与裁判的行政性分离，即案件由合议庭审理，但要报经领导同意或审判委员会通过后才能裁判。“实践中，审判委员会的权力很大，在一些法院，不仅重大疑难案件由审判委员会决定，就是一些普通案件，也往往提到审委会去讨论。审判委员会运作的结果是，庭审功能萎缩，判决不体现法官的独立意志，‘审’‘判’分离，公开、公平、公正的原则在判这一关键环节反而不能体现，严重影响判决的可信度。院长、庭长审批或决定案件是最为典型的行政运作方式，其运作造成的危害与审判委员会并无二致。”③ 二是量刑程序不规范，量刑裁量权过大。法律赋予法官一定的自由裁量权是为了兼顾个案的差别性，法官要考量案件的事实、情节、手段、后果、危害程度等多方面因素而审慎使用自由裁量权。但在实践中，一些审判人员认为只要在刑法规定的量刑幅度之内量刑，轻重均由法官决定，而且不存在量刑不当的问题。

在刑罚执行和监管中，司法行政机关存在的问题主要有：一是不注意保障服刑人员的基本人权。在法院的判决之外限制或任意剥夺服刑人员的申诉、

---

① 曹建明：《最高人民检察院工作报告（2012 年 3 月 12 日）》，载《检察日报》2012 年 3 月 13 日第 1 版。

② 参见王连华、隋伟忠：《刑事诉讼法律监督面临的问题及对策》，载《黑龙江社会科学》2011 年第 5 期。

③ 胡永胜：《司法权力合法运作的制度保障》，载信春鹰、李林主编：《依法治国与司法改革》，中国法制出版社 1999 年版，第 388 页。

健康、医疗等基本权利，有的还鼓动、指使服刑人员互相殴打。二是违法减刑、假释、保外就医。有的协助出具虚假证明，蒙蔽审判人员为服刑人员换取减刑、假释；有的收受贿赂、徇私枉法，人为制造保外就医的法定条件。

第三节 法律监督管理的现状与问题检视

检察机关是我国的法律监督机关，法律监督管理主要是指检察管理。法律监督管理是一个十分广泛的概念，是指人民检察院围绕宪法法律授权和法律监督权力目标，运用组织领导、决策指挥、沟通协调、检务保障、奖惩创新等手段，对法律监督资源进行调配、使用，并实现权力目标的活动的总称，包括检察机关组织机构管理、决策管理、检察官人事管理、检察官职业管理、业务管理、队伍管理、检务保障等方面内容。我国检察管理的总体目标，“是要通过机制创新建立完善的中国特色社会主义检察管理体制，有效保障检察机关依法公正高效地行使检察权”①。在实现这个总体目标的过程中，我国的法律监督管理体制和机制中也有一些内容与法律监督的功能、特点、规律和要求不相适应甚至是矛盾的。本书认为，这些内容就是非理性的，主要体现为职业管理大众化、业务管理行政化、检务保障地方化。

一、职业管理大众化

在我国，检察官是代表国家行使法律监督权的一个专门性职业，不是一个个体的人，而应当是一个专业性很强的法律职业，需要具备专业的职业意识、职业知识、职业技能、职业道德和职业地位。当然，具备法律专业知识的还有警察、法官、律师等职业，但是他们与检察官一样，在工作中均履行不同甚至相反的职责，行使不同的权力、承担不同的义务，也承载不同的社会功能，这在刑事诉讼中有着十分明显的体现。因此，检察官的考录、遴选、考核、管理、理念均应当具有法律监督的职业化特点。但是，长期以来，我国对检察官的职业管理采取的仍然是与一般公务员一样的大众化管理。一是检察官考录标准大众化。在2001年实行国家统一司法考试之前，检察官的考录与普通公务员没有区别。2001年修改后的检察官法提高了学历条件和资格准入条件，这就迈出了检察官职业化的关键一步，但通过司法考试的人如果没有通过国家公务员考试一样不能成为检察官，这仍然没有摆脱检察官大众

---

① 朱孝清、张智辉主编：《检察学》，中国检察出版社2010年版，第528页。

化的倾向。二是检察官考核制度大众化。与普通公务员考核一样，检察官的考核标准也是“德、能、勤、绩、廉”五项指标，没有加入与法律监督职业要求相匹配的考核指标。三是检察官管理大众化。虽然根据检察官职业特点建立的检察人员分类管理制度已试点多年，但是至今仍没有推广，检察官等级与检察官职务和权、责、利脱节。“随着检察事业的发展，现行检察人员管理体制对检察工作的制约日益明显。”①

二、业务管理行政化

业务工作是指直接履行法律监督事务的工作，区别于我们一般常说的为法律监督业务提供保障的综合行政工作，综合行政管理工作采用行政化的管理模式当然没有问题，但是法律监督业务工作具有与一般行政工作不同的特点和规律。检察机关履行法律监督的方式是依法办理案件，它要求检察官忠于事实和法律，根据证据情况决定案件处理，而不是根据领导的意见决定案件的处理，也不是谁的官大就听谁的。但是，我们目前仍然用行政化的模式管理法律监督业务，这未免有“削足适履”之嫌，也必然忽略法律监督的特殊性。这有两个最为突出的表现：一是办案机制行政化。在办案过程中，案件承办人通过处长、副检察长、检察长、检察委员会层层进行案件汇报，并经由他们审批后进入下一个环节，这实际上是以层层审批的方式集体行使法律监督权。这样一来，办理案件的权、责、利不相统一，检务、政务、事务掺杂，不利于承办人员增强责任心，发挥主观能动性，同时也不利于检察官提高业务能力，弱化了法律监督权的职能。二是业务考评行政化。业务考评的本意是为了激励检察官的工作能动性，倡导办理高水平、高质量、效果好的案件。但在实践中，由于许多考核项目的设置不科学，实际上反而影响了法律监督职能的发挥，甚至有的地方为了在考评中获得好的成绩而不惜弄虚作假。例如，有的地方为了追求立案数，采取“年初立案、年终撤案”的方式应付考评。有的地方规定无罪案件、未抗诉案件或者上级院不支持的案件要影响考评成绩，并设置了具体的加减分幅度，“如抗诉一件的加 2 分，法院改变罪名的减 2 分，法院改变罪数的减 2 分，等等。这种考核机制致使检察官在决定是否对案件提起公诉时，不是考虑法定的起诉条件，而是看法院的

---

① 孙谦主编：《检察理论研究综述（1999－2009）》，中国检察出版社 2009 年版，第 420 页。

态度行事”。①

三、检务保障地方化

检察官履行职责时是代表国家而不是代表个人，法律监督权也应当是属于国家权力而不是属于地方权力；在我国这个单一制国家内，从中央与地方的权力分配看，法律监督权属于中央而不是属于地方。因此，法律监督权是属于中央的国家权力，而不是属于地方的地方权力。据此，法律监督工作的保障，包括人、财、物等方面的保障均应当由中央负责。但是，在我国，检务保障却完全由地方负责。一是人事任免由地方负责。虽然宪法规定检察系统内部是领导关系，但是最高人民检察院对地方各级人民检察院、上级人民检察院对下级人民检察院的领导主要是业务领导，人事任免还是归地方，充其量最高人民检察院和上级人民检察院也就是“协管”。二是财务保障由地方负责。近年来，中央在保障政法经费方面虽然逐步加大了转移支付的力度，但由于经费保障机制还没有建立起来，检察机关目前实行的还是“分级财政、分炉吃饭”的保障体制，在这种体制下，检务保障大多受制于地方经济发展，不同的地方有不同的标准，客观上形成了贫富不均、饥饱不均的有失公平的经费保障机制。“由于地方检察机关的财权掌握在地方政府手中，实际上形成了地方各级检察机关依附于地方政府的局面，这无疑也是司法难以独立的根源之一。”②

这种人、财、物受制于地方的保障机制客观上造成了法律监督权这一中央的国家权力地方化，法律监督的地位显然难以超然物外，而由一个地位不能超然的监督主体去监督与其有着利益关系的主体，难度可想而知，“其结果自然是不可避免地要导致司法权的滥用，导致司法活动丧失公正立场”③。

第四节　法律监督存在问题的原因

哲学上的因果关系是事物或现象之间引起和被引起的联系，揭示的是客观世界中普遍联系着的事物具有先后相继、彼此制约的关系。因果关系的表现形式有一因一果、一因多果、多因一果、多因多果、同因异果、异因同果。

---

① 浙江省温州市人民检察院课题组：《刑事审判法律监督的困境与立法完善》，载《法学杂志》2010年第3期。

② 甄贞等著：《法律监督原论》，法律出版社2007年版，第220页。

③ 张智辉著：《刑法理性论》，北京大学出版社2006年版，第281页。

法律监督中非理性内容在因果关系中属于“果”，是非理性的表现形式，在研究理性法律监督问题的过程中，我们只有执果索因，厘清事物的因果关系，才能找到实现理性法律监督的进路。前文在对法律监督的现状和问题进行全面检视的过程中，已经零散地点出了有关方面的原因，但仍需要系统地探求法律监督存在上述问题的原因。

一、理论原因：历史积淀薄弱，理论争议不断

就“法律监督”而言，西方检察制度有其实而无其名，因为虽然西方检察制度中实际上包含不少类似我国法律监督的内容，但是并没有像我国称为“法律监督”，所以法律监督是一个十分中国化的称谓。虽然我国现代法律监督制度是移植西方和苏联检察制度的结果，以苏联的检察监督制度作为直接蓝本而构建。但是，从清朝末年引入检察制度至新民主主义革命期间，检察机关既没有独立的地位，也几乎没有监督的权力，“公安机关代行检察职能贯穿整个新民主主义革命时期”；[①] 自新中国成立至1978年十一届三中全会，我国的检察制度经历了创建、调整、中断，其中虽然间或地行使监督职能，但即便是在没有中断的时候，检察机关的性质与定位尚处于不断变迁和模糊状态；[②] 1979年人民检察院组织法第一次明确规定人民检察院是我国的法律监督机关，标志着我国法律监督制度的正式建立。“现行中国检察制度是以马克思主义关于国家与法的理论、人民民主专政理论、人民代表大会制度理论、民主集中制理论和列宁法律监督思想为指导建立和发展起来的。”[③] 但是，苏联检察监督随着国家的解体而走向终结，中国的法律监督制度几乎成为独特的“异类”，尤其是随着西方民主法治观念和制度的潮涌而至并受其影响，在一些观点看来，法律监督制度横看竖看都觉得“四不像”。虽然经过30多年的理论研究，法律监督理论取得了显著的成效，对法律监督制度的整体认同感大大增强，而且2012年刑事诉讼法和民事诉讼法也进一步强化了检察机关法律监督职能，但是法律监督理论研究仍然由检察系统自说自话的现实局面改观不大，检察机关集追诉及监督于一身的客观事实也让理论界不能释怀，所以关于法律监督何去何从的理论争议并没有真正消弭。

我国自晚清引入检察制度至今不过100余年时间，自1979年正式建立法

---

① 刘方著：《检察制度史纲要》，法律出版社2007年版，第256页。

② 李勇著：《传承与创新：新中国检察监督制度史》，中国检察出版社2010年版，第38～55页。

③ 孙谦著：《中国特色社会主义检察制度》，中国检察出版社2009年版，第99页。

律监督制度也不过30余年。30余年时间，对于任何一项法律制度来说，无论理论研究、制度建设还是司法实践，几乎都还是童年，更无法奢谈历史积淀。所以，我国法律监督制度与完整成熟的理论体系、理性平和的理论认同、坚实厚重的理论资源和薪火相传的智力支持还相去甚远，这恐怕仍然需要一代甚至几代法律监督理论研究者和工作者持续不断的辛勤努力才能完成。

二、理念原因：传统思想未央，现代理念未竟

随着社会经济的发展和精神文明的进步，我国明确提出了依法治国方略，在1997年召开的党的十五大上正式提出依法治国的基本方略，这是加强社会管理、提高社会管理的科学化水平、构建和谐社会的重要保证。但我国是一个具有两千多年封建社会历史的国家，民主、法制、法治观念淡薄，封建社会的人治、等级、特权思想根深蒂固，权大于法、重礼轻法、重德轻刑、尊卑贵贱的思想传统观念在目前依然顽强生存。这与法治观念格格不入，并制约着现代法治理念的形成。法治意识是实现法治社会的精神条件，要实现依法治国，需要经济社会发展、文化素质提高、民主法治进步等综合条件，更需要法治意识的提高、法律信仰的支持。所以法治国家和法治都不是一蹴而就的事情，我们在构建社会主义和谐社会与科学发展观的指引下，正在法治理念的养成和法治国家的建立道路上大踏步前进。

当传统思想存在于一般社会公众之中，会阻碍法治理念的建立与发展；当传统思想存在于公权力主体及其工作人员之中，便会成为扼杀法治理念的工具。在法律监督工作中，同样也存在传统思想未央，现代理念未竟的问题，这既有法律监督者在执法办案中重实体、轻程序，重执法、轻监督，重打击、轻保护，重配合、轻制约的问题，也有被监督者漠视人权、滥用强制措施、徇私徇情、枉法裁判的问题；既有法律监督主体不理性甚至违法使用法律监督权力，动辄以监督者自居随意启动法律监督权甚至干扰正常的办公和生产经营秩序，也有被监督者权力意识膨胀，抵制监督、规避法律、暗箱操作的问题。

三、立法原因：微观制度缺失，具体授权不力

虽然在我国政治体制中还存在人大监督、行政监察、审计监督等诸多监督制度，但是宪法明确为“国家的法律监督机关”的却只有检察机关，而且将法律监督权与行政权、审判权和军事权并列，我国宪法和三大诉讼法均明确规定，检察机关除了有权对刑事诉讼进行全程监督之外，还有权对民事诉

讼和行政诉讼实施法律监督，相对于侦查权和审判权，似乎具有超越二者的优势地位，因此有的学者认为，“检察机关同时将法律监督与刑事追诉这两种相互对立的权力集于一身，无法保持公正的法律监督所必需的中立性和超然性。作为法律监督机关，检察机关的确在对公安机关、法院、执行机构的诉讼活动进行着一定的‘司法控制’”，并称之为“检察权超强势化”。[①] 但实际上，在法律监督权之中，除了批捕、起诉、抗诉等诉讼制约特征比较明显的权力是跟着诉讼进程主动进入下一个环节之外，其他诉讼监督的权力几乎都是站在一边对行使权力的另一方“察看并督促”，只有出现擅权、滥权等违法行为的情况下，法律监督权才站出来。而且，在所有的法律监督权之中，除了不起诉具有实体性之外，其他的权力都是程序性的，诉讼制约是启动下一个程序，诉讼监督是提出意见，“检察机关启动程序后法院怎么判决，提出纠正违法意见后法院是否接受、是否纠正及怎样纠正，都由法院自己依法独立自主地作出决定，检察机关无权要求法院必须怎么判和怎么纠正”。[②] 因此，在司法实践中，检察机关的“超强势化”非但名不副实，而且社会上广为流传的“大公安、小法院、可有可无检察院”就是检察机关尴尬地位的真实写照。

之所以出现宏观上法律监督在宪法和三大诉讼法上有地位，而司法实践中却被忽视的情况，主要是因为立法对法律监督的制度设计与宪法和法律地位不相匹配。一是具体制度的微观设计存在缺失。例如，监督信息的知情渠道有限，行政执法与刑事司法的衔接机制始终差强人意，难以及时有效获取行政执法过程中的违法行为。又如，监督时间多是事后监督，违法犯罪行为已经出现，损害结果既定，检察机关才启动法律监督予以补救，尤其是对一些侵害人身权的行为，即便是监督有效，伤害已经无法弥补，如公安机关在侦查过程中的非法拘禁和刑讯逼供。二是具体权力的配置和授权不够科学。例如，法律监督属于程序性权力本无可厚非，也符合监督的规律，但是程序性权力也应当有程序性权力的保障机制，但是与法律监督配套的程序性制裁措施却并不多见，因此配置相应的程序性制裁措施成为必要，要能够确保被监督者如果确属违法一定能够纠正违法，而且要让法律监督者知晓纠正情况，以及拒不纠正的不利后果。又如，宪法和法律条文规定的抽象的法律监督原则，要有具体监督权力的授权才能从原则走向具体，才能发挥法律监督的作

① 陈瑞华著：《刑事诉讼的前沿问题》，中国人民大学出版社 2005 年版，第 529 页。

② 朱孝清：《中国检察制度的几个问题》，载《中国法学》2007 年第 2 期。

用，实践中对强制措施的批准和变更的监督均没有授权性规定，对死刑复核的法律监督，从2002年将死刑案件核准权统一收归最高人民法院就开始在司法体制和工作机制改革中研究部署，遗憾的是，直到2012年才被写入新修改的刑事诉讼法，而且具有较强的“画饼充饥”意义，调阅案卷、通报情况等死刑复核的监督方式、监督程序依然不甚明了，如何进行配合、制约和监督，仍然需要相当长的时间进行制度构建。

四、体制原因：领导体制失范、保障体制错位

就我国法律监督制度而言，无论是职业管理、业务管理还是检务保障中的问题，概括起来就是体制问题，对法律监督来说，最重要的体制就是领导体制。我国检察系统的领导体制历经多次变迁：1949年，中央政府批准的《最高人民检察署试行组织条例》规定了垂直领导的体制；1951年，由垂直领导改为双重领导；1954年，宪法和人民检察院组织法又将双重领导改为垂直领导；1978年，宪法又将上下级检察院的领导关系改为监督关系，同时规定各级人民检察院向同级人大负责并报告工作，这就形成了“一重领导、一重监督”体制；1979年，人民检察院组织法又回到了双重领导体制。新中国成立后，检察系统领导体制的五次变化给法律监督工作带来许多不稳定因素和不利影响。对于目前检察系统的双重领导体制，王桂五认为，双重领导体制主要适用于处理经济建设中的中央与地方的关系，以便在中央的统一方针政策下充分发挥地方的积极性，让地方办更多的事。而对于检察工作来说，实行这种体制则往往弊大于利。首先，它不可能避免长官意志对检察工作的干涉，特别是案件涉及某个“长官”的切身利益或者涉及其亲属旧故时；其次，检察机关担负着查处贪污、贿赂等经济案件的任务，而这类案件多发生在财政经济部门，其中不仅有国家工作人员个人的违法犯罪案件，而且有不少法人违法犯罪的案件，而检察机关的经费开支要受地方的制约，不能不影响检察权的行使。利弊相较，双重领导体制的弊端大于利益。[①] 对此，孙谦大检察官指出，“总结检察机关领导体制建设的经验教训应当看到，我国宪法规定的检察机关的现行领导体制是总结长期历史经验形成的，符合我国国情，是中国特色社会主义检察制度的重要组成部分，基本适应了检察工作的特点和现实需要。但是，这种领导体制在实践中也存在一些问题，如检察一体化的程度比较低，人财物的管理体制还不能为检察工作提供充分的保障，

---

① 王桂五著：《王桂五论检察》，中国检察出版社2008年版，第218页。

等等"①。随着社会主义市场经济体制的不断完善，建设社会主义法治国家进程的不断推进，这种体制的弊端也暴露得更为明显，这既有立法本身的缺陷，也有实际执行中的问题：一是以块块领导为主的体制，容易导致检察权的地方化，不利于检察机关对全国实行统一的法律监督；二是宪法和人民检察院组织法对检察机关领导体制的规定过于原则，导致检察机关领导上的软弱无力；三是以"块块"为主的干部管理体制，管人与治事相脱节，使上级检察机关对下级检察机关的领导缺乏组织保障；四是经费管理上的"分灶吃饭"体制，使检察机关经费得不到保障，严重影响检察工作的开展。②

法律监督体制中的问题主要表现为领导体制失范、保障体制错位。究其原因，归根结底都可以在领导体制上找到答案。按照领导体制的一般理论，领导体制就是领导权限，组织运作，领导关系的制度化、体系化，其内容包括职责和权限划分的制度体系，内部组织制度和运作机制体系，领导者个人或组织之间及其与被领导者个人或组织之间相互联系、发生作用的制度体系，因此，领导体制具有系统性、根本性、全局性、稳定性等特点。③ 可见，就法律监督的领导体制而言，职责和权限划分的制度体系既可以解决上下级检察院的关系问题，包括行政关系、业务关系，也可以解决检务保障中与系统外的关系；内部的组织制度和运作机制体系可以解决检察机关内部各项法律监督职责的划分，做到既分工负责又互相制约，以达到检察机关内部权力的自我控制；领导者个人或组织之间及其与被领导者个人或组织之间相互联系、发生作用的制度体系，可以解决上下级检察院以及检察院内部检察长与检察院、检察长与检察官、检察官与检察院之间的关系。

五、队伍原因：法律实践不够，职业素养欠缺

"徒法不足以自行"，法律监督权的运行效果取决于检察官队伍的职业化水平。论及检察官队伍问题，必然涉及人事体制问题和队伍素质问题，人事体制实际上大部分就是职业管理体制，前文对领导体制已略有阐述，余下就是队伍素质问题。检察官是一支专业的法律工作者队伍，队伍素质主要是指检察官的职业化水平，包括所掌握法律知识的质和量、运用掌握的法律知识解决办案中实际问题的技能，以及在履行检察官职能中的职业素养。论及检

---

① 孙谦著：《中国特色社会主义检察制度》，中国检察出版社 2009 年版，第 133 页。

② 参见孙谦主编：《中国检察制度论纲》，人民出版社 2004 年版，第 106～108 页。

③ 参见武星亮著：《领导学原理》，中国农业出版社 2004 年版，第 90～96 页。

察官队伍的素质，一般而言，说得最多的就是检察官的素质能力不能适应法律监督工作的需要。而北京市人民检察院伦朝平副检察长2005年总结的影响公正执法的队伍问题主要包括：执法思想上大局意识不强；执法理念上人权保障意识比较淡薄；执法行为上存在滥用职权、违法行使职权、粗暴行使职权的现象；执法作风上存在“冷、硬、横、推”，执法简单，不文明的现象。[①] 其中，没有提及检察官的法律知识和办案技能的欠缺或不足。本书认为，这些问题抓得比较准。因为笔者通过近十多年在基层的调研发现，在2001年实行全国统一司法考试之初，全国检察机关检察官断档问题一度十分严重，尤其是在中西部欠发达地区，甚至一个检察院有办案资格的只有寥寥几人，而且素质、能力、水平还跟不上办案需求。对此，国家采取了在部分地区降低考试资格准入门槛，实行A、B、C分类授证和适当提高通过比例等措施，同时检察系统不断加大对检察官的教育培训工作力度。所以，这些问题在近年来得到较大程度的缓解，检察官知识结构和学历层次正在逐步得到完善和提升。因此，本书认为，从全国来看，检察官基本法律素质不高、基本业务技能较低的问题已经基本解决，法律实践能力较差，职业素养还有欠缺是目前队伍建设需要重点解决的两个问题。[②]

“中华人民共和国成立以来，特别是改革开放以来，中国的立法工作取得了举世瞩目的巨大成就。截至2010年年底，通过了现行宪法，制定了现行有效法律236件，行政法规690多件，地方性法规、自治条例和单行条例8600多件，一个以宪法为核心和统帅，以法律为主干，涵盖宪法及宪法相关法、民商法、行政法、经济法、社会法、刑法、诉讼和非诉讼程序法等多个法律部门，包括法律、行政法规、地方性法规等多个层次的法律规范，内部科学、和谐、统一的中国特色社会主义法律体系已经形成。”[③] 从与法律监督工作关系最为密切的法律来看，刑法是规范犯罪和刑罚的法律规范，我国1979年制定刑法，1997年对刑法进行了全面修订以后，截至目前我们又制定了八个刑法修正案；诉讼法是规范因诉讼活动而产生的社会关系的法律，在原有刑事诉讼法、民事诉讼法的基础上，2012年通过了刑事诉讼法和民事诉讼法修正案，这些新内容当中的绝大部分都与法律监督工作有着直接或间接

---

① 伦朝平著：《检察工作的理性思考》，法律出版社2008年版，第362~363页。

② 在中西部欠发达地区和一些少数民族聚居地区，检察官断档，基本法律素质不高、基本业务技能较低的问题依然存在，有的地方可能仍然比较严重。本书此处是基于全国平均水平作出的判断，也是根据笔者十几年的工作经历和在基层调研时的所见所闻作出的判断。

③ 中国法学会编著：《中国法治建设年度报告（2010年）》，新华出版社2011年版，第11页。

的关系。在案件繁多、事务繁杂、家务繁忙的客观情况下，检务人员潜下心来主动学习研究中国特色社会主义法律体系中的有关内容，特别是与法律监督工作息息相关的新内容是一件不太容易的事情，大部分学习研究恐怕来自于检察系统或单位组织的“填鸭式”培训和教授，来自于日常办案的客观需要，这些都是被动学习、被动使用，是学习和使用上的“拿来主义”和“功利主义”。“现在司法人员的知识化和专业化问题已基本解决，需要注重真才实干，注重在现有的国情下能够准确适用法律，妥善处理矛盾纠纷的实际能力。”① 所以，在基本法律素质具备的情况下，能不能主动对知识及时进行更新，能不能将书本上的法律知识用在法律监督的工作实践当中来有效地解决实际问题、化解社会矛盾，正变成检察官能否适应工作需要的一个新因素。

中国知网将职业素养定义为：职业素养是指职业内在的规范和要求，是在职业过程中表现出来的综合品质，包含职业道德、职业知识、职业技能、职业行为、职业作风和职业意识等方面。检察官的职业素养就是检察官在履行职责过程中表现出来的综合品质，同样包括以上内容。通过分析可见，除了职业知识和职业技能外，职业道德、职业行为、职业作风和职业意识均包括在检察官的世界观、人生观和价值观之中。“司法是忠诚、善良和公正的艺术，司法人员应该是善良、有操守和德行的人，是客观理性、衡平如水地适用法律的人。”② 我们再看伦朝平副检察长总结的问题，执法的思想、理念、行为和作风也都属于世界观、人生观和价值观的范畴。所以，检察官职业素养的欠缺是目前履行职责过程中非理性行为的一个重要原因。

---

① 孙谦：《凝聚法治共识，提升司法品质》，载《中国社会科学报》2012 年 11 月 30 日 A6 版。
② 孙谦：《法治建构的中国道路》，载《检察日报》2013 年 2 月 18 日第 3 版。

第六章　理性法律监督关系的构建

合法而稳定的权力在使用得当时很少遇到阻抗。

——［英］约翰逊

哲学认为，事物之间的联系是普遍存在的、多种多样的，联系是事物内部矛盾双方和事物之间所发生的关系。法律监督权运行并实现于一个由多元主体构成的司法运作权力机制之中，而且这个机制本身也不是独立运行的，而是置于一个更大的权力关系和社会环境之中，所以必然需要面对和处理一系列对外和对内关系。制约和影响法律监督的因素来自方方面面，包括内部的、外部的，主观的、客观的，等等。所以，理性法律监督的实现不仅仅需要检察机关提升执法能力水平、理顺内部关系，也需要正确认识并协调处理好外部关系，可以说是否具有理性的对内和对外关系是能否实现理性法律监督的一个重要因素。因此，法律监督需要正确认识并妥善处理好内部、外部等多方面的关系，这不仅要体现在执法行为中，也要体现在执法理念中。当然，本书不是要教科书式地全面介绍各种关系，而是要研究检察机关与有关法律主体之间产生的各种关系的利弊得失以及如何处理。易言之，就是要研究如何理性地应对和处理各种关系，提升法律监督能力。

第一节　法律监督关系概述

一、法律监督关系的概念和特征

关系，一般是指事物之间相互作用、相互影响的状态。法律监督关系是一个复合概念，由法律监督和关系复合而成，但是法律监督关系并不是一个既有的规范性法律概念，因为从法理学的既成理论和主流观点看，与法律监督关系相关的是法律关系这一概念。

（一）法律监督关系概念

法律关系是根据法律规范产生的，以主体之间的法律权利与法律义务形式表现出来的特殊的社会关系。根据这一概念，首先，法律关系是一种思想社会关系，是根据法律规范建立的，像法律规范一样必然体现国家的意志。其次，法律关系是以法律规范为前提而形成的社会关系，一个未纳入法律调整范围内的社会关系不是法律关系。再次，法律关系是特定法律关系主体之间的权利和义务关系，没有特定法律关系主体的法律权利和法律义务，就不可能有法律关系的存在。最后，法律关系是以国家强制力作为保障手段的社会关系，但法律关系受到破坏时，国家强制力是否立即发挥作用，则视法律关系的性质，即法律关系依据强行性规范还是任意性规范形成而定。① “法律关系是法律形式与社会内容的统一，既有以人的意志为转移的思想关系的属性，又有受到不以人的意志为转移的客观规律——物质关系制约的属性。”② 法律关系的要素包括主体、客体和内容。法律关系的主体是法律关系的参与者，也就是法律关系中权利的享有者和义务的承担者。法律关系的客体是权利义务所指向的对象。一般认为，法律关系的客体包括物、行为和智力成果，但也有不同看法，有些学者将“人身”、“人身利益”作为法律关系的客体，还有些学者却认为两者都不是；有些学者认为“行为”是，而有些学者却认为应是“行为结果”；还有的学者视“人格和身份”为法律关系的客体之一，而有的学者则将“非财产利益”看做法律关系客体；近年来，还有些学者认为“能够作为法律关系客体的只能是权利义务的载体，行为是实现权利义务的手段、方式、过程，行为并不是法律关系的客体”。③ 法律关系的内容是指法律规定的权利和义务。④

在法律监督关系的研究方面，老一代法学家王桂五先生 1991 年在总结法律监督若干新的理论观点时提出了“监督法律关系”的新概念，并作了初步论述。他指出：“人民检察院作为国家的法律监督机关，在执行职务的过程中与被监督者发生一定的权利义务关系。我们把这种权利义务关系称为监督

---

① 高其才著：《法理学》，清华大学出版社 2011 年版，第 104 ~ 106 页。

② 欧阳庆芳：《法律关系理论初探》，载《理论月刊》2003 年第 8 期。

③ 参见田永：《有关法律关系客体的三个问题》，载《宜宾学院学报》2007 年第 5 期；孙春伟：《法律关系客体新论》，载《上海师范大学学报》（哲学社会科学版）2005 年第 6 期。

④ 参见刘雪梅著：《权利与义务：和谐城市法律关系辨析》，中国方正出版社 2010 年版，第 39 ~ 41 页。

法律关系，这就是本书提出的一个新概念。”① 可以说这个概念的提出对于法律监督的系统论无疑具有十分重要的意义，有利于比较全面地研究法律监督的内部和外部关系，并以之为指导来研究如何构建良好的法律监督关系。但值得注意的是，王桂五先生在《中华人民共和国检察制度研究》一书中使用的是“监督法律关系”而不是“法律监督关系”。对此，有学者研究后认为，因为具有监督性质的或者属于监督的法律关系仍然相当宽泛，种类繁多，检察机关在执行法律监督职能中形成的法律关系只是其中之一，不如用“法律监督”这个专门术语来界定“法律关系”。正是由于“监督法律关系”术语所表达的概念不具有唯一性和特定性以及王桂五先生“法律监督权一元论”的不彻底性，使“监督法律关系”概念在《中华人民共和国检察制度研究》这部检察学发展史上具有里程碑性质的著作中没有得到系统的、立场一贯的展开。作此分析者进而指出，法律监督关系就是检察机关在依法履行法律监督职能过程中与接受法律监督者之间形成的法律关系。② 本书赞同这个观点，但同时还认为，法律监督关系和监督法律关系不是同一概念的不同表述方式，也不是哪一种表述方式更好的问题，而是不同的概念表述，法律监督关系是一个十分特殊的法律关系，还应当具有更广泛的含义。

本书认为，从如何构建理性法律监督的内外关系角度出发，应当从广义的角度来理解法律监督关系，不仅仅局限于检察机关在执行职务的过程中作为监督者与被监督者发生的权利义务关系③，还可以将检察机关在履行职能过程中与检察机关领导者的关系和检察系统的内部关系也包括在内。据此，可以认为法律监督关系是检察机关在依法履行法律监督职能过程中，作为法律监督的权力主体，与相关权力主体之间形成的权利（权力）义务（责任）关系。它包括三种关系：一是检察机关作为监督者与被监督者之间的权利（权力）义务（责任）关系，主要是指检察机关与行政机关、适格的企事业单位、社会组织和公民个人之间的关系；二是检察机关对外与领导机关之间的权利（权力）义务（责任）关系，主要是指检察机关与中国共产党（党委）和人民代表大会的关系；三是检察系统内与上下级检察机关之间的权利（权力）义务（责任）关系。当然，从法律关系的既有理论看，这种广义的理解较之狭义的理解不太容易让人接受，但是法律监督关系是一种特殊的法

---

① 王桂五主编：《中华人民共和国检察制度研究》，中国检察出版社 2008 年版，第 181 页。

② 谢鹏程：《法律监督关系的结构》，载《国家检察官学院学报》2010 年第 3 期。

③ 为叙述方便，并与本书的观点做些区分，本书此处将这种观点称为狭义法律监督关系。当然这不是反对这种观点，而是基于不同的研究目的对法律监督关系所做的不同理解。

律关系，虽然有一般法律关系的共性，但是其个性也十分明显。笔者之所以认为应当从广义的角度来理解，一是基于构建理性法律监督内外关系这一研究目的的需要；二是基于法律监督关系不同于一般法律关系的特征。

法律监督权是一种特殊的公权力，其作用就是对有关权力进行制约和监督，这种制约和监督不是任意实现的，也不可能让其任意实现，理性法律监督尤其如此。法律监督必须运行并实现于一定的司法机制之中，司法机制同样处于一定的政治机制之中，而且要受内外多方面因素的制约和影响。因此，构建和实现理性法律监督，绝不是简单地就案办案，除了在执法办案中处理好与公安机关和人民法院的关系外，还要理顺与党的机关、人大机关和行政机关之间的关系，因为党和人大是检察机关的领导机关，行政机关担负着法律监督的保障职责，通俗地讲，一个管“人”，另一个管“钱”，只有依法协调理顺这些关系，法律监督才能顺利运行。同时，在检察系统内部，办理案件往往需要上下级检察机关之间或者检察机关内部不同部门之间的配合，尤其是办理职务犯罪案件方面，实践中存在提办、交办、督办和参办等现象，这并不违反刑事诉讼法的有关规定，因为刑事诉讼法既赋予基层检察机关侦查权，又赋予上级检察机关这些权力，使得一些案件不受地域管辖和级别管辖的限制，以适应职务犯罪侦查工作的需要。所以，在检察系统内部，仍然需要协调理顺上下级之间和检察机关内部不同部门之间的关系。也只有将这些内外关系理顺和协调好，法律监督的法律效果、整治效果和社会效果才能实现。

（二）法律监督关系的特征

法律监督关系不同于一般法律关系的特征主要包括三个方面：

1. 关系主体一方恒定性

法律监督关系的一方主体必须是法律监督的权力主体，即检察机关。如果没有检察机关的参与，即便属于法律关系，也是监督法律关系①或者别的什么关系，而不是法律监督关系。当然，反之则不然，也就是说，并不是所有检察机关参与的活动都是法律监督关系。比如当检察机关以民事主体身份参与政府采购、招标等民事活动时，就只是普通的民事主体，检察机关相对于其工作人员就是一般行政主体，这些不具有法律监督的权力。虽然检察机关在法律监督关系中是一方恒定的主体，但并不能说明检察机关具有超越另

① 因为监督法律关系的主体可以是多种多样的，例如，说人民代表大会与行政机关之间也存在监督法律关系，但这种关系与检察机关没有关联，不能称之为法律监督关系。

一方主体的权力，在与中国共产党的机关（党委）和人民代表大会机关的关系上，检察机关总是作为被领导、被监督的一方；在与被监督者的关系上，检察机关与它们则是平等的权力主体关系，都必须根据宪法和法律的规定实施自己的权力行为。也就是说，法律监督作为一种公权力，同样要遵从公权力“法无规定不能为”的基本权力规则，无论被监督者是国家机关还是涉嫌职务犯罪的当事人，当检察机关超越宪法和法律规定行使权力时，一样也会因为法无规定而归于无效。当然，在检察系统内部，上下级检察机关之间是领导与被领导的关系。

之所以将党的机关、人大机关和上下级检察机关也作为法律监督的主体，是因为检察机关和它们之间的关系也符合一般法律关系的要件。我国宪法明确规定了中国共产党的领导地位，明确规定人民检察院由人民代表大会产生并对它负责，明确规定了上下级检察机关之间的领导与被领导关系，《人民检察院组织法》也明确了上下级检察机关之间的领导与被领导关系。而检察机关的唯一职能就是法律监督，这说明检察机关在履行法律监督职能过程中，与这些机关之间是以法律规范为基础建立的特定关系，而且这些关系也体现了国家的意志，是以国家强制力为后盾保证实施的。所以说法律监督关系是一种特殊的法律关系。

2. 关系客体的单一性

对于法律关系的客体虽然存在争议，但一般认为包括物、行为和智力成果。不过，在具体的法律关系中，并不是每一组法律关系都会包含这三种客体，而法律监督关系的客体只能是行为而不可能包括物和智力成果。就行为的程度和内容而言，当论及中国共产党和人民代表大会对检察机关的领导和监督关系时，检察机关的一切行为都是这个关系的客体，易言之，检察机关必须全方位接受中国共产党和人民代表大会的领导和监督，并不能因为中国共产党和人民代表大会对检察机关领导、监督的方式和内容的不同而认为检察机关就是被选择性领导和监督；当论及检察机关与被监督者的关系时，只有被监督者的严重违法行为才应当成为这个关系的客体，因为法律监督的根本目的是维护宪法和法律的统一正确实施，而法律实施的内容十分广泛，既包括宪法的实施，也包括各个部门法、行政法规和地方法规等的实施；既包括国家机关适用法律的行为，也包括社会组织和公民遵守法律的行为；既包括合法行为，也包括非法行为。检察机关作为一个专门的法律监督机关，显然难以面面俱到。因此，法律对应当实施法律监督的行为作了限制性规定，主要包括国家工作人员涉嫌职务犯罪的行为，公安机关和人民法院在刑事诉讼中的违法行为，司法行政机关在刑罚执行过程中的违法行为，人民法院在民事诉讼和行政诉讼中的违法行为，人民法院在国家赔偿中的违法行为，等等。

3. 内部关系的制约性

一般而言，在一个宏观授权的权力内部，一般还要采取“条条分割”、“块块分割”或“条块结合”等方式对具体权力进行再次分解和分工，以实现对权力的科学配置，既防止权力主体的不作为，也防止权力主体的乱作为。有的单位是采取权力内容横向分块的形式进行配置，如公安部的诸多侦查局负责侦查不同类别的刑事案件；有的单位按照地理区域分块的形式进行配置，如最高人民法院刑事立案庭的几个合议庭分别负责不同的省、区、市。在检察机关内部权力的再次分解和分工上，则突出体现了“条条分割”的特征，基本上是按照诉讼程序的顺序对权力进行配置，充分体现了内部关系的制约功能。其中，以职务犯罪的办理最为典型，职务犯罪的侦查工作由侦查部门负责，符合逮捕条件的，交由侦查监督部门决定逮捕，侦查终结后符合起诉条件的，则移送公诉部门负责审查起诉，法院判决并交付执行后，则由监所部门负责对刑罚执行进行监督。在强化对权力制约监督的大背景下，虽然不少行政机关也逐步注重内部权力配置上的制约和监督，但是像检察机关具有这样典型的内部制约与监督关系还不多。事实上，检察机关也不具备按照权力内容或者地理区域进行权力再配置的条件，这是由诉讼规律所决定的，而这也正是法律监督关系不同于一般法律关系的地方。

二、法律监督关系的分类与表现形式

（一）法律监督关系的分类

在法律监督关系的诸多内容之中，根据不同的分类标准，可以对它们进行不同的分类。

（1）按照法律监督关系产生的依据、执行的职能和实现方式的不同，可以分为调整性法律监督关系和保护性法律监督关系。调整性法律监督关系是法律监督运行权力主体根据诉讼环节而依法实施的正常行为而产生的法律关系，它不需要适用法律制裁，法律监督主体之间即能够依法行使权力（权利），履行义务。保护性法律监督关系是检察机关对于被监督的权力主体违法行为而产生的旨在恢复被破坏的社会关系的法律关系，它一般需要检察机关采取抗诉、纠正违法通知书、检察建议等具有一定“程序性制裁”手段的方式来督促权力主体依法行使权力（权利），履行义务。

（2）按照法律主体在法律监督关系中的地位不同，可以分为纵向法律监督关系和横向法律监督关系。纵向法律监督关系是指检察机关与不平等的权力相对方之间所建立的服从关系，如中国共产党对检察机关实施全方位的领导，检察机关由人民代表大会产生并对其负责。横向法律监督关系是指检察机关与平等的权力相对方之间建立的平等关系，如检察机关与公安机关、人民法院的关系。

（3）按照法律主体是否直接参与法律监督权的具体运行，可以分为法律监督的外部关系和法律监督的内部关系。法律监督的外部关系，是指检察机关与法律监督权运行机制之外法律主体的关系，如检察机关与中国共产党和与人民代表大会的关系，这些法律主体不直接参与法律监督权的运行。法律监督的内部关系，是指检察机关与直接参与法律监督权运行的法律主体之间的关系，既包括检察机关与公安机关和人民法院的关系，也包括检察机关上下级之间和检察机关内部不同部门之间的关系。

（二）法律监督关系的表现形式

法律监督关系不同，其表现形式也必然不同，法律监督关系主要有三种表现形式。

1. 领导与被领导

这种形式主要体现在党的机关（党委）、人大机关对检察机关的领导，上下级检察机关之间的领导与被领导。党（党委）的领导主要体现在政治领导、组织领导和思想领导等宏观方面，有关具体工作主要是通过党委政法委实施。人大的领导主要体现在各级检察机关由人民代表大会产生，对它负责，受它监督，具体方式就是检察机关的执法监督，一般称之为“人大监督”①。上下级检察机关之间的领导与被领导关系在我国宪法和人民检察院组织法中均有明确规定，即最高人民检察院领导地方各级人民检察院和专门人民检察院的工作，上级人民检察院领导下级人民检察院的工作。

2. 诉讼制约

诉讼制约是指参与办案的主体在办案程序上的互相制约，而不是检察机关单方对另外一方的制约，包括职务犯罪侦查、审查批准（决定）逮捕、审查起诉和抗诉。对于抗诉，很多观点认为属于诉讼监督，是诉讼监督的一种

---

① 这里说人大监督或者说人大领导并不矛盾，各级检察机关由人民代表大会产生，对它负责、受它监督就充分体现了人大的领导，人大对检察机关的执法监督是人大对检察机关实施领导的一种表现形式。

方式。但本书认为，抗诉有其法定的条件，在法定条件成就的前提下，检察机关的抗诉只是启动了对案件再次审理的程序，这种程序不必然导致判决实体结果的改变，也就是说，是否支持检察机关的抗诉理由仍然是法院的一家权力，所以抗诉本质上还是检察机关和审判机关之间的互相制约。

3. 诉讼监督

诉讼监督是指检察机关依法对刑事诉讼、民事诉讼和行政诉讼活动实施的法律监督。包括刑事立案监督、侦查活动监督、刑事审判活动监督、刑罚执行和监管活动监督、赔偿监督、死刑复核程序监督、民事诉讼与行政诉讼监督、民事执行活动监督等。

4. 其他形式

检察机关在制定司法解释、预防职务犯罪和参与社会管理过程中，法律监督关系的表现形式相对较多。

在上述四种表现形式中，第二种和第三种形式是法律监督权运行机制中的形式，也是法律监督关系中最主要的表现形式；第一种和第四种形式是法律监督权运行机制之外的形式。

第二节　理性法律监督要协调处理好的外部关系

法律监督的外部关系，是指检察机关与法律监督权运行机制之外法律主体的关系，主要包括检察机关在履行法律监督职能过程中与党的机关和人大机关的关系，虽然它们不直接参与法律监督的具体运行，但是构成了法律监督运行机制的外部权力关系。其实，法律监督的权力关系不可能处于真空之中，它必然处于更大的社会关系之中，包括政治关系、经济关系、法律关系、文化关系、舆论关系等。法律监督的外部关系的优化对于法律监督的良性运转具有十分重要的有意义，有利于检察机关有效地履行法律监督职责，有利于国家各项监督制度形成监督的合力，有利于维护法律的权威与统一，消除刑事司法中的“隐形程序”①。所以，在法律监督权运行机制之外，检察机关

① 隐形程序，是指在司法机关内部使用或者认可但未向外界公布的办案规则与程序。这些隐形程序在静态上主要是以内部红头文件、请示、批示、指示、通知、讲话、经验总结、惯例等形式表现出来的。例如，当前检察机关建议公安机关撤案的做法即为非适法状态的权宜做法。建议撤案应该说并不是一个制度化的做法，是指检察机关审查起诉部门经过审查，向公安机关发出建议撤案函，公安机关同意撤案的递交撤案函，从而终结诉讼的一种现实做法。参见蔡柏林、纪丙学：《法律监督外部关系优化研究》，载《法学杂志》2007 年第 6 期。

需要正确认识并重点协调处理好以下几个方面的关系。

一、党委、人大领导与独立行使法律监督权的关系

我国宪法明确确立了中国共产党的领导地位，规定最高人民检察院对全国人民代表大会和全国人民代表大会常务委员会负责，地方各级人民检察院对产生它的国家权力机关和上级人民检察院负责。我国宪法和有关法律还规定，人民检察院依照法律规定独立行使检察权，不受行政机关、社会团体和个人的干涉。这些规定明确了中国共产党、人民代表大会对检察机关的领导地位和检察机关行使检察权的独立地位，检察机关要正确认识并处理好二者之间的关系。我们要从中国特色社会主义政治制度的高度来认识这个问题，政治制度的特色体现在司法体制上就是党的领导、人大监督与司法机关依法独立行使职权的有机统一。党委和人大的领导是法律监督工作顺利开展的根本保证。党委在路线、方针和政策方面的领导与人大监督的基本精神是一致的，有利于防止法律监督工作出现方向性偏差，也有利于检察机关排除各种干扰，确保依法独立公正行使法律监督权。检察机关独立行使法律监督权是在党的领导和人大监督之下的独立，因为国家法律是在党的领导下制定的，是人民意志的体现，依法独立履行法律监督职能是党对检察机关的基本要求。只有独立地行使法律监督职能，才能真正将党和人大的精神落到实处。因此，检察机关必须把二者有机统一起来，把坚持党的领导、人大监督作为检察机关必须遵守的政治原则，任何时候、任何情况下，都要与党中央保持高度一致，坚决防止以强调独立行使检察权为由否定党的领导和人大监督。

在推进依法治国进程中，有观点认为基于司法规律，主张司法机关应当独立，应当“非党化”。唯物主义告诉我们，一国的经济社会发展水平和国情决定了一国的政治制度和司法制度。即便是在政治制度几乎相同的国家，司法制度也存在差异，世界上没有也不可能有一种普适的标准化司法制度。西方国家的司法独立和“非党化”根植于两党或多党制，它们分别代表不同阶层和群体的立场和利益，轮流执政时一样体现其所代表阶层和群体的利益而不是最广大民众的全体利益，而司法机关是全社会的法律执行者，不可能只接受其中某一政党的领导，代表某一阶层和群体的立场和利益，否则就无法保持中立地位。在我国，中国共产党是执政党，其他党派参政议政，中国共产党代表的是中国最广大人民的利益，为了最广大人民的福祉而奋斗。所以，司法机关服从共产党的领导是天经地义的，这是历史的选择、人民的选择。特别是在我们这样一个有两千多年封建社会历史，人治、等级、特权和

重权轻法、重言轻法、重情轻法等封建思想观念残余还严重存在，影响法律统一正确实施的因素相当多的大国，没有共产党的坚强领导，依法治国的目标就根本不可能实现。我们还要明确宪法规定的依法独立行使检察权不是绝对的“独立”，而是在坚持党的领导和人大监督的前提下，相对于行政机关、社会团体和个人的独立。因此，我们无法实行也不能实行西方的那种“非党化”的司法制度。况且，西方所谓的司法机关“非党化”和司法独立也不是绝对的，因为离开政治的司法是不存在的；司法人员不加入党派，并不等于他没有某一党派的思想观点和思想倾向；西方国家政党干预司法的现象并不鲜见。①

在司法实践中，出于维稳和化解矛盾的需要，个别基层党委或党委政法委的领导可能会对具体案件的处理作出指示或者予以协调，客观地讲，有些指示和意见并不符合法律规定甚至是违法的。对此检察机关既要防止盲目上纲上线，武断地认为这是党委领导干预司法个案；又要防止无原则甚至违法服从，而是要正确认识、依法处理。第一，法律监督工作是一项法律专业性很强的工作，对案件的分析判断需要专业的知识和专业的思维。在实践中，一些党委的领导同志并不是法律的科班出身，更不是法律业务专家，检察机关不能要求党委的指示和意见都符合法律规定。事实上，对于有些案件的定性分析，即便法律专业人员的意见也经常分歧很大，遑论没有学过法律的党委领导同志。而且，检察机关与党委属于不同的工作岗位，“不在其位，不谋其政”，正如有的领导同志的意见不符合法律规定一样，检察机关有时候也很难设身处地地考虑党委全局工作的难度。因此，检察机关不能武断地将个别不合法甚至违法的指示、意见一律视为“以言代法、以权压法”或“干预依法办案”。第二，我国公务员法第54条规定：“公务员执行公务时，认为上级的决定或者命令有错误的，可以向上级提出改正或者撤销该决定或者命令的意见；上级不改变该决定或者命令，或者要求立即执行的，公务员应当执行该决定或者命令，执行的后果由上级负责，公务员不承担责任；但是，公务员执行明显违法的决定或者命令的，应当依法承担相应的责任。”可见，法律是执行领导决定或命令的一条红线，对于明显违法的决定或者命令，检察机关也不能无原则地服从。对此，首先要弄明白这些指示和意见的基本出发点，再看是否明显违法，然后再决定是否执行。如果出发点是好的，又没

---

① 参见朱孝清：《学习落实六观需要正确认识和把握的几个关系》，载《检察日报》2011年9月7日第3版。

有违反法律的禁止性规定，要在向领导同志汇报、解释清楚法律规定后再定是否执行，这也是检察机关对党负责、忠诚于党的基本义务，也是对具体领导同志个人负责任的表现。在实践中，“个别地方的领导干部把坚持党对司法机关的领导原则误读误解，变成个人对司法机关依法独立公正办案的干预，为以言代法、以权压法、徇私枉法打开了方便之门”①。如果领导同志的指示和意见明显违法，检察机关汇报后领导同志仍然坚持原来的指示和意见，检察机关则要按程序报请上一级检察院协调，争取上级检察院的支持，以维护法律统一正确实施，否则检察机关就不是在维护党的领导，而是在损害党的领导。

二、服务社会经济发展大局与立足法律监督本职工作的关系

马克思主义哲学认为，全局是指事物的各内部要素相互联系构成的有机统一体及其发展的全过程，全局由局部构成，但全局不等于局部的简单相加，当局部以科学的结构形成全局时，全局就具有全新的功能，全局的功能就会大于局部功能之和；局部是全局的局部，全局居于主导地位，统率着局部，全局具有局部没有的功能，离开了全局，局部就不再是全局意义上的局部，当局部以蒙昧的结构形成全局时，就会损害全局功能的发挥。在我国，经济社会发展大局是党和国家的工作全局，具有统领性、目标性、引导性。法律监督本职工作与之相比就是局部，法律监督这个局部就要服从和服务于经济社会发展这个大局。因此，检察机关要关心大局，关心党和国家的中心工作与重大决策部署，关心当地经济社会发展的思路和特点，要自觉把法律监督工作放在经济社会发展大局中去谋划和推进，把每一起案件、每一项工作都放在大局中去考量，切实做到执法想到稳定、办案考虑发展。②

同时，法律监督服务大局要找准切入点和着力点，既不能离开大局关门办案、孤立办案、就案办案、机械执法，又不能离开法定职能去“服务”大局，更不能借口保护地方经济发展而放弃履行职责、不敢办案。检察机关要坚持把执法办案、履行法律监督职能作为服务大局的基本途径，立足理性法律监督、改进执法方式、深化职能内涵、延伸法律服务，提升服务大局的综

---

① 孙谦：《凝聚法治共识，提升司法品质》，载《中国社会科学报》2012 年 11 月 30 日 A6 版。

② 参见朱孝清：《学习落实六观需要正确认识和把握的几个关系》，载《检察日报》2011 年 9 月 7 日第 3 版。

合效果;[1] 要切实做到服务经济社会发展大局与执法办案的有机统一，实现执法办案维护人民权益，化解矛盾纠纷，维护社会稳定，维护公平正义，维护社会主义法制统一、尊严和权威，推进反腐倡廉建设，为经济社会发展保驾护航。

三、司法需求的无限性与法律监督的有限性的关系

目前，我国已建成一个以宪法为核心和统帅，以法律为主干，涵盖多部门多层次的法律规范，形成了内部科学、和谐、统一的中国特色社会主义法律体系，解决了有法可依的问题。随着经济社会的发展，我国正处于全面建设小康社会的关键时期和深化改革开放、加快转变经济发展方式的攻坚时期，国内经济社会发展方式正在经历转型，改革向更深层次拓展，但是中国发展产生的国际张力与面临的国际阻力前所未有，加之国际金融危机持续蔓延，触底反弹时间尚不明朗。所以，一些领域的各种矛盾必然更加凸显，纠纷必然更加复杂。同时，公民民主法治意识日益增强，社会成员诉求由单一化迅速向多元化发展。面对这些矛盾和问题，依靠传统的压制手段解决问题显然已经难以奏效，越来越多的社会矛盾和问题将以诉讼的形式进入司法领域，企事业单位和人民群众的司法需求也将日益增长，对司法公正的要求也将越来越高。但在现实生活中，有法不依、执法不严、违法不究的问题还比较突出，“当前人民群众对实现司法公正并通过司法公正促进社会公正的愿望十分强烈，而近年来通过推动司法改革和加强司法监督，司法不廉、司法不公的状况有所改善，但仍然不尽如人意，离社会需求和民众愿望尚有相当差距”[2]。

在解决这个矛盾的过程中，因为检察机关身负法律监督职责，社会和民众必然对法律监督寄予更多的期待和要求，希望检察机关强化对权力的制约和监督，以维护企事业单位的正常生产经营秩序和合法权益，保障公民的合理合法诉求得到解决。但是，在转型期的社会矛盾和社会对司法的需求成正比例迅速增长的同时，宪法和法律赋予检察机关的法律监督权又是有限的，法律监督也不可能成为“包打天下”的“灵丹妙药”。在这种情况下，检察机关既要看到这些矛盾给法律监督带来的发展机遇，也要看到给法律监督带

① 参见陈云龙:《正确处理六大关系，努力实现检察工作科学发展》，载《人民检察》2012 年第 7 期。

② 龙宗智:《理性对待检察改革》，载《人民检察》2012 年第 5 期。

来的严峻挑战，当社会和民众的期待久久不能变成现实的时候，它们便会转而责怪、攻击法律监督。对此，检察机关一要加大对工作的宣传，进一步强化检务公开，在提高执法透明度、推进释法说理、增强检民互动上下工夫，加强民意沟通，让社会和民众知道法律监督的职责权限，哪些有权为，哪些无权为，并积极接受企事业单位和群众的监督。二要强化权力的人民属性，坚持走群众路线，思想上尊重群众、感情上贴近群众、工作上深入群众，认真倾听和回应群众呼声，努力为人民群众办实事、办好事、解难事。三要加强和改进执法办案，着力解决民生问题，维护群众合法权益。对于公安机关违法采取强制性侦查措施和刑讯逼供、暴力取证以及错捕漏捕、错诉漏诉等侵犯公民权利的突出问题，应通过加大刑事诉讼监督力度，切实及时予以纠正；对于违法减刑、假释、暂予监外执行以及超期羁押、体罚虐待被监管人等侵犯公民权利的突出问题，应通过加大刑罚执行和监管活动监督力度，切实及时予以纠正；对于涉及侵害民生的民事、行政错误裁判行为，应通过加大民事审判和行政诉讼监督力度，切实及时予以纠正；对于由于国家机关及其工作人员的作为或者不作为造成公民的人身权利、财产权利、民主权利受到侵害构成犯罪的，要坚决依法立案侦查，及时追究有关人员的刑事责任；对受到国家机关及其工作人员职务行为侵害的相对人依法及时给予国家赔偿；等等。①

四、舆情民意监督与严格依法办案的关系

随着互联网和信息技术的发展，传统的传播媒介和传播方式正不断受到新媒介和新方式的冲击和挑战。在传播媒介上，我们已经进入文字、声像、网络、通信等方式综合使用的“全媒体”② 时代；同时，个人传播者通过现代化、电子化的手段，向不特定的大多数或者特定的单个人传递有关信息的

① 参见王学成：《推动检察工作科学发展需要正确处理八大关系》，载《政法学刊》2011 年第 2 期。

② “全媒体”的概念并没有在学界被正式提出，它来自于传媒界的应用层面。媒体形式的不断出现和变化，媒体内容、渠道、功能层面的融合，使得人们在使用媒体的概念时需要意义涵盖更广阔的词语，至此“全媒体”的概念开始广泛适用。参见百度网百科名片，http://baike.baidu.com/view/1491255.htm，访问时间：2013 年 2 月 12 日。

"自媒体"① 方式正潮水般涌进人们的生活。受此影响，人们对所有问题的所有表达几乎不再受到任何限制，微信、微博、博客、即时交流平台以及Facebook、Twitter、Qzone、人人网等托管平台可以随时随地成为每一个嬉笑怒骂的麦克风。因此，在近年来检察机关办理的每一起重大刑事案件的背后几乎都能看到汹涌的民意表达。从苏秀文驾宝马车撞死农妇案、许霆恶意提款案、杭州飙车撞人案、邓玉娇杀人案、李昌奎强奸杀人案，到黎庆洪涉黑案、薄谷开来故意杀人案、吴英集资诈骗案、洛阳性奴案等，这些案件在拷问着人们的良知和底线的同时，也给我们留下了不少颇为深刻的思考，民意与司法在这些案件中也屡屡发生激烈的碰撞。因此，有人说舆情民意在推动司法走向正义；也有人说舆情民意干预了司法的独立。检察机关作为法律监督机关，严格执法是理所应当的选择，也是法律监督的职责所在。但检察机关在办理这些案件的过程中，即便是严格依法办理，也每每成为舆情刀俎之上的"鱼肉"，成为民意"爆炒"的对象，因此如何处理好舆情民意与严格执法的关系成为检察机关必须面对和解决的一个问题。

对于舆情民意是否应当介入司法，理论界的看法并不一致，有观点认为，司法的人民性决定了法院审理案件在裁量的空间内必须对人民的议论有所回应。司法不能排斥媒体，公众判断是滋养法官的泥土，媒体影响审判，是自明之理；② 也有观点与之相反，认为涉案民意不应当作为判决依据，民意审判与审判元规则是冲突的。③ 本书认为，在全媒体和自媒体时代，舆情民意与司法既不是水火不容也不是水乳交融，虽然同时存在"网络暴力"和司法不公，但是二者本质上对立统一于司法公正。独立是司法最重要的品格之一，公正司法的秉性天然排斥外部因素的干预，但是在一个足够理性成熟的法治社会，民意必然有充分的表达空间，理想化的舆情民意应当是理性的，而不是从开始就有干预司法的动机甚至借助媒体绑架司法。在现代法治国家，媒体通常将权力运行的环节及其影响在社会公众当中加以展现，并表达民众的评价，形成了对权力的制约，所以民意在一定程度上对想要影响或足以影响

---

① 美国新闻学会媒体中心在2003年7月出版的由谢因波曼与克里斯威理斯两位联合提出的"We Media"（自媒体）研究报告中，对"We Media"（自媒体）下了十分严谨的定义："We Media是普通大众经由数字科技强化、与全球知识体系相连之后，一种开始理解普通大众如何提供与分享他们本身的事实、他们本身的新闻的传播途径。"参见百度网百科名片，http://baike.baidu.com/view/45353.htm，访问时间：2013年2月12日。

② 参见何兵：《司法不能排斥媒体，公众判断是滋养法官的泥土》，载人民网，http://media.people.com.cn/GB/40606/10519611.html，访问时间：2013年2月12日。

③ 参见周永坤：《民意审判与审判元规则》，载《法学》2009年第8期。

司法的其他权力也是很好的制约和监督，让司法权在置于民意之下的同时也独立于其他公共权力的干预。当然，舆情民意具有双刃效应，如果舆情罔顾是非而以真理自居，越是非理性和情绪化的意见就越是容易一边倒并形成民意主流，那么司法处理意见很可能受制于民意主流，不然就会受到更大的攻击，这就造成事实上由媒体判决案件的结果。在网络媒体兴起之前，媒体与司法之间就多存芥蒂，到了网络时代，媒体的双刃效应则更加凸显，它既可以促使一些案件得到较为公正的审理，也可以施加压力让司法屈从于舆论，让司法的程序与结果偏离法律的规定，因此在客观上加剧了司法权的边缘化。这正如麦迪逊所说，“在雅典的6000人公民大会上，即使每个人都是苏格拉底，雅典公民大会也只可能是一群暴徒的大会”。[①] 中国法治尚不够理性成熟，司法体制和工作机制改革尚在进行之中，社会也正处于改革和转型时期，在这种过渡阶段，民意的参与监督可以成为法治走向成熟、司法走向独立的催化剂。但是民意的表达亦应逐步走向规范和理性，如果任由“网络暴力”的发展，司法很难不受影响，也很难真正接受其影响。因此，民意与司法应通过正常理性的渠道，形成良性的互动。

无论舆情民意在理论上是否应当介入司法，客观上的介入已是不争的事实，因此检察机关要做好应对和处理。当前，媒体舆情中的一些负面消息要比正面消息更受关注，一些案件的当事人和代理律师往往出于个人目的诉诸媒体，希望借此影响案件处理结果，“民愤”成为一种独特现象，并通过媒体被不断放大，部分案件司法机关基于舆情民意作出了一定程度的让步。这是司法领域舆情民意的现状及特点。[②] 检察机关目前对网络舆情重要性的认识已经比较到位，但是对舆情民意的收集和研判工作还比较滞后，专业从事这方面工作的人才比较欠缺，当然目前专门成立一支这样的队伍还比较困难，检察机关与舆情民意之间针对性强、有效互动的良性沟通机制还没有完全建立，因此应当在这些方面多做些功课，要“充分认识网络文化建设和管理的极端重要性，进一步增强做好涉检网络舆情掌握、研判和应对工作的历史使命感，以更加有效的措施、更大的工作力度，加强网络管理和应对工作，在任何时候、任何情况下都不能掉以轻心”[③]。对此，首先，检察机关在办理案

---

① 转引自张若渔：《即便人人苏格拉底，也要有制度》，载《中国经济周刊》2006年第25期。

② 参见叶萍：《试论检察机关如何应对舆情民意》，载《黑龙江省政法管理干部学院学报》2012年第5期。

③ 张耕：《切实做好网络舆情的研判应对工作，为检察事业科学发展营造良好氛围》，载《人民检察》2009年第18期。

件过程中要规范文明严格执法，忠于案件事实，忠于法律，依法收集、甄别和认定证据，准确适用法律。其次，在办理案件的时候具体问题具体分析，处理好打击犯罪与保障人权的关系，适用好宽严相济的刑事政策。再次，对于越是敏感性强、容易被媒体炒作的案件，越要坚持依法办案，做到实体与程序并重，确保办成铁案，确保执法办案客观公正，确保经得起历史的检验。最后，在办案过程中，既要防止将案件放置在真空之中，拒绝接受舆情民意的监督；也要防止曲意迎合舆情民意，放弃法律底线。对于舆情民意较为关注的案件，要做到：发现在早，处理在小；厘清主线，查明真相；主动引导，及时回应；坦诚相见，全媒展现；内外结合，权威解读。

五、服务经济社会科学发展与实现自身科学发展的关系

党的十七大把科学发展观确立为中国特色社会主义理论体系的主要内容并写入党章，这是我们党在指导思想上的一次重大理论创新。胡锦涛同志在党的十七大报告中对科学发展观作了全面系统阐述，强调指出，科学发展观是我国经济社会发展的重要指导方针，是发展中国特色社会主义必须坚持和贯彻的重大战略思想；是立足社会主义初级阶段基本国情，总结我国发展实践，借鉴国外发展经验，适应新的发展要求提出的重大战略思想。并号召全党全国要从进一步转变发展观念、转变经济增长方式、转变经济体制、转变政府职能、转变各级干部的工作作风五个方面贯彻落实好科学发展观。曹建明检察长在第十三次全国检察工作会议上强调，当前和今后一个时期检察工作最根本的是必须深入贯彻落实科学发展观，牢固树立社会主义法治理念，并提出要牢固树立推动科学发展、促进社会和谐的大局观，要牢固树立忠诚、公正、清廉、为民的核心价值观，要牢固树立理性、平和、文明、规范的执法观，要牢固树立办案数量、质量、效率、效果、安全相统一的业绩观，要牢固树立监督者更要自觉接受监督的权力观，要牢固树立统筹兼顾、全面协调可持续的发展观。

检察工作服务经济社会科学发展与实现自身科学发展是相互联系、相辅相成的，构建理性法律监督关系必须正确认识并处理好二者之间的关系。服务经济社会科学发展是检察工作自身发展的目的和要求，如果检察工作没有目的地发展，也不符合经济社会发展的要求，那么检察工作就失去了存在的终极意义；实现自身科学发展是为经济社会科学发展提供法治服务的基础和保障，如果检察工作自身的发展盲从、欠缺甚至是畸形的，那么就无法为经济社会的科学发展提供法治服务。检察工作只有首先实现自身科学发展，才

能更好地服务经济社会科学发展；也只有在为经济社会科学发展提供法治服务的过程中，才能实现自身科学发展。为此，一要进一步领会科学发展观的精神实质和核心内容，增强用科学发展观指导检察工作的主观意识，自觉运用科学发展观的立场、观点和方法来思考、谋划和推动检察工作。二要充分发挥法律监督的职能作用，突出工作重点。当前，发挥法律监督的职能作用，就要在做好法律监督日常工作的同时，将工作重点放在打击破坏转变经济发展方式、转变经济体制和侵害民生的犯罪上，加大对贪污贿赂和渎职侵权犯罪的查处力度，以法律监督工作促进政府职能转变和干部作风转变。三要准确适用法律，把握宽严相济刑事政策。执法办案要忠于案件事实证据，忠于法律，规范执法，文明办案，确保办理的案件经得起历史的检验；同时，要注意办理原则性与灵活性的有机结合，既要统一掌握执法尺度，又要在法律允许的范围内具体问题具体分析，在综合考量案件的起因、手段、情况、后果和社会影响等因素的前提下，当宽则宽，当严则严，宽严相济，要把执法办案与加强社会管理、化解社会矛盾有机结合起来。四要履行在法律监督职能的过程中认真查找影响自身科学发展的制约性因素，着力解决自身发展与服务经济社会科学发展不符合、不适应、不协调的一些突出问题，要在充分调研的基础上，采取切实可行的措施，推动自身科学发展。同时，要注重检察队伍建设和科技装备建设，努力为检察工作的科学发展提供保障。

第三节　理性法律监督要协调处理好的内部关系

法律监督的内部关系，是指检察机关与直接参与法律监督权运行的法律主体之间的关系，要么是直接参与法律监督权的横向运行的关系，要么是法律监督权适用和内部分配的关系，它们对法律监督权的运行至关重要。对此，检察机关需要正确认识并协调处理好打击犯罪与保障人权的关系，办案数量、质量与效果的关系，业务建设与队伍建设的关系，查办职务犯罪与预防职务犯罪的关系，检察业务发展与检务保障的关系，实体公正与程序公正的关系，互相配合与制约监督的关系，等等。对于这些内容，已有不少专家学者予以深刻论述,[①] 本书再选择以下几个方面的内容予以论述，权当狗尾续貂。

一、法律监督权的拓展性与权力行使谦抑性的关系

中国特色社会主义法律体系的形成为全面推进依法治国提供了坚实的法律基础。作为公正、高效、权威的社会主义司法制度的重要践行者和有力捍卫者，检察机关必将由此赢得更好的发展契机，法律监督必然得到进一步强化。2012 年刑事诉讼法细化了逮捕条件，完善了逮捕程序，延长了职务犯罪案件决定逮捕的期限；完善了证据制度，规定了审查起诉环节的非法证据排除；规定了侦查讯问时录音录像制度；规定了辩护人及时告知无罪和不负刑事责任证据的制度和庭前会议制度；完善了起诉、不起诉和诉讼监督制度；还规定了检察机关有权对有关特别程序实施法律监督。因此，可以说这是“刑事诉讼法对检察功能的全面强化”[②]。2012 年民事诉讼法扩展了法律监督的环节，法律监督及于民事诉讼和民事执行全过程；扩展了对生效法律文书进行法律监督的范围，将调解书包括在内；扩展了法律监督的对象，检察机关有权对审判人员的程序违法行为进行法律监督；扩展了法律监督的方式，将检察建议规定为法定的法律监督方式；调整了法律监督的层级，检察机关对法院的同级法律监督也被肯定，并被赋予调查权以保障法律监督职权的有效行使。这些新规定完善了法律监督制度，拓展了法律监督范围，充实了法律监督内容，增强了法律监督刚性，这也是法律监督权得以强化、检察职能得以发展的过程，拓展性不言而喻。

但是，任何国家权力都有被滥用和进行自我扩张的属性，法律监督权亦然。“检察权是一项单独的、典型的国家公权力，检察权在行使的过程中，

① 参见童建明:《加强诉讼监督需把握好的若干关系》，载《国家检察官学院学报》2010 年第 5 期；崔伟:《推动检察工作科学发展需要正确把握和处理的几个关系》，载《人民检察》2011 年第 10 期；蔡宁:《检察机关深入贯彻落实科学发展观要正确处理八个方面的关系》，载《甘肃法制报》2007 年 11 月 7 日第 3 版；王振华:《以科学发展观为统领正确处理好检察工作中的十个重大关系》，载《辽宁日报》2007 年 1 月 12 日第 2 版；王学成:《推动检察工作科学发展需要正确处理八大关系》，载《政法学刊》2011 年第 2 期；葛森林:《检察工作科学发展应处理好十大关系》，载《新重庆》2008 年第 12 期；王荣彪:《正确把握好五对关系开创检察工作新局面》，载《绍兴日报》2007 年 12 月 9 日第 3 版；等等。

② 龙宗智:《理性对待法律修改　慎重使用新增权力——检察机关如何应对刑诉法修改的思考》，载《国家检察官学院学报》2012 年第 3 期。

应当体现谦抑原则。”① “权力谦抑是权力膨胀的对立面，表现为严格遵守宪法和法律授予的权限，规范谨慎行使，非法勿言、非法勿行。”② 所以，越是在国家重视对权力制约和监督，法律监督权得到强化的时候，检察机关越是要用理性思维指导法律监督，谦抑地行使法律监督权。首先，要对法律监督准确定位，我国的法律监督是一项专门监督而不是一般监督，是有限监督而不是普遍监督，所以法律监督不能包打天下，而是要立足法律规定开展本职工作。其次，要审慎行使各项权力，对于法律规定的各项监督权力，检察机关要做到当为则为，不当为则不为。例如，对公安机关侦查活动中违法行为的纠正意见书，只是启动了公安机关的自查自纠机制，并无直接处分违法人员的实体权力；对法院判决、裁定、调解的抗诉也是启动重新审理的程序，不能要求法院完全按照检察机关的抗诉意见进行审判。因此，检察机关要时刻牢记诉讼权力的分工和诉讼程序的环节，不能以法律监督权代替侦查权、审判权或者刑罚执行权。再次，要科学构建组织结构，并不是机构越多越好，要充分考量工作职能、工作量、队伍素质能力等多种因素构建组织结构，避免人浮于事，机构重叠。最后，要遵从监督方式的比例原则，注意区分不同的违法方式启用不同的监督方式，既要避免力度不够，也要避免小题大做；需要刚性监督的时候，就要雷霆万钧，绝不手软，需要温文谦和的时候，也要春风化雨，循循善诱。“诉讼监督的谦抑性并非抑制监督，其前提依然是依法监督，对于法律所赋予的监督权力依然要坚决行使，通过提出纠正意见，促使被监督机关形成和完善相关机制，而不是越俎代庖、取代被监督机关执法的权力。同时，诉讼监督的谦抑性并非弱化监督，对被监督者过分迁就和避让，而是旨在寻求一种更能调动被监督方主体意识、获取被监督方内心认同的监督方式，实现监督效益的实质提高，其落脚点仍然在于强化诉讼监督。”③

---

① 孙谦：《中国的检察改革》，载《法学研究》2003 年第 6 期。该文认为，法律监督权与检察权是一个事物的两个概念，或者说是从不同的角度表述同一事物。当我们提及法律监督权的时候，强调的是它的性质和功能；当我们提及检察权的时候，强调的是它的具体权能和实际行使。

② 方工：《刑事司法权需要谦抑》，载《检察日报》2011 年 6 月 23 日第 3 版。

③ 此处说的是诉讼监督，本书认为诉讼监督是法律监督的下位概念，但是二者在权力谦抑性上的道理是相同的。程晓璐：《检察机关诉讼监督的谦抑性》，载《国家检察官学院学报》2012 年第 2 期。

二、诉讼制约与诉讼监督的关系[①]

曹建明检察长在第十三次全国检察工作会议上指出，检察机关要加强与其他执法司法机关的良性互动，处理好诉讼监督与诉讼制约的关系；要加强检察机关各个执法环节的相互制约，加强上级检察院对下级检察院执法办案活动的监督。本书认为，诉讼制约与诉讼监督统一于法律监督，属于不同的法律监督方式，但二者侧重点不同，诉讼制约侧重于诉讼职能，诉讼监督侧重于监督职能。科学认识并处理好诉讼制约和诉讼监督的关系，对于准确把握公检法三机关的职能定位和权力配置，做好法律监督工作具有重要的意义。

在刑事诉讼中，将侦查、起诉和审判三项权力赋予不同的机关来行使，使这三项权力在诉讼过程中互相制约，是由诉讼的规律所决定的，也是世界各国的普遍选择。我国宪法和法律对此均有明确规定，与西方不同的是，我国检察机关在参与诉讼，与公安机关和审判机关互相制约的同时，宪法和法律还赋予检察机关诉讼监督职能。对此，理论界和实务界均有将法律监督等同或混同于诉讼监督的观点，认为检察机关的侦查、批捕、起诉都是诉讼监督，这就混淆了诉讼制约与诉讼监督的关系，将二者等同或混同使用。在我国，诉讼制约是指公检法等参与诉讼的国家机关之间互相制约，诉讼监督则是特指检察机关对公安机关、审判机关、刑罚执行机关的单方监督。公检法三机关对自己的执法监督分别称为警务督察、自我监督和审判监督，不称为诉讼监督。诉讼制约包括三个方面：一是职务犯罪侦查权对其他公权力的制约；二是审查逮捕和审查起诉对侦查权的制约；三是刑事案件出庭支持公诉和刑事、民事、行政案件的抗诉是对审判权的制约。诉讼监督包括刑事立案监督、侦查活动监督、刑事审判活动监督、刑罚执行和监管活动监督、赔偿监督、死刑复核程序监督、民事诉讼监督、民事执行监督、行政诉讼监督。

诉讼制约与诉讼监督的功能与目的相同，本质上都是控制侦查权、检察权和审判权的滥用，都是确保实现司法公正的手段而不是目的。但二者运行机理有别。一是权力运行的方向不同。诉讼制约是一种双向行为，互相制约；诉讼监督是一种单向行为，是检察机关的单方督察。二是权力运行的前提不同。诉讼制约的运行要受先行为的限制，先行为发生后方能产生制约；诉讼监督不以先行为的发生为前提，在诉讼过程中随时可能发生。三是权力运行的作用方式不同。诉讼制约是诉讼权力的一种内力控制，主要依靠诉讼权力

---

① 参见张书铭：《诉讼制约与诉讼监督的关系》，载《检察日报》2011 年 8 月 3 日第 3 版。

运行的制度化、程序化；诉讼监督则是诉讼权力的一种外力控制，主要依靠外在权力，一般表现为纠正违法行为的意见或建议。四是控制权力的效力不同。诉讼制约是权力运行的体制内力，主要依靠权力运行的制度化、程序化来控制权力运行，刚性较强；诉讼监督主要依靠外在力量对权力运行进行督察，一般表现为对违法行为纠正的意见或建议，被监督者接受与否往往没有强制性法律规定，所以刚性不足。实践中，对于诉讼制约与诉讼监督的关系，多数研究者是立足于研究公诉与法律监督的关系，主要包括“二元论”、“取消论”、“一元论”和“适当分离论”。对于这些观点的主要内容，前文在评析我国法律监督监诉一体模式的时候已经做了列举和评析，此处不再赘述。本书认为，要厘清诉讼制约与诉讼监督的关系，仍然需要厘清监督、法律监督、诉讼监督和诉讼制约之间的关系。就检察机关的职能而言，从实然层面看，诉讼制约与诉讼监督统一于法律监督。因为“法律监督”是一种特殊的宪法授权，既是名称授权，也是职权授权，而从行使公权力的规律看，法无规定不能为。所以，检察机关对行政机关（职务犯罪侦查）、侦查机关、审判机关的诉讼制约是宪法意义上的“法律监督”，而这些机关对检察机关的反向制约就不是宪法意义上的“法律监督”，尽管这并没有影响反向制约仍然是监督的一种。

诉讼制约与诉讼监督在刑事诉讼中互相补充、相得益彰。在刑事诉讼中，公检法分工负责，诉讼制约贯穿其中，既有利于权力分工与权力衔接，又有利于权力控制和司法公正，是科学的权力设置，也符合诉讼规律。尽管如此，诉讼监督仍然非常必要。一是因为公检法三机关在司法实践中可能被异化为以侦查为中心，检察院和法院的工作在一定程度上可能会围绕公安机关的侦查来运转。“有时公安机关实际拥有的权力大大超过检察院和法院，秉公办案的道德自律亦不能对程序违法构成有效制约，这导致分阶段推进的程序演变成为侦查中心主义。”① 二是因为三机关制约可能被异化为“利益共同体”。办理刑事案件程序如同生产流水线，公检法如同三个生产车间，虽然工作内容不同，但是对产品质量却要共同负责，一旦出现冤假错案，三机关都要承担责任。而且，在信息化时代，每一个刑事案件尤其是命案都可能成为网络等媒体关注的热点。为了尽快平息事态，迅速给社会一个满意的交代，快侦、快捕、快诉、快审甚至联合办案更可能把三个机关变成“一家人”。由于三机关职能任务不同，对案件事实、证据的把握和要求也不尽相同，在案件办

① 韩大元、于文豪：《法院、检察院和公安机关的宪法关系》，载《法学研究》2011 年第 3 期。

理过程中，诉讼监督可以让诉讼制约触及不到但又事关司法公正的很多细节不被忽略。例如，公安机关和检察机关对立案标准的掌握不可能完全一致，如果没有立案监督，该立案不立案的案件就无法进入起诉和审判环节，可能引发以罚代刑。

在法律监督工作中，检察机关为协调处理好诉讼制约与诉讼监督的关系，一要分清法律监督职能中哪些是诉讼职能，哪些是监督职能，诉讼制约权力的行使要遵从诉讼规律，诉讼监督权力的行使要遵从监督的规律，只有这样才能正确地实施诉讼制约，理性地实施诉讼监督，否则很容易罔顾司法规律，动辄以诉讼监督者的身份自居，片面追求所谓的刚性监督。在诉讼制约中，既要尊重公安机关和审判机关对案件事实、证据的判断和处理意见，要运用法律规定发挥好制约作用，也要保障律师依法行使会见权、阅卷权、调查取证权、庭审中的言论豁免权等权利。在诉讼监督中，第一，加强立案监督，重点监督不该立案而立案、用刑事手段违法插手经济纠纷等案件，还要对立而不侦、侦而不结的问题加大督办力度；第二，加强侦查活动监督，重点监督刑讯逼供、非法取证、违法采取强制措施等案件；第三，加强刑事审判监督，重点监督适用简易程序、二审书面审、审判机关自行再审后改变裁判等案件，还要积极参与推进量刑规范化改革；第四，建立刑罚变更执行同步监督制度，加强刑罚执行和监管活动监督，重点监督减刑、假释、保外就医案件，被监管人死亡、伤残案件，加强和规范查办刑罚执行和监管活动中的职务犯罪工作；第五，建立死刑复核法律监督机制，要明确最高人民法院向最高人民检察院通报死刑复核案件的范围、内容、形式和时机，最高人民检察院提出意见的具体方式和最高人民法院对意见的处理和反馈等内容。本书认为，最高人民法院受理的全部死刑复核案件，包括核准、不核准和长期不能核准的案件，都应当向最高人民检察院通报，最高人民法院应逐案通报复核决定或者裁判文书；最高人民检察院认为确有必要时，可以死刑复核检察意见书的形式提出意见；最高人民法院应当以书面形式向最高人民检察院反馈意见，并通报案件处理结果。为此，需要构建诉讼制约与诉讼监督职能适度分离的工作机制，对此将在后文工作机制部分予以详细论述。二要坚持客观公正立场，不以片面的追诉倾向主导办案工作。从职能作用看，诉讼制约的诉讼功能较多具有追诉的属性，诉讼监督则较多具有监督属性，二者共存于检察机关，因此检察机关必须秉持公正立场，履行客观义务才算是真正处理好二者关系。三要保障诉讼平等和审判权威，刑事诉讼的“三角形”构造和诉讼规律决定了诉讼平等和审判权威的必要性和应然性。我国的诉讼体制仍然是以国家权力为重心，侦查控诉机关拥有辩护方无法比拟的力量与资源，在诉讼过程中，尤其要注意尊重辩护权利，保障诉讼平等，维护审判权威，要以理服人而不是以势压人。为此，检察机关在抗诉权的使用上，既要积极稳妥，又要慎重谦抑；检察官参加庭审要服从法官指挥，要依法提出审判监督意见。

三、加强检察一体化建设与发挥地方能动性的关系

检察一体化又叫检察一体，“它是指为保持检察权行使的整体统一，在肯定检察官相对独立性的同时，将其组成统一的组织体，即采取检察官所有活动一体化的方针”①。我国法律没有明确表述这一原则，但是宪法第 132 条第 2 款、人民检察院组织法第 3 条和第 10 条却体现了这一原则的核心内容。最高人民检察院组织编写的《检察机关执法规范培训学程》中指出，“各级检察院在侦查重大职务犯罪案件和其他检察工作中，应当发挥检察机关的整体优势，按照检察一体化工作机制运行的规律和模式，统一组织侦查活动，统一调度侦查力量和侦查装备，坚持上级领导下级、下级服从上级，同级互相支持配合，形成整体合力”。② 可见，检察一体化主要包括三个方面内容：一是上命下从，下级检察官服从上级检察官，检察官服从检察长，下级检察院服从上级检察院；二是职务继承与转移，检察长（上级检察院）有权对下属检察官（下级检察院）权限内的事务亲自进行处理或者移交所属的其他检察官（下级检察院）办理；三是跨区域执行职务，检察官虽然一般应在其管辖区域内执行职务，如有必要也可跨区域执行职务，或者请求有管辖权的异地检察官代为执行有关职务。

近年来，我国检察机关一体化建设取得了很大进展。在工作机制上，建立了请示报告制度，撤销、变更以及指令纠正制度，案件管辖上的提办、交办、督办参办制度和备案审查制度；在工作实践中，成立了侦查指挥中心，加强侦查协作，实行了职务犯罪案件决定逮捕权上提一级，以及上下级检察院公诉部门对职务犯罪案件的判决进行同步审查等加强监督的措施；在队伍建设上，建立了侦查人才库，形成了跨区域和跨级别调配人才的机制。在我国目前没有司法独立的体制机制性保障和执法办案受到干扰还比较多的情况

---

① 孙谦著：《检察：理论、制度与改革》，法律出版社 2004 年版，第 227 页。

② 最高人民检察院组织编写：《检察机关执法规范培训学程》，中国检察出版社 2011 年版，第 7 页。

下，这些措施对于保障上级检察机关的有力领导监督、排除下级检察院的办案困难、保障严格执法、促进司法公正发挥了重要作用。但是，这种体制也有其缺陷："一是检察一体化容易导致下级检察机关或检察官推脱责任；二是过于一体化的体制下难以发挥检察官个人的积极性，对解决不同案件的不同审理结果这样的难题不可能有效；三是下级检察机关或检察官在办理具体案件时容易受到上级检察机关或者检察官的不当影响。"[①] "在司法实践中，上级检察院以口头指示的方式，如通过打电话、当面交代、让人带话等方式，对下级检察官行使检察权的指挥和监督并不少见，这种过于随意的指挥方式不利于对检察官的权力进行有效的制约监督，容易导致检察权的滥用，甚至破坏检察官检察权的正确行使。"[②] 而且，各级检察院都是独立的负责任的执法办案单位，宪法和法律一样赋予它们独立行使检察权的权力，基层检察院更是全国法律监督工作的基础。因此，在检察一体化建设的过程中，也要注意一定的限度，注意调动和发挥基层检察院、地方各级检察院的主观能动性，避免它们成为上级检察院和最高检察院的附属机构或者内设机构。

四、民事法律监督与意思自治原则的关系

检察机关对民事诉讼法律监督制度的存废一直是近年来争论的焦点之一，在主张取消这种制度的观点中，"民法乃私法，民事诉讼法律监督有违意思自治原则"是其最主要的原因之一。[③] 2012 年民事诉讼法扩展了法律监督的环节、范围、对象和方式，调整了法律监督的层级，并赋予检察机关调查权以保障法律监督职权的有效行使。民事诉讼法虽然通过立法的形式为这些争论画上了句号，但是民事法律监督权如何理性行使的研究才走上新的起点，民事法律监督与意思自治原则之冲突在理论层面的争议仍然没有结束，因此需要正确认识并协调处理这个问题。

"意思自治也称为私法自治，是指民事主体依法享有在法定范围内的广

---

① 李清、万毅、杨亚民：《检察一体化与检察官独立：检察权运行的双重机制》，载刘佑生、石少侠主编：《社会主义法治理念与中国检察制度》，中国方正出版社 2007 年版，第 308 页。

② 储国梁等：《检察一体化中的权力制约》，载张智辉主编：《中国检察》（第 17 卷），中国检察出版社 2008 年版，第 233 页。

③ 参见宋朝武：《关于改革民事再审程序的几点思考》，载《法学评论》2003 年第 2 期；王贵东、杨宪文：《民事再审程序提起主体制度之改造》，载《河北法学》2005 年第 10 期；黄松有：《检察监督与审判独立》，载《法学研究》2000 年第 4 期；杨秀清：《我国检察机关提起公益诉讼的正当性质疑》，载《南京师范大学学报》（社会科学版）2006 年第 6 期。

泛的行为自由，并可以根据自己的意志产生、变更、消灭民事法律关系。”①意思自治原则作为民法的一项基本原则，贯彻于整个民法之中，体现了民法最基本的精神，其潜台词就是国家公权力不应过多地干预。而民事法律监督权作为国家公权力，其重要职责就是介入民事诉讼，对人民法院的审判活动和审判结果，以抗诉、检察建议或者调查等方式实施法律监督。因此，从表面来看，民事法律监督与意思自治原则之冲突确实存在，既有检察机关在审查民事判决的过程中与意思自治原则的冲突，也有与涉及侵害第三方的合法利益的民事行为或者民事诉讼的冲突，这是不容忽视的事实。但是，我们看到其冲突一面的同时，也要看到其协调的一面，即法律监督的根本目的在于保障和实现司法公正，这与民法和民事诉讼的目的是一致的。而且，“当前，理论界和立法界已经达成共识，即对当事人意思自治的尊重，应仅限于私权领域，对涉及他人利益以及国家利益和社会公共利益的场合，不得由当事人自由处分”②。这种共识得到了我国民法通则第 7 条和合同法第 7 条的认可，体现了民事活动不得违背法律，破坏社会公德，损害国家利益、社会公共利益和第三人合法利益的精神。事实上，自 20 世纪以来，随着垄断的加强，国家加强对经济领域的干预，私法自治原则受到了越来越多的限制。例如，在德国民法中，私法自治只被认为是当事人的一种相对的权利，当事人只能在法律规定的范围内行使自治权。③“在法律的本位由权利走向社会的现在，公共利益、公共秩序已经受到了足够的重视，个人行使权利，不能罔故他人和团体的利益。这也是检察机关在尊重意思自治原则下履行民事检察监督职责的契合点。”④ 所以，在冲突与协调并存的情况下，检察机关在行使法律监督权的时候就要尽量避免冲突的一面，促进协调的一面。为此，一要理性审理，审慎对待当事人。“检察机关不但应当在审查案件、提起抗诉等案件处理方面审慎严谨，同时在与申诉人及其他相关组织个人接触时也应当审慎为之，做好申诉人的权利和风险告知及释法说理工作。”⑤ 二要坚守中立和公正的立场。民事法律监督主要来源是当事人的申诉，表面上容易给人造成检察机关是为维护申诉当事人的合法利益而启动抗诉的错误认识；实际上，法律监督

---

① 王利明著：《民法总则》，中国法制出版社 2010 年版，第 53 页。

② 张文志等著：《民事诉讼检察监督论》，法律出版社 2007 年版，第 49 页。

③ 参见徐国建：《德国民法总论》，经济科学出版社 1993 年版，第 77 页。

④ 刘少夫、姚睿明：《民事检察监督与意思自治原则的冲突》，载《法制与社会》2009 年第 31 期。

⑤ 叶红：《关于民事检察监督权与私权关系的思考》，载《中国检察官》2012 年第 10 期。

的唯一目的是维护各方当事人的合法权益，实现司法公正。因此，检察机关在审查案卷、采信证据、监督方式上要坚守中立和公正的立场，不偏向任何一方。

五、强化法律监督与强化自身监督的关系

权力的本质和特点决定了必须将其控制在法定的范围和程序之内，检察权也不例外。检察机关在对其他主体履行法律监督权的同时，更应该严格要求自己，防止权力的滥用，确保检察权依法、规范运行，此所谓“正人先正己”。因此，近年来检察机关采取了多方面措施，不断强化自身监督。加强办理职务犯罪案件的内部制约，规定案件受理、立案侦查、审查逮捕、审查起诉必须由不同的内设机构承办，由不同的院领导分管。建立并推行讯问职务犯罪嫌疑人全程同步录音录像制度，促进侦查讯问活动规范化，加强了人权保障。建立查办职务犯罪工作备案、审批制度，规定职务犯罪案件立案、逮捕必须报上一级检察院备案审查，撤案、不起诉必须报上一级检察院批准。制定执法过错责任追究条例，完善执法责任制和责任追究机制。最高人民检察院和一些地方检察院建立检务督察制度，重点对检察人员执法办案中履行职责、遵守纪律等情况进行监督。① 全面整合规范执法办案各环节的流程及细则，颁布检察机关执法工作基本规范。建立案例指导制度，最高人民检察院公开发布首批具有普遍指导意义的案例，指导检察机关统一执法。建立案件评查机制，以涉检信访案件为重点，全面评查各类案件，对其中确有错误的，依法予以纠正，对存在执法过错的，严肃追究检察人员的责任。完善检务督察制度，加大对执法行为、检风检纪的督察力度，最高人民检察院对十个省市的检察机关进行了专项督察，组织六个省的部分检察院开展了交叉督察。制定《检察机关领导干部廉洁从检若干规定》，严格规范检察人员对外交往行为，专项治理违规使用警车问题，在开展扣押冻结款物专项检查的基础上，进一步完善扣押冻结款物管理制度。注重运用自身反面典型进行警示教育，最高人民检察院深入剖析40名检察人员违纪违法案例，举办检察机关自身反腐倡廉教育展览并在各地巡展。严格落实领导干部述职述廉、巡视等制度。最高人民检察院听取和评议11个省级检察长述职述廉报告，对3个省级检察院领导班子进行巡视并回访检查。开展“反特权思想、反霸道作风”

---

① 参见贾春旺：《最高人民检察院工作报告》（2008年3月10日），载最高人民检察院网，http://www.spp.gov.cn/gzbg/201208/t20120820_2495.shtml，访问时间：2013年2月18日。

专项教育活动，严肃查处违纪违法检察人员 267 人，其中追究刑事责任 38 人。①

在普遍要求强化对权力制约与监督的情势下，党中央重视，社会各方面理解支持，这为强化法律监督带来了良好的发展机遇。但是，“打铁还需自身硬”，检察机关在这个时候一定不能沾沾自喜甚至得意忘形，要以更加审慎的态度对待法律监督权，不断强化自身监督。为此，一要树立法律监督权必须接受制约与监督的理念，这是由法律监督权的公权力属性决定的，是法律监督权必须遵循的法定原则和义务，也是正确行使权力的保障。二要把强化自身监督与强化法律监督放在同等重要的位置，强化自身监督是强化法律监督的重要前提和基础，是检察机关的立身之本，也是进一步提高检察队伍素质的需要；要将全面监督和有限监督、敢于监督和善于监督、依法监督和规范监督、强化监督与理性监督有机结合，防止滥用法律监督权；要不断拓宽接受人大监督、社会监督、媒体监督的渠道，自觉接受公安机关、人民法院和司法行政机关的诉讼制约与诉讼参与人的监督，主动接受其他各方监督。三要突出监督重点，加强对领导机关、领导干部在办理重大案件、政府采购、人事任免、重大工程项目建设等重大事项上的制约和监督，督促领导机关和领导干部做好接受监督的楷模和表率；加强对职务犯罪侦查、不批捕、不起诉、撤案、变更强制措施以及扣押、冻结、保管、处理涉案款物等容易出现问题和执法办案关键环节的监督；加强对执法办案活动的管理和规范，要完善和细化执法流程和标准，切实防止执法的随意性。四要完善对检察人员特别是领导干部用权行为的监督机制，强化对特权思想、霸道作风、滥用检察权等突出问题的专项治理和长效机制建设，健全检察机关党风廉政建设责任考核、责任追究和违法违纪案件的查处机制。

---

① 参见曹建明：《最高人民检察院工作报告》（2011 年 3 月 11 日），载最高人民检察院网，http://www.spp.gov.cn/gzbg/201208/t20120820_2498.shtml，访问时间：2013 年 2 月 18 日。

第七章　理性法律监督的运行机制构建

法律的生命在于实施。

——［美］庞德

哲学认为，外因是变化的条件，内因是变化的根本，外因通过内因起作用。任何一项制度的运行都不是孤立完成的，是在内因和外因共同作用下，各种因素产生影响、发挥功能并相互联系、综合作用的结果。法律监督制度亦然，理性法律监督的实现也主要取决于内因和外因两个因素。内因主要是指法律监督权具有科学合理的运行机制，法律监督权在这种机制的作用下能够实现理性运行；外因主要是指影响法律监督运行的外部体制、机制因素和运行环境。目前，虽然制约法律监督的体制和机制性因素仍然存在，法律监督制度在运行中还有不少问题，但是法治进程和司法改革要受到政治体制，经济社会发展，法律传统和执法、司法的理念，技术条件，人员素质等多方面因素的制约，应当是一个渐进的、逐步改良的过程，不能奢望一蹴而就。这正如龙宗智教授指出的，“在一个不尽如人意的法治环境中，在多方面条件的制约下，无论是制度改革还是程序操作，都只能追求一种相对合理，不能企求尽善尽美”。①

当前，修改后的刑事诉讼法和民事诉讼法已经于2013年1月1日正式实施，第二轮司法体制和工作机制改革也已暂告一段。这轮改革落实了中央强化对权力制约与监督的基本精神，解决了制约法律监督有效实施的一些体制、机制方面的突出问题。因此，司法体制、机制短期内不太可能再有大的调整，在今后一段时期或者较长时期内，司法体制和工作机制方面在这轮改革中没有得到很好解决的问题仍然会继续存在。同时，我国当前仍处于社会矛盾凸

---

① 龙宗智：《论司法改革中的相对合理主义》，载《中国社会科学》1999年第2期。

显和刑事犯罪高发期，也给法律监督工作带来了严峻挑战。不过，本轮司法改革和两大诉讼法修改对法律监督也进行了较大的修改完善，从职权配置，监督的范围、方式、手段等方面，全面强化了法律监督，法律监督迎来了良好的发展机遇期。在这种客观情况下，结合法律监督的具体工作，检察机关需要重点研究的问题就是立足现有体制，更新调整执法理念，建立健全工作机制，贯彻落实法律规定，理性履行法律监督的神圣职责。

第一节　构建运行机制的基本要求

法律监督职权的主要内容包括职务犯罪侦查权、批准逮捕权、公诉权和侦查活动监督权、立案监督权、审判活动监督权、刑罚执行和监管场所监督权、民事诉讼监督权、行政诉讼监督权、赔偿监督权等权能。法律授权的是静态的权力，必须通过一定的运行机制才能使这些静态的权力变成动态的权力并发挥作用。

法律监督运行机制是法律监督权得以实现的权力组织、运作程序和具体方式的系统安排，简单地说，是指将抽象的法律规定转化为具体行为的检察实践。① “对这一概念的理解应当是多角度进行，从实施主体看，只能是法律授权的检察机关及其执行主体——检察官；从实施范围看，无论是监督对象还是时空领域都应严格限定在法律允许的范围内；从实施状态看，法律监督运行机制具有突出的动态性，监督行为始终在常态运转；从实施内容看，包括在监督过程中所体现的各种关系和工作规律的总和。”② 在现有的体制和法律框架内，法律监督权的内容既定、执行主体既定、被监督主体既定，那么法律监督机制是否科学、理性，就成为法律监督权是否能够按照法治原则运行并实现其价值目标的重要决定因素。因此，要实现理性的法律监督，就必须构建理性的运行机制。就当前法律监督的职权内容和司法情势而言，主要包括以下几个方面的要求。

一、以正确的执法理念指导法律监督

理念是行动的先导。法律监督是一项专门性执法活动，必须以先进的理

---

① 法律监督的运行是内外因共同作用的结果，因此其运行机制理应包括外部机制和内部机制。但是就法律监督权的具体运作而言，这主要是指各项法定权能的内部运行。因此，此处主要是指内部运行机制。对于外部机制，前文在论述法律监督外部关系的时候已略有阐述。

② 盛美军等著：《法律监督运行机制研究》，中国检察出版社2009年版，第16页。

念为指导。一是人权保障理念。刑事诉讼活动是一个回溯性的证明过程，证明的是案件事实而不是执法人员的主观判断。否则，指控犯罪活动会陷入有罪推定，这是对人权最大的忽视。在这个证明过程中，往往需要对犯罪嫌疑人人身或财产采取强制措施，可能直至起诉至法院并予以定罪处罚，其中不少内容直接涉及犯罪嫌疑人基本的人身和财产权益。为了诉讼需要，执法、司法人员很容易侵犯人权。法律监督在这个过程中，既要控诉犯罪，也要发挥好诉讼制约和诉讼监督的作用，因此要树立人权保障的理念。修改后的刑事诉讼法完善了证据制度，建立了非法证据排除制度、羁押必要性审查制度、讯问录音录像制度，完善了辩护制度，都是保障人权的具体内容。二是程序正当理念。在法理上，排除偏见、征询意见和阐释理由是程序正当的基本要素，只有将法律监督活动中的说理上升到程序正当的高度来认识，才能更好地实现法律监督的功能。同时，还应对证据的收集、固定、审查、举证、质证及其他诉讼活动是否符合法定程序进行监督，对于违反法定程序的，要启用程序制裁手段。例如，如果公诉人不能发现并排除非法证据，就可能无法达到“确实、充分”的证明标准；一旦发现符合法定的排除非法证据的情形的，就要果断地排除。三是客观公正理念。检察官的客观公正义务是世界不同法系国家和地区普遍接受、国际准则确认的一项重要法律制度，它要求检察官在刑事诉讼中不应站在当事人的立场，而应站在客观立场上进行活动，努力发现并尊重案件事实真相。刑事诉讼法强化了法律监督权，检察机关只有坚持法律监督与自我监督并重，强化客观公正理念，才能秉持客观中立立场，防止和克服片面的追诉倾向，做到既依法追诉犯罪，又依法维护被追诉者的合法权益，以实现司法公正。四是理性监督理念。刑事司法的发展史可以说是一部从野蛮、感性到文明、理性的进步史，我们只有坚持理性法律监督的理念，才能实现刑事司法的目的，才能客观对待、平等保护诉讼各方的合法权益，才能将刑事诉讼法的各项规定落到实处。例如，修改后的刑事诉讼法关于审查起诉时非法证据的排除、强化辩护权的保障、增加起诉和不起诉的范围、规定公诉案件的和解、强化公诉的制约监督职能等内容，就为理性公诉活动创造了制度条件。

二、以多元的思维方式引领法律监督

法律监督是刑事诉讼活动中的一个重要环节，它上承侦查，下启审判，并与辩护人的辩护活动息息相关。因此，法律监督不能局限于单纯的控诉思维，而应当以侦查、审判和辩护的多元思维作引领。

侦查思维就是发现事实和证据线索，并予以审查证实或证不实的思维。既要善于明察秋毫，发现非法取证的线索，又要善于对瑕疵证据的补正或补证。审判思维就是从审判程序的规则和规律出发，对案件的实体和程序作出综合判断和把握。既要能够按照审判的标准把握全案的证据体系，又要能够按照证据资格的标准把握单一证据；既要对定罪的事实证据进行辩论，又要对量刑事实证据进行辩论；既要在庭审中查明案件事实，又要监督庭审活动依法进行。辩护思维就是要利用换位思考的思维方式，站在辩方的角度审视案件材料，从正反两个方面把握案件的事实证据和诉讼程序。既要从辩方角度反观证据是否达到了“确实、充分”的标准，又要从控方的角度积极调整控诉主张和证据编排；既要掌握获取辩方获取的无罪、罪轻证据和非法证据的线索，又要及时跟进补正或补证，完善庭审预案。

三、以优良的素质能力实施法律监督

徒法不足以自行，法律监督的运行效果取决于检察官职业素养和实施法律监督的实践能力。统一司法考试实施十多年来，检察官的知识结构和学历层次正得到完善和提升。可以说，检察官的知识化和专业化问题已经基本解决，职业素养的培养和执法办案实践能力的提高成为重点问题。

检察官职业素养是法律监督职业内在的规范和要求，良好的职业素养是检察官实施法律监督的基本前提和本质要求。为此，一要培养优良的法律监督职业信念。高尚的职业道德，积极的职业信态，正确的职业价值观，恪守客观公正义务是检察官必须具备的核心素养。二要具有扎实的法律知识和娴熟的法律监督技能。法律监督是集知识、思辨、技巧及心理素质于一体的智能性活动，在法律监督活动中，法律文书的制作，公诉语言的艺术与运用，公诉阅卷的重点与方法，庭前询问、讯问的方法，证据的审查、采用与庭审时证据的编排都需要娴熟的技能。但是“练武不练功，到老一场空”，娴熟的技能必须建立在扎实的法律知识之上，检察官既要有扎实的法学理论功底、精准的法律专业知识，又要有深厚的文化基础、广博的法律邻接知识，这就要求检察官要克服知识和技能上的“拿来主义”和“功利主义”，将学习和更新法律知识，锤炼法律监督技能作为常抓不懈的一项任务。三要培养良性的法律监督行为习惯。良性的法律监督行为习惯首先要建立在高尚的法律监督职业道德之上，对法律监督岗位职责特殊性的理解与把握，并且精准地履行好这一职责是法律监督行为习惯的核心内容，检察官还要自觉地培养和使用意志坚定、沉着冷静、情绪稳定等思维习惯指导法律监督行为。

法律监督职业素养不仅要内化于心，还要外化于行。“工欲善其事，必先利其器”，实施法律监督的实践能力是检察官职业素养的外在表现，只有将良好的职业素养外化为执法办案的实践能力，才能更好地实施法律监督活动。一是审查判断证据的素质能力，既要有发现和排除非法证据的能力，也要有审查判断新证据的能力。发现和排除非法证据是实现庭审证据合法的重要保障，否则检察官就可能承担“败诉”的风险。但是，检察官也不能因为排除非法证据而制约惩罚犯罪，因此优秀的检察官不仅要有发现和排除非法证据的素质与能力，还要具有引导侦查补正证据和补充取证的能力，还要具有审查判断修改后的刑事诉讼法规定的辨认笔录、侦查实验笔录和电子数据的素质与能力。二是出庭支持公诉的素质能力。修改后的刑事诉讼法强化了对犯罪嫌疑人、被告人权利的保护，完善了律师辩护制度和证据制度，赋予公诉更多的权力内容，使得庭审对抗性更强、更为复杂，也使得公诉案件的变数增多、难度和风险加大，检察官要准确理解掌握这些规定的立法宗旨，进一步提高执行这些新规定的素质能力。三是诉讼监督的素质能力。修改后的刑事诉讼法进一步强化了诉讼监督职责，这就要求检察官要进一步强化法律监督意识，提高法律监督素质能力，做到敢于监督、善于监督。四是化解社会矛盾的素质能力。诉讼的功能就是定分止争，但如果事实不能查清，证据不能及时收集固定，诉讼程序存在瑕疵甚至违法，诉讼结果有失公正，诉讼参与人的合法权益受到侵害，则诉讼就会带来执法风险，引发新的矛盾纠纷。检察官的法定职责决定其特殊的诉讼地位，因此检察官还肩负着防范执法风险，化解老矛盾、避免新矛盾的重要任务，要避免纯粹的“一诉了之”的思想，尤其对不起诉的案件，要做到“案结事了”。五是舆情研判应对的素质能力。随着互联网和信息技术的发展，微信、微博、博客以及 Facebook、Twitter 等交流平台可以让每一个人成为随时随地的发声筒。近年来，检察机关办理的不少重大刑事案件，也几乎都能看到汹涌的民意表达，尤其是一些冤错案件，检察机关每每成为舆情刀俎之上的“鱼肉”和民意“爆炒”的对象，目前检察官对舆情民意的正面认识还不到位，对舆情研判和应对能力还不能适应公众期待和社会需求。为此，要在客观公正执法办案的基础上，强化检察官与新闻媒体和网络舆论打交道的方式方法的学习培训，让检察官对案件的应对成为引导舆情民意发挥正能量、传播法律监督积极作用的一支重要力量。

四、以理性的工作机制保障法律监督

为落实好刑事诉讼法关于法律监督的立法本意和法律规定，必须构建理性的工作机制保障法律监督，确保实现理性法律监督，这是法治进程的必然要求，也是法律监督发展的方向。

理性法律监督要求构建科学、独立、中立、谦抑和专业的法律监督机制。从方法论的角度来看，科学的法律监督机制既要总揽全局、统筹规划，又要重点突出、发力精准。要坚持促进法律监督科学发展与促进检察工作科学发展的有机统一，坚持按照依法办案与遵从法律政策指导作用的有机统一，坚持注重制约、配合、监督的有机统一，切实防止重配合、轻制约监督，或者重制约监督、轻配合。独立的法律监督机制体现了权力制约和权力监督的思想，亦即用法律监督权来制约和监督侦查权、审判权。“司法机关的独立表现在它只遵守自己特有的司法规则，表现在它的观念和行为不被其他政治机构和社会团体的观念和行为所左右。”① 审查起诉是检察机关经审查案件事实证据，依法作出起诉或者不起诉的决定。诉和不诉也都要依法独立作出判断，抵制说情风、送礼风的干扰，依法提出定罪量刑的处罚意见。检察官中立与检察官客观公正义务具有天然的关联，检察官客观公正义务“是指检察官为了实现司法公正，在刑事诉讼中不应站在当事人立场而应站在客观立场上进行活动，努力发现并尊重案件事实真相”②。中立的法律监督机制必然要求检察官履行客观公正义务，不是站在当事人立场而是站在客观立场进行活动；客观公正义务是检察官中立的必然表现，站在中立立场就是为了履行客观公正义务。谦抑的法律监督机制要求检察官遵从比例原则，根据指控犯罪的必要性行使法律监督权，既要避免动辄适用法律监督权，也要避免随意动用诉讼监督权。尤其是诉讼监督权的行使，要考量必要性的同时，还要考量监督手段与违法行为的匹配性，既不能小题大做，也不能视而不见。但谦抑不是迁就，突出重点不是小事不管，而是诉讼监督要根据不同违法犯罪的不同程度，区别违法的对象和方式，采取不同的诉讼监督方式和手段，提高诉讼监督的效益和效果。法律监督是一项专业的执法活动，它涉及理解掌握立法思想和立法本意，法律规定的具体内容、执行标准、执行方式，法律后果的预

---

① ［美］塞缪尔·P. 亨廷顿著：《变化社会中的政治秩序》，王冠华等译，三联书店1988年版，第19页。

② 朱孝清：《检察官客观公正义务及其在中国的发展完善》，载《中国法学》2009年第2期。

测评估和救济方案，裁判执行的监督、社会矛盾的化解等方面。因此，检察官需要具备系统、扎实的法律专业知识和广博、厚实的邻接知识，要对基本的、常用的法律知识有着准确的理解掌握，能够熟练地运用专业法律知识。同时，要根据刑事诉讼法规定的新内容，建立专业的法律监督机制。尤其是四个特别程序中与法律监督工作相关的规定，虽然有的在国外已经推行多年或者已经有了比较成熟的做法和经验，但是在我国仍然是新的制度，这些都需要构建专门的适应特别程序需要的法律监督机制。

五、以科学的考评机制指挥法律监督

业务考评作为检察系统内部对法律监督工作管理的一项行政性权能，既是客观衡量执法办案质量的有效途径，也是上级检察院指导工作的决策依据。事实上，业务考评在执法办案实践中具有业务工作“指挥棒”的作用。但在实践中，证据收集的不当考评可能影响调查取证的全面性和客观性，起诉方面的不当考评可能影响起诉的慎重性和准确性，保护被追诉者权利方面的不当考评可能影响控辩双方的平等性。① 具体表现在有的地方重视数量轻视质量，有的地方重视过程轻视结果，有的地方考评分值的分配轻重失衡，等等。因此，在构建法律监督运行机制的过程中，首先要确保设置的考评指标是科学的，考评指标的设置要综合考虑当地经济社会发展、执法办案能力水平、多发案件特点规律等因素，注重定量考评与定性考评的结合，规范考评与创新考评的结合，法律效果、政治效果和社会效果的结合等。只有这样，才能确保考评这个“指挥棒”是科学的，才能确保法律监督工作不被它带到“沟里”，法律监督也才能走上科学发展、理性发展之路。例如，对办理职务犯罪案件的考评，不能只看立案数，关键要看起诉数和有罪判决数，甚至是重罪判决数。再如，对办理抗诉案件的考评，也不能只看抗诉数，关键要看改判数和抗诉效果，既不能偏袒一方，该抗不抗；也不能转移矛盾，不该抗乱抗。又如，对诉讼监督的考评，更不能只看发出的检察建议、纠正违法通知书的数量，关键要看监督行为是否被对方心悦诚服地接受，是否理性、合理。实践中就有针对一份判决书中六个错别字发出六份纠正书的情况。近年来，最高人民检察院已三令五申，要不断完善业务工作考评机制，坚持办案数量、质量和效果的有机统一，切实杜绝执法办案下指标或者变相下指标的做法，无疑对构建理性的考评机制具有积极意义。

---

① 参见吴健雄：《检察业务考评制度的反思与重构》，载《法学杂志》2007 年第 6 期。

第二节 理性法律监督的运行机制

法律监督运行机制的构建应当紧密结合法律监督职能来进行，否则就不是法律监督的运行机制，而是别的什么机制。对此，理论界和实务界已有很多人进行了深入的研究，提出了很多真知灼见。有的学者研究了检察业务管理机制，包括案件管理机制、检察业务决策机制、办案质量管理机制、检察业务监督制约机制。① 有的学者将法律监督运行机制列为职务犯罪监督机制、刑事侦查监督机制、刑事审判监督机制、刑罚执行监督机制。② 有的学者列为职务犯罪侦查机制、公诉权运行机制、诉讼监督权运行机制。③ 有的学者列为三大机制，一是追诉职能运行机制，包括职务犯罪侦查机制、审查逮捕机制、公诉机制；二是诉讼监督运行机制，包括刑事立案监督机制、侦查活动监督机制、刑事审判监督机制、刑罚执行监督机制；三是民事、行政法律监督运行机制。④ 总体来看，这些研究成果大多基于法律监督的职能进行分列，解决了“构建哪些机制、履行什么职能”的问题，便于发现各个机制在运行中的优势与不足，有利于采取针对性很强的改进措施，对法律监督工作的发展和完善都大有裨益。但是，本书的研究对象是如何理性地实施法律监督或者如何实施理性法律监督，与之相应，法律监督运行机制应当解决这些问题。所以，本书需要换个视角，围绕本书的研究中心，重点解决“构建什么样的机制”的问题。⑤ 本书认为，为实施并实现理性法律监督，应当构建科学、独立、中立、专业、谦抑的运行机制。

---

① 参见孙谦著：《中国特色社会主义检察制度》，中国检察出版社 2009 年版。

② 参见向泽选著：《法律监督理念、机制与改革》，中国检察出版社 2011 年版。类似还有：盛美军等著：《法律监督运行机制研究》，中国检察出版社 2009 年版；罗昌平著：《检察工作创新与机制研究》，中国检察出版社 2009 年版；向泽选：《检察权运行机制与检察权配置》，载《政法论坛》2012 年第 6 期；等等。

③ 参见徐从锋等著：《检察规律与检察民主论》，中国检察出版社 2009 年版。

④ 参见龚佳禾等著：《法律监督基本原理》，湖南人民出版社 2012 年版。类似还有：吴建雄著：《检察工作科学发展机理研究》，中国检察出版社 2008 年版；陈聪主编：《检察工作机制创新之思与行》，中国检察出版社 2006 年版；陈乃保主编：《检察工作机制创新探索与实践》，百家出版社 2008 年版；吴健雄：《检察权运行机制研究》，载《法学评论》2009 年第 2 期；吕涛、朱会民：《检察权运行机制的基本要素探析》，载《人民检察院》2012 年第 3 期；等等

⑤ 当然，构建什么样的机制也是要为履行好法律监督的各项职能服务，因此在后文的论述中仍然会涉及不少与法律监督具体职能相关的机制。显然，不可能对照逐项职能逐一研究实施机制，做到面面俱到，而是列出了一些重要的机制，权当以点带面。

一、构建科学地实施法律监督的运行机制

随着人类对自然和社会的认识不断深化，科学已经不再局限于自然知识和技术，《辞海》（1999 年版）对“科学”的解释是“运用范畴、定理、定律等思维形式反映现实世界各种现象的本质的规律的知识体系”。西方语境中 Science（科学）已经上升为“实证主义”或“经验主义”的世界观和方法论；中国语境中“科学”一词的内涵更为丰富，当一种知识被认为是“科学”时，既表明这是基于“实证主义”或“经验主义”派生出的“实事求是”的知识，又常常被认为是“真理”或“规律”。“科学和理性之间是彼此渗透，相互融通的。随着科学发展和时代的进步，科学更趋向于明智和合理，理性则更趋向于科学和正确。”[①] 科学是理性的根本内容，理性活动的成果产生科学；科学的进步发展是理性的实践动力，为理性注入鲜活的生命力。

科学发展观是中国共产党治国理政、关于发展理论的最新成果，也是我国经济社会发展的重要指导方针，因此适用于全国范围内的各项工作。构建科学的法律监督运行机制是科学发展观在检察工作中的运用和具体体现，其目的就是要通过科学的法律监督运行机制，落实科学发展观对检察工作的指导，用科学发展观的根本方法、基本要求处理检察工作中的重大关系和问题，以提升法律监督的能力水平，实施并实现理性法律监督，促进法律监督工作的科学发展。

可以说，科学的法律监督运行机制是一个统领性机制，其他的运行机制都可以用是否科学予以评判和检验。当然，下文要论述的几个运行机制也都是科学的机制，这里之所以将科学的运行机制单列出来，就是因为它的统领性作用。但是其他几个机制侧重点不同，也可以说是科学的运行机制在不同层面的不同表现，所以作用也不相同。从方法论的角度来看，科学的运行机制既要总揽全局、统筹规划，又要重点突出、发力精准。要坚持促进经济社会科学发展与促进检察工作自身科学发展的有机统一；要坚持围绕中心、服务大局，不断加强和改进执法办案工作；要坚持按照法律规定执法办案与落实法律政策指导作用的有机统一；要坚持查办贪污、贿赂、渎职、侵权等职务犯罪与预防职务犯罪的有机结合，注重从源头上治理腐败；要注重制约、配合、监督的有机统一，切实防止重配合、轻制约监督，或者重制约监督、轻配合；要坚持以法律监督业务工作为中心，以提高检察干警素质为根本，

---

① 许浩：《科学与理性的辩证关系探析》，载《学术研究》2006 年第 2 期。

以检务保障为基础，做到三者有机统一，协调发展；坚持谋划长远发展规划与做好当前工作的有机统一，长远规划是指引和目标，当前工作是基础和前提。

具体看来，构建科学的法律监督运行机制的重点工作包括以下几个方面：第一，要在实施法律监督的过程中协调处理好与外部的各种关系。前一章已对有关重点内容作了阐述，此处不做赘述。第二，要在检察机关或检察系统内部科学配置法律监督的各项权能，尤其是深入研究一些新增的权能，处理好诉讼制约与诉讼监督的关系。“刑事诉讼法律关系告诉我们，监督和制约是两个既有联系又有明显区别的概念，诉讼的过程不能混淆适用，必须做到准确定位而不错位，否则就会影响诉讼的质量。”① 行使诉讼制约权力时注意尊重诉讼规律，分工负责，将诉讼制约限定在法定的诉讼程序和诉讼节点之内，充分尊重其他程序对法律监督程序的制约；行使诉讼监督权力时注意尊重监督规律，坚持诉讼监督的超脱性、客观性和公正性，对诉讼中的违法行为要敢于监督、善于监督，但是要做到不超越法律规定进行诉讼监督，不以公权私用进行诉讼监督，不以个人好恶进行诉讼监督。第三，改革完善法律监督重点工作的机制。打击普通刑事犯罪、惩治职务犯罪和诉讼监督是法律监督工作中的三个重点内容，在统筹做好全面工作的同时，要在如何构建科学机制，重点抓好这三项工作上多下工夫。在打击普通刑事犯罪方面，要贯彻落实宽严相济刑事政策，完善提高批捕、起诉案件质量和效率的工作机制，建立健全办理未成年人刑事案件工作机制，批捕、起诉和办理未成年人案件要注重化解社会矛盾，做到案结事了。在查办和职务犯罪方面，重点是提高侦查能力水平、规范侦查行为，要建立健全技术侦查措施规范使用机制、职务犯罪信息研判机制、科技强侦机制，完善案件初查机制，强化初查工作。在诉讼监督方面，要建立健全重点监督重大违法行为、监督重点环节的机制，改进监督方式，突出监督效果，避免“挠挠痒痒、痒痒挠挠”的监督行为。第四，加强基层基础建设，要坚持科技强检、文化育检，强化检务保障。

二、构建独立地实施法律监督的运行机制

独立，本意是单独站立或者指关系上不依附、不隶属。在法律语境内，权力独立必须具有法律的明确授权，亦即依法独立。西方法律语境中的独立主要是指司法独立（judicial independence），这是西方国家司法制度的第一大

---

① 樊崇义：《修改刑事诉讼法的理性思考》，载《国家检察官学院学报》2011 年第 4 期。

特点，主张司法权必须同行政权和立法权分立，非经司法机关，非经正当司法程序，不得剥夺任何人的自由、财产和生命。司法独立虽然起源于资产阶级分权制衡学说，世界各国的司法独立的内容存在很大差异，但是它揭示了现代法治的共同规律，已经被世界各国普遍接受为司法制度的有益成果，成为一项普遍确认的基本法律准则，因而这一普遍规律并非只能适用于三权分立的国家。

“司法机关的独立表现在它只遵守自己特有的司法规则，表现在它的观念和行为不被其他政治机构和社会团体的观念和行为所左右。”① 司法独立的价值主要体现了权力制约和监督的思想，亦即用司法权来制衡强大且易被滥用的行政权。这个道理同样适用于实行人民代表大会制度的中国，因为中国政体中行政权和司法权②也是彼此独立的。所以，我国宪法第131条和人民检察院组织法第9条均规定，人民检察院依照法律规定独立行使检察权，不受行政机关、社会团体和个人的干涉。同时，宪法第129条还规定：“中华人民共和国人民检察院是国家的法律监督机关。”这表明：第一，检察权权力类别独立，检察权与行政权、审判权、军事权一样，是国家的基本权力之一，而不依附于这些权力中的任何一项权力。第二，检察权权力主体独立，检察院是检察权的唯一权力主体，不依附于任何其他行政机关、团体和个人；但是检察院的独立是作为一个组织整体的独立而不是检察官个人的独立，在检察院内部，是以检察长、检察委员会为领导的组织形式行使检察权；在检察系统内部，上级检察院领导下级检察院，最高人民检察院领导地方各级检察院。第三，检察权与法律监督权是统一的，监督权的基本规律也是权力行使上的独立性，即监督主体与被监督对象之间没有严格意义上的依附关系。当然，这并不排除存在自我监督，实际上自我监督只是一种体制内的自律行为，如果监督主体与被监督对象之间相对独立，也应当被视为监督。第四，检察权权力行为独立，检察机关行使检察权时，其法律行为只服从宪法和法律规定，不受其他行政机关、团体或个人的干涉。但是，这并不意味着行使检察权可以脱离中国共产党的领导和人民代表大会的监督。共产党是执政党，党的领导是人民民主专政的核心，我国宪法和法律是中国共产党的主张和人民

---

① ［美］塞缪尔·P. 亨廷顿著：《变化社会中的政治秩序》，王冠华等译，三联书店1988年版，第19页。

② 对于检察权或者法律监督权是否属于司法权也一直存有争议。本书认为，虽然西方语境下的司法权仅指审判权，但在中国国体和政体下，这不是考量司法权的标准，中国的检察权或者法律监督权具有中国司法权的属性，属于司法权。

意志的统一，检察权的功能是保障国家法律的统一、正确实施，这既是接受和服从党的领导的具体体现，也是从法律方面维护党对国家的领导。检察机关由国家权力机关产生并对其负责，因此检察权的行使必须接受人民代表大会的监督。第五，检察权内容独立，检察权的内容来源于法律规定，其他行政法规和规章制度无权规定检察权的内容，这同时要求，检察权的行使必须在法律规定的范围内进行，不得违背法定程序，不得超越法定权限，否则就是无效的、违法的。

从应然的角度看，检察独立应当主要体现为两个方面：一方面是对其他机关的非依附性，如在韩国、日本叫官厅独立；另一方面是个人独立，即检察官依法独立决定对其办理的案件作出处理。在我国当前情势下，构建独立的法律监督运行机制，需处理好法律监督权的行使与党的领导、人大监督的关系，处理好上下级检察院之间的关系。该内容在前一章已有论述。此外，构建独立法律监督运行机制的重点还包括以下几个方面：

（一）构建独立的批捕、起诉机制

审查逮捕和审查起诉是检察机关的重要职能，既关系到打击刑事犯罪的力度和准确度，也关系到与公安机关和审判机关的关系。逮捕在性质上是一种最严厉的强制措施，发挥的是对刑事诉讼的保障功能而不是对犯罪嫌疑人的惩罚功能。实践中，有的地方出于进一步侦查的需要，将不符合逮捕条件的犯罪嫌疑人予以逮捕；也有的地方为了“吓唬”犯罪嫌疑人或者安慰被害人及其家属，迫使犯罪嫌疑人多出点钱“平事”，将没有逮捕必要的犯罪嫌疑人予以逮捕。因此，对是否符合逮捕条件、是否有逮捕必要，检察机关要依法作出独立的判断，防止将逮捕异化为单纯的补救性措施、对犯罪嫌疑人的惩罚性措施或者对被害人及其家属的安慰性措施。审查起诉是检察机关经审查案件事实证据，依法作出起诉或者不起诉的决定。诉和不诉也都要依法独立作出判断，抵制说情风、送礼风的干扰，依法提出定罪量刑的处罚意见。

（二）构建职务犯罪侦查的抗干扰机制

职务犯罪侦查工作于国家事关廉政建设、政权稳固、社会发展等重大事项，于个人事关手中权力、“乌纱帽”甚至阶下囚，所以国家和个人都非常重视。随着科技水平的发展进步和反侦查意识的不断增强，职务犯罪侦查的难度越来越大、干扰越来越多，因此需要对职务犯罪侦查建立完善的抗干扰机制，保障该项职权的独立行使。要建立包括犯罪信息情报机制、查办案件的程序性机制和国际追逃合作机制等业务保障机制；也要建立大额现金交易监控机制、个人信用档案制度和过问案件登记报告制度等配套机制。这些机制有利于保障职务犯罪侦查工作的独立和有效开展。例如，韩国、日本的法律均规定：大额交易、大额支付都不能直接使用现金，必须使用银行卡。如此，所有的交易都有据可查，一旦发现可疑行为，司法机关可禁止交易或作为案件线索予以调查，这有利于政府和司法机关对资金活动情况进行有效监控，及时发现和惩治腐败犯罪。又如，韩国、日本的个人信用档案制度比较详细地记录了国民个人的信用情况，这有利于促使国民珍视个人信用，防止失信行为，同时个人信用档案还可以帮助司法机关分析违法犯罪可能性或作为侦查线索。可见，这些制度作为职务犯罪侦查常态化、社会化的配套措施，既可以对有违法犯罪动机的人产生威慑和预防作用，也可以让司法机关获得需要的证据，这些做法值得我国借鉴。①

（三）构建舆情监测、分析、引导和处理机制

在全媒体和自媒体时代，舆论监督具有全程性、细节性、随时性等特点，它可以唤起社会良知，引起公众关注，为法律监督提供意见，因此检察机关要构建一个信息全面、反应灵敏、分析精准、引导有方、处理妥善的舆情监测、分析、引导和处理机制。从维护司法公正的角度看待舆论监督，善于接受其合理的、正确的意见；要建立应急管理机制，坚持预防和应急并重、常态和非常态结合，快速呼应重大事件，增强依法处置舆情事件的能力水平。当然，舆论监督也是一把双刃剑，有时候也可能产生盲从和冲动，因此检察机关在应对舆论监督的过程中也要注重严格依法办案，办案过程中强化释法说理，防止被舆论“绑架”出现“舆论起诉”、“舆论审判”或者“未审先判”的不理性现象。

（四）构建独立的人事管理和经费保障机制

这不仅是保证法律监督权独立行使的重要机制，也是保证法律监督权独立行使的重要机制。后文将单独论述，此处从略。

三、构建中立地实施法律监督的运行机制

检察官中立与检察官客观公正义务具有天然的联系，检察官客观公正义务“是指检察官为了实现司法公正，在刑事诉讼中不应站在当事人立场、而应站在客观立场上进行活动，努力发现并尊重案件事实真相”②。检察官中立

① 参见张书铭：《韩国、日本检察制度之概要比较及启示》，载《中国检察官》2011 年第 13 期。

② 朱孝清：《检察官客观公正义务及其在中国的发展完善》，载《中国法学》2009 年第 2 期。

必然要求客观公正义务，不是站在当事人立场而是站在客观立场进行活动；客观公正义务是检察官中立的必然表现，站在中立立场就是为了实现客观公正义务。但是，客观公正义务与中立立场并不相等，一般而言，两大法系国家均认为检察官应当履行客观公正义务，但大陆法系国家认可检察官的中立立场，英美法系国家却不认可检察官的中立立场。一是因为检察官身份不同，大陆法系国家的检察官是法律守护人，既要防止警察恣意又要防止法官擅断，立场必须中立；英美法系国家的检察官是公诉人，相当于一方当事人，虽然追求客观公正，但并不要求必须中立。二是因为检察官的职能不同，大陆法系国家的检察官行使的是司法权或准司法权，检察官既要依法追究犯罪，使有罪的人受到公正追究，又要维护被告人、嫌疑人合法利益，保障无罪的人不受法律追究；英美法系国家的检察官主要行使公诉权，公诉权属于行政权，而且检察官一般还负责侦查，所以检察官无法做到像法官一样中立。

在我国，与检察官客观公正义务相比，有关检察官中立性的理论研究相对较少，法律规定相对不多。汤维建教授认为："检察官客观义务是一种中立的义务，也就是说检察官的立场应该是中立的。怎样理解这个中立呢？我的理解，检察官不是一方当事人，不是原告，他在执行控诉职能的过程当中，必须立足于一种中立的立场，不能通过诉讼得到一种额外的利益，得到自己的利益，他追寻的只能是法内利益，不能是法外利益。"① 我国法律关于中立性的最直接的规定体现在刑事诉讼法第一编第三章关于回避的内容，其他有关客观公正义务的规定也都体现了中立的基本精神，如将"以事实为根据"规定为刑事诉讼法的基本原则，规定检察官忠实于事实真相的义务，规定检察官可以根据事实证据是否符合法定条件而分别作出捕或不捕、诉或不诉的决定，规定有权对符合法定条件的法院裁判提出抗诉，规定有权对诉讼活动进行监督等。可见，在我国，检察官中立地实施法律监督既是一种诉讼理念，也是一项基本义务。为此，一要深刻领会关于法律监督的具体内容，吃透立法本意，在通过构建具体机制实施这些内容的时候，要做到严格依法实施，遵从立法本意，切实防止打法律规定的"擦边球"或者偏离立法本意乱作为，或者规避法律消极作为，或者漠视法律规定不作为。二要坚持客观公正立场，忠于案件事实真相，全面客观收集证据，克服片面追诉倾向，不以"胜诉"为目标。严格执行法律规定的证明责任和证明标准，不能随意转嫁

① 汤维建：《检察官客观义务的分类及现实意义》，载《潇湘检察论坛》（第2卷），中国检察出版社2007年版，第71页。

证明责任、降低证明标准。三要依法规范权力行使的方式和步骤，树立程序意识，自觉维护程序公正。坚持依法回避，自觉主动排除诉讼中的人情干扰和情感、认知、内心意念的不当影响，不以回避的程序瑕疵妨害结果公正。四要不与各方当事人及其亲属有不正当接触，平等地对待每一位当事人和诉讼参与人，没有预断或偏见地支持一方或反对一方的观点。

构建中立地实施法律监督运行机制的重点包括以下几个方面：

（一）构建和完善宽严相济刑事政策的落实机制

宽严相济刑事政策是执法、司法机关惩罚犯罪，预防犯罪，保护人民，保障人权，正确实施国家法律的指南，其基本内涵体现了“具体问题具体分析”的哲学思想，就是要根据社会治安形势和不同的犯罪情况实行区别对待，注重宽与严的有机统一，该严则严，当宽则宽，宽严互补，宽严有度。宽严相济刑事政策在司法实践中要求实体上要做到“重重轻轻”，程序上做到“繁繁简简”，即对严重犯罪依法从严打击，对轻微犯罪依法从宽处理，对严重犯罪中的从宽情节和轻微犯罪中的从严情节也要依法分别予以宽严体现，对犯罪的实体处理和诉讼程序都要体现宽严相济的精神。[①] 贯彻宽严相济刑事政策，检察机关既要用好不批捕、不起诉这两项权力，落实对轻微犯罪“两扩大、两减少”[②] 的要求；更要用好批捕、起诉这两项权力。要落实好刑事诉讼法规定的逮捕必要性条件和羁押必要性审查制度，坚持少捕慎捕，减少不必要的羁押，对于依法必须批捕、起诉的，要繁简分流，建立快速办理机制，不断提高办理效率。同时，还要建立当事人达成和解的公诉案件的办理机制，健全对和解协议的审查制度。

（二）构建诉讼制约与诉讼监督适度分离机制

诉讼制约与诉讼监督统一于法律监督，诉讼制约侧重于诉讼职能，包括职务犯罪侦查、批捕、起诉、抗诉等职能；诉讼监督侧重于监督职能，包括刑事立案监督、侦查活动监督、刑事审判活动监督、刑罚执行和监管活动监督、赔偿监督、死刑复核程序监督、民事诉讼监督、民事执行监督、行政诉讼监督等职能。要对法律监督在诉讼结构中的位置进行准确定位，根据法律规定的权力、制度和机制，对诉讼制约和诉讼监督职能的行使及机构、人员和方式进行适度分离，处理好侦查和控诉、控诉和辩护、控诉和审判的关系，

---

① 参见张书铭、张晓晓：《刑事和解几个问题思辨——兼评〈刑事诉讼法修正案（草案）〉》，载《中国刑事法杂志》2011 年第 11 期。

② “两扩大、两减少”，是指对轻微犯罪“依法减少判刑，扩大非罪处理；依法减少监禁刑，扩大适用非监禁刑和缓刑”。

理性、精准地行使控诉权和监督权。

对于构建诉讼制约和诉讼监督职权适度分离机制，湖北省检察机关已经在实践中先行先试，取得了较好的效果。笔者也曾撰文研究这一问题，并提出过适度分离的方案。目前，在检察机关内部机构设置上已经实现了对部分职能的分离：具有追诉功能的职务犯罪侦查职能已经与诉讼监督分立，由反贪污贿赂部门和反渎职侵权部门行使，而立案监督、侦查监督、审判监督、刑罚执行和监管活动监督、刑事赔偿监督职责现在则由侦查监督部门、公诉部门、监所监察部门和刑事申诉检察部门分别承担，民事行政诉讼监督则由民事行政检察部门承担。鉴于追诉与监督集于一身所存在的诉讼构造不平衡、诉讼角色不中立、诉讼心理不协调等弊端是客观事实，对这些问题法律监督工作不可能绕道而行，本着“遇到什么问题解决什么问题”的思路，建议在检察机关内部设立专门的诉讼监督部门，将刑事追诉职能与诉讼监督职能进行分离；但是鉴于追诉与监督集于一身也具有有利于落实检察官客观公正义务、防止和克服片面的控诉倾向、节约司法资源等明显的制度优势，因此又要对刑事追诉职能与诉讼监督职能的分离设定科学的限度，对诉讼监督部门的职能进行具体分析。总体上，要根据违法行为的大小和是否会影响司法公正作出不同的处理，可以分为三种情况：第一，一般违规违法，不会影响司法公正的行为。这些行为可能是执法、司法人员一时或一些细节上的疏漏，应当交由现行承担部门及时处理，而且不宜以“纠正违法通知书”、“纠正违法建议书”的形式处理，可以通过工作层面的日常联系沟通机制灵活解决，不移交诉讼监督部门处理。第二，虽然属于一般违法，但不当场指出纠正会影响司法公正行为。现行承担部门对这些行为应当当场指出，能够当场纠正并不影响司法公正的，可以不再移交诉讼监督部门；不能够当场纠正的，应当在事后移交诉讼监督部门处理，由诉讼监督部门发出“纠正违法通知书”或者“纠正违法建议书”。这里需要注意的是，人民检察院对违反法定程序的庭审活动提出纠正意见的，出于维护审判权威的需要，仍然应当由人民检察院在庭审后提出。第三，重大违法和涉嫌犯罪的行为应当交由诉讼监督部门专门办理。涉嫌犯罪需要侦查的，诉讼监督部门应当移交侦查机关或侦查部门办理。如此，一是有利于突出诉讼监督重点，强化诉讼监督效果，诉讼监督部门的主要精力用来处理消极影响大、破坏司法公正的重大违法和涉嫌犯罪行为，避免纠缠细枝末节，既影响工作配合，又影响监督效果。二是有利于整合诉讼监督力量，科学配置司法资源，既可以解决诉讼监督的知情渠道，又避免诉讼监督部门逢庭必出、逢场必到等浪费司法资源的行为。[①] 为落实适度分离的机制，应当做到机构设置、人员分配和程序改造三个方面的落实，亦即要成立专门的诉讼监督机构，配备专门的检察官，并且要在现有诉讼监督程序的基础上改造成为较为完善的诉讼监督程序，改造过程中要注意诉讼制约与诉讼监督的分离与衔接，做到有分有合，分合科学。

（三）全面构建行政执法与刑事司法衔接机制

目前，行政执法与刑事司法衔接主要是两个方面的内容：一是原来启动的衔接机制，即根据2001年国务院颁布的《行政执法机关移送涉嫌犯罪案件的规定》和2011年中央办公厅、国务院办公厅转发的《关于加强行政执法与刑事司法衔接工作的意见》启动的衔接机制；二是刑事诉讼法第52条第2款规定："行政机关在行政执法和查办案件过程中收集的物证、书证、视听资料、电子数据等证据材料，在刑事诉讼中可以作为证据使用。"

2001年主要是出于及时移送破坏社会主义市场经济犯罪，保障社会主义市场经济健康发展的目的而建立了衔接机制。衔接机制有利于加大打击破坏社会主义市场经济秩序、妨害社会管理秩序和渎职等职务犯罪的打击力度，有利于从整体上提高我国行政执法、刑事司法的法治化水平和社会公信力，有利于加强执法管理、规范执法行为、提升执法效能。但在执行过程中，一些地方出于地方利益等原因，存在观望和推诿现象；多数地方没有建立信息共享平台，同级检察机关、公安机关和监察机关以及上级执法机关难以及时掌握行政执法机关移送涉嫌犯罪案件的情况并进行有效监督，而且两个文件规定的内容都还比较原则，可操作性不强。所以，实践中行政执法机关以罚代刑、信息不通、移送不畅的问题仍然比较突出。为此，一要在全国层面建立领导机制，自上而下推进行政执法与刑事司法衔接机制。实践中，检察机关强化与公安、监察、行政执法等机关沟通，完善衔接工作机制，建立健全行政执法与刑事司法衔接工作联席会议制度、案件咨询制度。但是，因为衔接工作涉及公安、检察和多个行政执法机关，各条线领导体制不同，因此需要一个能够指挥所有行政执法机关的单位或者机构作为领导机构。二要加快推进行政执法与刑事司法信息共享平台及其相关制度建设。行政执法与刑事司法有效衔接的关键是行政执法机关与刑事司法机关之间执法、司法信息的互通共享，加强制约监督，而信息平台是实现这一目标的重要手段和载体，

---

① 参见张书铭：《制约与监督辨析——以刑事诉讼为视角》，载《河南社会科学》2012年第1期。

因此需要加快推进这一工作。同时，还要明确信息共享范围、录入时限和责任追究制度，认真开展调查处理举报、建议移送案件、立案监督工作，严肃查处徇私舞弊不移交刑事案件等犯罪，促进衔接机制落到实处。

关于刑事诉讼法的规定，主要涉及行政机关收集的证据的效力问题。根据规定，有两个问题仍需要明确：一是移送证据材料的行政机关的范围；二是对于刑事诉讼法规定的物证、书证、视听资料、电子数据以外的证据材料是否可以在刑事诉讼中作为证据使用。立法讨论时，意见并不统一。本书认为，对于行政机关的范围，应当以有法律授权的执法权为标准判断，即指法律、法规授权有行政执法权和查办案件权的行政机关，因此党的纪律检查机关不应当属于行政机关的范围。但是，因为实践中往往是纪检监察合署办公，所以有关证据材料可以以行政监察机关的名义移送。对于物证等几种证据之外的证据，包括勘验、检查笔录，鉴定意见，以及证人证言等，是否可以作为证据使用应当区别对待：第一，因为勘验、检查笔录，鉴定意见的客观性较强，经检察机关审查，符合法定证据条件和要求的，可以作为证据使用。第二，因为证人证言的主观性较强，随时可能发生变化，所以证人证言需要经过公安机关或者检察机关依法重新收集后才能作为证据使用。此外，关于对行政机关收集证据的审查问题，应当明确审查主要围绕证据的客观性进行，必要时可以与有关方面质证。对于行政机关在执法办案中依法或按照规定收集的证据，一般应当认定其合法性。

（四）完善和改进民事、行政诉讼监督工作机制

民事诉讼法拓展了民事法律监督的环节、范围、方式、手段和层级，初步建立了检察机关参与公益诉讼制度，这是理论界和实务界深化对民事、行政法律监督的基本属性、职能定位等重大问题的研究和认识的结果。检察机关对于新增加的这些法律监督内容仍然需要进一步研究，吃透立法本意，建立健全各种工作机制，进一步完善监督程序，健全监督体系，落实好法律规定。对于在执行民事诉讼法中一些可能产生新问题的新规定，要提早研究，未雨绸缪。

例如，对于民事诉讼法第 209 条的规定，实际上是限制了当事人直接向检察机关申诉要求检察建议或者抗诉的权利，原则上应当先向法院申诉。但在实践中，则可能是剥夺了原来多出来的一条申诉渠道，有的当事人认为受到了法院不公正的判决，就是不愿意向法院申诉，想直接向检察院申诉，这个时候怎么办？一味地以法律规定予以拒绝？按照法律规定应当如此。但是申诉权是宪法赋予公民的一项基本权利，公民有权向党委、政府、人大及其

他有关机关进行申诉，而不应当在先后顺序上受到限制。法律规定的初衷可能是好的，但是可能引发新的申诉难，这与执法办案化解社会矛盾的基本精神不相符合。对于这个问题如何解决，需要检察机关进行深入研究。本书认为，有两条路子可以研究，作为解决这一问题的方案：一是第 209 条的规定是对当事人向检察机关申诉作出的限制，并不影响检察机关依职权发现法律监督的线索进行法律监督。二是当事人以第 209 条规定的第三项理由向检察机关申请再审检察建议或者抗诉的，检察机关予以受理，并进行审查。在这个过程中，如果当事人又向人民法院申诉，法院受理的，检察机关中止审查；法院已经裁定再审的，检察机关应当终止审查。如果当事人只是向检察机关申诉的，则应当在 3 个月内予以审查，作出提出或者不予提出检察建议或者抗诉的决定。

四、构建谦抑地实施法律监督的运行机制

“谦抑”一词源于中国古代汉语，意为“谦逊推让”。从历史起源看，启蒙主义思想家孟德斯鸠和近代法学家贝卡里亚、费尔巴哈等人在关于理性主义、自由主义和个人主义，提出罪刑法定、罪刑均衡、刑罚人道三大原则的思想中，已经蕴涵了刑法谦抑性的思想并逐渐深入人心。① 后被日本学者在刑法领域予以深刻阐述，后来又被我国刑法学者所借鉴。事实上，对于什么是刑法意义上的“谦抑”，中外学者的看法不尽一致。如日本刑法学者平野龙一认为刑法的谦抑性包含刑法的补充性、不完整性和宽容性。② 我国梁根林教授认为，所谓刑法谦抑，“是指刑法应当作为社会抵制违法行为的最后一道防线，能够用其他法律手段调整的违法行为尽量不用刑法手段调整，能够用较轻的刑法手段调整的违法行为尽量不用较重的刑法手段调整”③。陈兴良教授认为，“谦抑，是指缩减或者压缩。刑法的谦抑性，是指立法者应当力求以最小的支出——少用甚至不用刑罚（而用其他刑罚替代措施），获取最大的社会效益——有效地预防和控制犯罪”④。它蕴涵了这样一种理念：对于某种危害社会的行为，国家只有在运用民事的、行政的法律手段和措施仍不足以抗制时，才能运用刑法的方法，亦即通过刑事立法将其规定为犯罪，

---

① 参见莫洪宪、王树茂：《刑法谦抑主义论纲》，载《中国刑事法杂志》2004 年第 1 期。

② 参见［日］平野龙一编：《现代法——现代法与刑罚》，岩波书店出版社 1965 年版，第 22 页。

③ 梁根林：《非刑罚化——当代刑法改革的主题》，载《现代法学》2000 年第 6 期。

④ 陈兴良：《刑法谦抑的价值蕴含》，载《现代法学》1996 年第 3 期。

处以一定的刑罚，并进而通过相应的刑事司法活动加以解决。[1] 从他们的论述中我们可以发现有关刑法谦抑性的核心思想大抵相同，即调整范围的严格控制和刑罚程度的适当减轻，与现代刑法的非犯罪化和轻刑化主流观点是一脉相承的。因此，也有学者将谦抑性原则引入刑事诉讼，认为如果刑法谦抑而刑事诉讼不谦抑，刑法谦抑的价值和目的就不能充分实现，因此，“由于刑法与刑事诉讼法如同过程与结果般的天然联系，因此，要想实现刑罚结果的谦抑，必须同时——更恰当地说是——首先要实现刑事诉讼过程的谦抑”。[2]

在法律监督中引入谦抑理论主要是为了应对“法律监督万能论”的倾向。该倾向目前有两个最明显的表现：一是社会和公众对法律监督的“万能型”要求和期待。在我国当前形势下，事关国计民生、公共权力、公民权利以及执法、司法领域内的敏感、热点问题林林总总，层出不穷，一些司法个案被曝光后也一次又一次地挑战职业道德和社会伦理的底线。在每一个人都有可能成为新闻媒体、都可以独立向全社会发声的“全媒体”和“自媒体”时代，每当分析、解剖这些事件背后的原因时，“监管缺失”或者“监督不力”总是成为颇受诟病的共同选项，其中检察机关的法律监督也总是与具体事件一起被进行“绑定式”炒作和评价，尤其是在对待冤假错案上更是如此。二是极少数检察机关及其人员的“万能型”执法。当前，极少数检察机关及其人员没有清楚地理解监督、法律监督、诉讼监督与诉讼制约的关系，有的将诉讼监督作泛化理解，有的异化行使法律监督权。例如，有的将职务犯罪侦查、审查逮捕、审查起诉等诉讼制约职能，甚至包括检察建议、检察机关参与社会管理都认为是诉讼监督；有的执法人员动辄以法律监督者自居，超越职权范围，不注意区分违法的对象、程度和方式，随意启动所谓的法律监督，有的甚至直接参与联合执法、征地拆迁、村镇建设甚至招商引资等与法律监督没有关系的工作。

事实上，社会和公众对法律监督给予更多的新期待、新要求正说明了法治的进度，也是法治发展的必然，检察机关对此也已经给予了足够的重视并不断寻求解决问题的方案。检察机关为党委政府分难解忧，服务经济和社会发展大局，诚然无可厚非。但是换个角度来看，法律监督制度是国家监督制度的一部分而不是全部，法律监督的权力范围也不是无边界的，只能在宪法、

---

① 参见陈兴良著：《刑法哲学》，中国政法大学出版社 2000 年版，第 8 页。

② 郭云忠：《刑事诉讼谦抑论》，载《当代法学》2007 年第 1 期。

法律授权的范围内活动，超越授权的法律监督是无效甚至违法的，因此社会和公众不能期望法律监督去解决所有的社会矛盾和问题，对此检察机关也无法承受之重。对于刑事诉讼中的诉讼监督问题，最高人民检察院孙谦副检察长曾深刻地指出："我们也应该注意对监督的权力边界和效能保持清醒的认识，要认识到监督不是万能的，诉讼监督只是确保国家刑事司法规范运行的一种程序性的保障，不可能单纯依靠监督解决司法中的所有问题，既要致力于解决当前监督实践中存在的不敢监督，不善监督的问题，又不能一谈改革就盲目随意地主张扩权，主张扩大范围。监督并非越广泛、越具体越好，适度监督才是最好的，也是最难的。"①

构建谦抑地实施法律监督运行机制的重点包括以下几个方面：

（一）建立健全尊重和保障人权的工作机制

"尊重和保障人权"写入刑事诉讼法是本次修法最大的理性，也应当成为谦抑地实施法律监督的总纲领。因此，应当将人权保障的理念和制度落实到刑事案件立案到刑罚执行的各个环节，而不是一句简单的口号。保障诉讼活动顺利进行是手段和条件，尊重和保障人权是根本目的。检察机关作为法律监督机关，不但自己要通过建立健全各种机制来尊重和保障人权，还要监督有关机关建立健全各种机制尊重和保障人权。因此，检察机关在履行法律监督职能中，要履行好尊重和保障人权的义务：一是尊重所有诉讼参与人，特别是犯罪嫌疑人的人权；二是保障所有诉讼参与人的各种合法权益，监督其他有关机关尊重和保障人权；三是及时查处严重侵犯人权的违法犯罪行为。

（二）构建强化重点法律监督工作的引导机制

谦抑实施法律监督不是消极等待，也不是"挑肥拣瘦"，而是要把法律监督的重点放在人民群众反映强烈、社会高度关注和人民群众最关心、最直接、最现实的利益问题上，防止"捡了芝麻，漏了西瓜"。法律监督工作只有突出重点，才能取得事半功倍的效果。强化重点工作是统筹兼顾的根本方法在法律监督工作中的科学运用，也是理性实施法律监督工作的重要方法。只有将重点工作做好了，才能发挥法律监督的刚性和效果，也才能体现非重点工作上的谦抑性。

职务犯罪侦查的重点是严肃查办发生在领导机关和领导干部中的职务犯

① 参见最高人民检察院孙谦副检察长在"中国法学会检察学研究会刑事诉讼监督专业委员会"成立大会上的讲话，载人民网－法治频道，http://legal. people. com. cn/GB/13217716. html，日期：2010年11月15日，访问日期：2012年10月9日。

罪案件；严肃查办发生在权力集中部门、国家重点投资领域、资金密集行业的职务犯罪案件；严肃查办损害民生民利、执法司法不公、充当黑恶势力“保护伞”的职务犯罪案件。批捕、起诉的重点是依法严厉打击危害国家安全犯罪、严重暴力犯罪、黑恶势力犯罪、多发性侵财犯罪和“黄赌毒”等犯罪，要把更加严厉地打击危害食品、药品安全等危害民生的犯罪放在重中之重。侦查活动中存在的问题较多，但性质有轻重，危害有大小，但法律监督的可用资源有限，不可能“眉毛胡子一把抓”，因此侦查监督的重点是刑讯逼供、暴力取证、滥用刑事手段违法插手经济纠纷、违法采取搜查、扣押、冻结等侦查措施以及其他违法办案、严重侵犯当事人人身和财产权利等突出问题，特别是要重点监督执法不公背后的职务犯罪。审判监督的重点放在人民群众反映强烈的司法不公、执法不严以及严重侵犯诉讼当事人各种合法权益的问题上，重中之重是对刑事案件的有罪判无罪、无罪判有罪以及量刑畸轻畸重行为的监督，对民事执行中偏袒一方消极执行以及各种乱执行行为的监督，对各种诉讼活动和裁判中收受贿赂、徇私枉法行为的监督。刑罚执行和监管活动监督的重点是违法裁判和违法减刑、假释、保外就医以及超期羁押等。对民事诉讼活动的监督，要落实好民事诉讼法关于法律监督的新规定。

（三）构建违法程度与监督方式的匹配机制

谦抑不是迁就，突出重点不是小事不管，而是法律监督要遵从比例原则，要根据不同的违法犯罪程度，区别违法的对象和方式，采取不同的法律监督方式和手段，提高法律监督的效益和效果。

在刑事诉讼中，检察机关对整个诉讼活动进行监督，监督的效力主要限于启动程序，这恰恰是我国司法制度设计的科学性所在，是我国刑事诉讼法中公检法三机关分工负责、互相配合、互相制约原则的体现。追求“一权独大”的思想是十分有害的，对于完善中国特色社会主义检察制度也是不利的。[①] 因此，要在提高诉讼监督的权威性和刚性的同时，注重启动相应的法律程序，不宜追求实体处分权，在庭审过程中和抗诉程序的启动上充分注意维护审判权威。

要切实转变法律监督的观念，既要敢于监督、善于监督，又要依法监督、规范监督。要研究抗诉、违法行为调查、纠正违法、检察建议、建议更换办案人等法律监督手段适用的场合和对象，既要展现法律监督雷霆万钧的一面，

---

① 参见童建明：《加强诉讼监督需把握好的若干关系》，载《国家检察官学院学报》2010 年第 5 期。

也要展现其春风化雨的一面。要在综合运用多种法律监督方式的过程中，充分体现出公检法三机关的制约与监督、监督与支持、监督与配合的关系，要完善与相关单位的沟通协调机制，加强对落实监督意见的跟踪监督。检察机关要注重监督措施运用的适当性、实效性，建立以监督实效为主要目标的诉讼监督工作评价模式。

（四）构建严格落实保障辩护权的机制

刑事诉讼法强化了辩护权的保障，完善了辩护人的职责和权利，完善了辩护人权利保障措施和法律援助制度，还规定了庭前会议制度。这些规定使得控辩双方在掌握、分析、判断证据方面处于平等地位，辩护人刑事诉讼权利的主动性也得以大大加强，将改变过去公诉人利用“证据突袭获得胜诉”的模式。对此，前文已经做了较为详细的述评。关键是检察机关在法律监督中要正视这些规定对确保司法公正的积极意义，要消除优势心理、抵触情绪和消极应对的思想和做法，采取切实有效措施、构建完善的工作机制，落实好这些规定。

最高人民检察院2012年发布的《人民检察院刑事诉讼规则（试行）》对此给予了很好的回应，也制定了具体的制度来落实刑事诉讼法的规定。此外，还要考虑将保障辩护权纳入工作考评机制之中，或者依法构建科学合理的责任追究机制。

（五）构建严格的审批手续和规范使用的慎权机制

刑事诉讼法对公安机关、检察机关和审判机关授予了诸多权力，在保障打击犯罪和诉讼活动顺利进行的同时，许多权力使用不当都易引发侵犯人权的现象。就检察机关而言，在诸项新增权力中，技术侦查措施和指定居所监视居住应当谨慎使用，需要严格审批手续，并规范使用。

技术侦查手段主要涉及电子监听和监视。由于这些手段严重侵犯公民个人隐私和相关权利，因此英、美、德、日等国都对其使用技术侦查的审批手续、使用的对象、范围及时间有严格的规定。我国刑事诉讼法的规定原则性较强，可操作性不强，尤其缺乏外部制约，容易导致侦查机关对技术侦查手段的滥用，侵犯人权。检察机关应当通过相应的司法解释，严格限制技术侦查手段的使用范围、条件和内部审批程序，防止其滥用。①

“指定居所监视居住”的期限长于逮捕，有利于缓解侦查羁押期限的紧

---

① 参见龙宗智：《理性对待法律修改 慎重使用新增权力——检察机关如何应对刑诉法修改的思考》，载《国家检察官学院学报》2012年第3期。

张，而且它比逮捕更有利于促使犯罪嫌疑人交代犯罪事实，尤其有利于特别重大、复杂案件和窝案、串案的侦查，还有利于在不对侦查对象羁押的情况下降低对纪检监察部门“两规”、“两指”的依赖。① 但是，如果执行失范，可能异化为一种与拘留、逮捕相同的剥夺人身自由的强制措施，严重侵害犯罪嫌疑人的人身自由权，而且由于办案机关自己执行监视居住，办案风险增加，它容易发生犯罪嫌疑人逃跑、自杀等事故。因此，应谨慎使用这一措施。

（六）构建将法律监督触角延伸至社会矛盾化解的工作机制

检察机关在履行法律监督职责过程中，要注意加强对社会稳定形势、重要敏感案件和热点敏感问题的分析研判，不能为办案而办案，要把排查、预防和化解矛盾纳入执法办案的每个环节。建立检调对接工作机制，对符合条件的案件，依托人民调解组织或有关部门先行调解，最大限度地化解矛盾纠纷。建立健全执法办案风险评估预警机制，防止因执法不当激化矛盾或引发新的矛盾。尤其是要推行不立案、不批捕、不起诉、不抗诉等释法说理制度，依法释疑解惑，加强心理疏导，防止和减少涉检信访。全面开展刑事被害人救助工作，推动刑事被害人救助立法。

为做好执法办案中化解社会矛盾的工作，检察机关还要注意完善社情民意的收集、研究和转化机制，建立多元化、常态性的征求群众意见的工作机制，畅通群众诉求表达渠道，拓宽群众参与检察工作的领域。②

（七）构建全面接受外部监督和自我监督机制

法律监督要立足宪法和法律授权的范围和手段，处理好与其他权力之间的分工和制约关系，在行使权力尤其是在刑事诉讼过程中，要积极接受公安机关和人民法院按照程序的制约和监督，接受所有诉讼参与人的监督，支持和保障律师依法执业。健全接受人大监督和政协民主监督的工作机制，加强与人大代表、政协委员的经常性联系。依法扩大检务公开的内容和范围，拓展检务公开途径，创新检务公开方式，自觉接受人民群众监督和新闻舆论监督，拓宽接受监督的渠道和途径。

在检察机关和检察系统内部，要规范检察机关领导干部用权行为，开展检察机关内部制度廉洁性评估，增强内部监督工作的刚性和效果。加强执法规范化建设，不断完善和细化执法流程，严格执法程序，明确执法标准。更

---

① 参见朱孝清：《刑诉法的实施和新挑战的应对——以职务犯罪侦查为视角》，载《中国刑事法杂志》2012 年第 9 期。

② 参见《“十二五”时期检察工作发展规划纲要》，载《检察日报》2011 年 9 月 15 日第 1 版。

新检察管理理念，创新案件管理模式。科学设定考评内容，完善考评方法，规范考评程序，进一步建立健全符合司法工作规律和检察工作实际的业务考评机制。还要强化检察机关各内设机构之间对执法办案活动的监督制约，强化上级检察院对下级检察院的领导和监督。

五、构建专业地实施法律监督的运行机制

无论对法律监督的概念采用何种学说，我们都不得不承认，法律监督是一项专业的执法活动，从法律监督的活动过程看，它涉及理解掌握立法思想和立法本意，法律规定的具体内容、执行标准、执行方式，法律后果的预测评估和救济方案，裁判执行的监督、社会矛盾的化解等方面。因此，专业地实施法律监督是这项工作的基本要求。“徒法不足以自行”，专业地实施法律监督最主要的还是靠专业的执法者，因此法律监督执法队伍专业化是这项工作的核心内容，是保障法律监督客观公正、提高法律监督效率的内在需求。

“工欲善其事，必先利其器。”构建专业地实施法律监督的运行机制的重点包括以下几个方面：

（一）构建专业知识、技能和行为的长效培训机制

法律监督权的执行主体需要具备系统、扎实的法律专业知识和广博、厚实的邻接知识，能够对基本的、常用的法律知识准确地理解掌握，能够熟练地运用专业法律知识，广博、厚实的邻接知识可以使法律监督的执法者做到融会贯通，为法律监督提供坚实的基础。专业思维要求检察官在法律专业知识、法律思维方式以及法律监督能力方面应当具有符合法律职业特点的专业性，包括秩序与和谐、自由与权利、公平与正义、证据为王、程序公正、客观全面、法言法语等内容。还要着重培养检察官树立法律的专业思维，在执法过程中按照法律的逻辑来思考、分析、解决问题的思维方式。培养专业的法律行为，要坚守法律的专业阵地，忠于事实和证据，运用法律严谨的思维和缜密的逻辑进行推理，作出正确的判断和决定。要能够自觉排除非理性因素的干扰，在全媒体时代，法律监督主体要敢于、善于与新闻媒体、民意打交道，当法律监督专业化与司法民主化因为个人炒作出现紧张关系后，能够利用及时、有效的沟通和互动进行缓解，使司法裁判得到社会舆论、民意的检验和认可。所以，要建立对专业知识的长效培训机制，不断促进知识、技能的更新，思维的养成和行为的锤炼。

（二）构建专业的队伍管理机制

要不断推进检察机关人事制度改革，健全检察队伍管理制度体系和机制。

会同有关部门加快推进检察人员分类管理改革，完善分类管理制度；制定实施检察官及其辅助人员职务序列，完善检察人员职数比例规定；根据不同类别人员管理方式，制定相应的招录、选任、培养和管理制度。健全落实检察官逐级遴选制度。完善司法警察队伍管理、培训和使用制度。开发应用检察队伍管理信息化系统。①

（三）构建专门的适应特别程序需要的案件办理机制

刑事诉讼法有关特别程序的一些新规定，虽然有的在国外已经推行多年或者已经有了比较成熟的做法和经验，但是就我国的刑事诉讼立法而言，仍然是制度创新。刑事诉讼法主要规定了四个特别程序，一是未成年人刑事案件诉讼程序；二是当事人和解的公诉案件诉讼程序；三是犯罪嫌疑人、被告人逃匿、死亡案件违法所得没收程序；四是依法不负刑事责任的精神病人的强制医疗程序。

之所以将这些诉讼程序规定为特别程序，是因为这些案件有其不同于一般案件诉讼程序的法律原因、社会原因、经济原因和犯罪主体原因，而且这些特别程序都与检察机关有直接关系。因此，检察机关应当构建适应特别程序需要的案件办理机制。一是对于未成年人刑事案件的办理，检察机关要贯彻“教育、感化、挽救”办案方针和“教育为主、惩罚为辅”的办案原则，降低未成年犯罪嫌疑人的批捕率、起诉率和监禁率。要积极推进办理未成年人刑事案件的专业化、专门化建设，在讯问、会见、起诉、出庭公诉、矫正方面探索建立符合未成年人身心特点的制度和工作模式，以办案积极挽救、促进转化、开展预防。二是对当事人和解的公诉案件的办理，检察机关要听取当事人的意见，对和解的自愿性、合法性进行审查，并要主持制作和解协议书，对此需要专门的听取意见机制、审查机制和主持制作和解协议的机制，这些机制有的地方在原来探索试行的时候已经建立，但是大部分地方没有建立，因此需要建立专门的机制。此外，社会上对刑事和解容易导致“花钱买刑”和司法腐败等问题的担心也不无道理，检察机关在构建工作机制的时候，要将这些问题充分考虑进去，既要落实法律的规定，又要防止这些负面现象的出现，以回应社会关注。三是“犯罪嫌疑人、被告人逃匿、死亡案件违法所得的没收程序本质上是一种对物的诉讼”②，既与普通的刑事诉讼存在

① 参见《“十二五”时期检察工作发展规划纲要》，载《检察日报》2011 年 9 月 15 日第 1 版。

② 宋英辉、茹艳红：《刑事诉讼特别程序立法释评》，载《苏州大学学报》（哲学社会科学版）2012 年第 2 期。

很多联系，又与普通的刑事诉讼存在很多不同，同时还要遵从普通刑事诉讼的规律和规定，不但涉及国内法律的适用，潜逃至境外的案件还涉及国际司法协助、别国法律与本国法律冲突的适用，因此也需要构建专门的诉讼程序，解决好案件适用条件问题，检察机关提出申请问题，犯罪嫌疑人、被告人的近亲属和其他利害关系人参加诉讼问题，以及控、辩、裁三方的刑事诉讼构造的问题。四是对依法不负刑事责任的精神病人的强制医疗案件，社会上普遍担心的就是侵犯公民权利，正常人“被精神病”的问题，因此这个程序中最为重要的是要解决好控、辩、裁三方的刑事诉讼构造的问题，尤为重要的是要让辩方能够充分参与，要让辩方在检察机关提出申请之前就能够参与其中，以便于在申请阶段就形成制约机制。同时，检察机关还要建立对强制医疗机构的执行活动是否合法实行监督的机制，因为强制医疗是对公民人身自由进行的一种强制性干预措施，如果适用不当，很容易发生侵犯人权的现象。虽然刑事诉讼法规定强制医疗机构应当定期对被强制医疗的人进行诊断评估，并且赋予了被强制医疗的人及其近亲属申请解除强制医疗的权利。但是，精神病患者本人及其近亲属往往缺少精神病方面的专业知识和相关法律知识，不知道强制医疗的效果，也无法进行证明。因此，检察机关应当强化法律监督，建立健全执行违法行为的知情和发现机制、监督的启动机制等，切实保障被强制医疗者的合法权利。

六、构建依靠群众实施法律监督的运行机制

毋庸置疑，法律监督是一项专业的执法活动。但是，并不能因此而认为法律监督工作可以置身于人民群众之外，相反必须坚持群众路线。群众路线是中国共产党的生命线和根本工作路线，也是我们党永葆生机和活力、永葆先进性和纯洁性、始终得到人民拥护和支持的最根本的保障。检察机关是我国的法律监督机关，肩负着保障我国法律统一正确实施的神圣使命。而保障法律统一正确实施与保障最广大人民的根本利益、维护中国共产党的执政基础和执政地位是一脉相承的，因此法律监督工作必须坚持群众路线。

（一）坚持群众路线是法律监督的理性选择

法律监督坚持群众路线的法定性。宪法和法律是理性的产物，我国宪法和法律明确规定了法律监督必须依靠群众，坚持群众路线。中华人民共和国是工人阶级领导的、以工农联盟为基础的人民民主专政的社会主义国家。我国宪法规定，我国的一切权力属于人民，人民依照法律规定，通过各种途径和形式，管理国家事务，管理经济和文化事业，管理社会事务。因此，人民

是法律监督权的享有者，有权对法律监督权进行监督。同时，刑事诉讼法第6条规定，人民法院、人民检察院和公安机关进行刑事诉讼，必须依靠群众，必须以事实为根据，以法律为准绳。人民检察院组织法第7条规定，人民检察院在工作中必须坚持实事求是，贯彻执行群众路线，倾听群众意见，接受群众监督，调查研究，重证据不轻信口供，严禁逼供信，正确区分和处理敌我矛盾和人民内部矛盾。检察官法第8条规定，检察官应当履行的义务之一是接受法律监督和人民群众监督。以上法律规定直接或间接地明确了检察机关必须植根于人民群众，是法律监督工作坚持群众路线的法律依据和法律基础。

法律监督坚持群众路线的合理性。权力不受制约和监督，必然导致腐败，绝对的权力导致绝对的腐败。法律监督权也是一项国家权力，因此在对外实施法律监督，保障国家法律统一正确实施的同时，也必须接受监督，才能确保法律监督这项公权力在正确的轨道上行使。

法律监督坚持群众路线的历史性。法律监督坚持群众路线也是总结我国正反两方面历史经验和教训得出的结论。我国1954年宪法明确规定了国体、政体，法制建设奠定基础并取得了一定发展；1966年开始的“文化大革命”砸烂公检法，我国法制建设全面倒退；1978年十一届三中全会之后，法制理念和制度建设重新理性地回归到政治制度视野之中，民主法制得以逐步恢复重建；1982年宪法明确了检察机关的法律监督地位和检察机关的领导体制；党的十六大明确了提出依法治国的基本方略。

法律监督坚持群众路线的现实性。人民群众参与法律监督工作（提高司法民主性，公民参与司法）是推进依法治国的重要内容，也是“社会矛盾凸显，刑事案件多发”这一社会现实的需要。实践是检验真理的唯一标准，“群众的眼睛是雪亮的”，有人民群众参与，法律监督工作就有基础和生命力。

（二）坚持群众路线的几项重点工作

1. 认真学习宪法和法律有关法律监督工作坚持群众路线的原则性规定

主要包括法律监督工作依靠群众的原则，检察机关领导人员和检察官的产生体制和程序，坚持机关检察长负责制与民主集中制的结合，群众参与法律监督工作等。通过学习，明确解决“我是谁、为了谁和依靠谁”的思想问题。

2. 着力查办发生在群众身边、损害群众利益的职务犯罪

发生在群众身边、损害群众利益的职务犯罪直接破坏党群关系，影响党

的执政地位的巩固和国家的长治久安。查办发生在群众身边、损害群众利益的职务犯罪是坚持以人为本、执政为民的实际行动，是检察机关坚持群众路线的重要途径。为此，要进机关、进企业、进乡村、进学校、进社区，深入群众、依靠群众、服务群众，广泛听取广大人民群众对反腐败斗争和查办职务犯罪的诉求和意见。要把当前关系群众切身利益问题较多、职务犯罪案件多发易发、群众反映强烈的“三农”问题、教育、就业、社会保障、医疗、保障性住房、生态环境、食品药品安全、安全生产、社会治安、执法司法等作为专项工作的重点领域。突出查办发生在领导机关和领导干部中滥用职权、以权谋私、贪污受贿、失职渎职等职务犯罪案件，特别是大案要案；利用组织人事权、行政审批权、行政执法权、司法权，侵害民生民利，破坏依法行政，危害公正司法，毁坏生态环境，给国家和人民利益造成重大损失的职务犯罪案件；侵害人民群众政治权益、经济权益和人身权利的职务犯罪案件。

3. 切实转变职务犯罪的侦查模式

修改后的刑事诉讼法对职务犯罪侦查工作提出了新的挑战，为此，检察机关要深入群众，尽快实现侦查模式从“口供本位，言词为本”到“物证本位”、“实物证据为本”的转变。为此，至少要做好以下三个方面的工作：一是办案人员要消除口供主义的影响，逐步深入到群众中，深入到经济社会的各个领域、各个环节中，抓住重点工程、重点合同、重点人员不放。倾听群众思想，发现漏洞和矛盾，查找线索，沿着“先取证、后动人”的工作思路，让事实说话，让证据证明，揭露犯罪。二是强化检察机关职务犯罪侦查的专门手段，特别是对刑事诉讼法规定的技术侦查、控制下交付等技术手段，要加强培养、学会应用，改变当前这方面人力、物力、技术匮乏的被动局面。三是提高镜头下的讯问能力，加强讯问技能的学习与培训。讯问技能涉及法学、证据学、心理学、社会学、侦查学等方方面面的知识和能力的培养，这是实现检察队伍专业化、职业化的基本学科，也是制约检察队伍工作能力的深层次问题，一定要从长远着想，抓住不放，一抓到底。

4. 检察官要学会并运用好群众工作方法

掌握群众工作方法，提高群众工作能力是检察机关坚持群众路线的重要基础性工作，有利于增强法律监督工作的针对性和实效性，有利于做好证人、被害人的思想工作，有利于突破案件、化解社会矛盾。通过坚持群众路线，要注重引导被害人平愤息怒，教育证人坚持原则，敢于作证，敢于出庭，以保证办案质量。当前我国刑事诉讼中被害人和证人的工作关系到社会矛盾化解和社会和谐稳定。被害人信访不信法，缠访闹访现象多有发生，包括对已经纠正的冤假错案，被害一方仍然不服，不相信司法机关，不尊重司法权威。同时，对于证人作证问题，普遍存在证人到案难，说实话难，出庭难，案件判决之后翻证等问题，导致诉讼反复，司法资源严重浪费，司法权威受损，司法公信力丧失。当前，这些问题在我国已经成了一个重大的社会问题。本书认为，刑事诉讼法在立法层面虽然已经构建了较为完善的证人作证机制，包括强制到庭制度，对证人的处罚机制等，但是这还不能从根本上解决问题，不少地方和检察官存在的根深蒂固的传统思想和做法还是要从思想和行为上予以解决。但是，在当前的检察官队伍中，从家门到校门再到机关门的“三门”人员多，会用群众语言说话的少，群众工作意识不强、方法不多、能力不足正是不少地方检察机关和检察官的一个短板和软项。因此，检察机关和检察官要学会并利用好群众工作方法，学会发动群众，教育群众，引导群众，提高群众的法律意识和思想觉悟，敞开大门接纳群众意见和建议，在做好证人、被害人思想工作的基础上，再辅以法律手段，包括惩罚和刑事损害赔偿问题，两方面结合起来，这才是法律监督坚持群众路线的根本之策。

5. 提高办案质量，切实防止冤假错案

近几年，全国有数起冤假错案相继被媒体披露，引起社会各界高度关注，人民群众反映强烈，严重影响了执法、司法机关的公信力，抑制了人民群众对法治的信心。就一般刑事案件而言，冤假错案始于公安的侦查环节，既有侦查人员基于“命案必破”的压力而急功近利、贪功枉法，人为制造证据或者隐匿重要证据、使用刑讯逼供等非法方法逼取口供或证言等原因，也有侦查工作懈怠，违法侦查，丢失案卷、丢失证据，收集证据不及时、不全面、不规范，不按要求补充完善证据等原因。但检察机关作为法律监督机关，其职责要求在审查批捕、审查起诉中不仅必须要查明犯罪事实是否清楚，证据是否确实充分，犯罪性质和罪名的认定是否正确，是否属于不应追究刑事责任的人，还必须查明侦查活动是否合法，因此对防止和纠正冤错案件具有法定责任。

不断提高办案质量，切实防止冤假错案，敢于纠正冤假错案，取信于民是坚持群众路线，提高执法公信力的重要举措。为此，检察机关要努力做到以下几个方面。一要遵守司法原则，遵从司法规律。要敢于坚持“无罪推定”、“疑罪从无”这些刑事诉讼的基本原则和标准。要将理论认识运用到办案实践中，坚持做到“疑罪”、“疑案”不捕、不诉，乃至按无罪处理。要注意用好“次优选择”，正确理解“宁可错放，决不错判”的处理方法。“错放、错判”两害相权取其轻的次优选择理论应当成为我们处理错案的基础理论，理性地对待“不枉不纵”、“命案必破”等最优选择理论。要遵循司法认识规律和刑事诉讼规律，正确认识证据不足不批捕、证据不足不起诉和证据不足判决无罪是防错纠错的法定处理方式，在办案中理性对待诉讼风险。二要强化侦查监督，促进侦查质量提高。要落实命案等重大案件的介入侦查引导取证机制，指派业务骨干第一时间介入现场勘查、介入侦查机关第一次讯问、参加案件讨论，要加强与侦查机关之间的个案沟通和类案分析，要严肃查办侦查人员刑讯逼供、徇私枉法等职务犯罪，要坚持不懈地进行案件质量评析通报，剖析命案等重大案件的办理质量，对侦查环节存在的多发性、常见性问题，结合典型案例，采取多种方式与侦查人员共同评析，促进侦查人员取证和水平的提高。三要坚持审查逮捕、审查起诉法定标准，坚守防止冤错案件的底线。要严格把握批捕、起诉的证据标准，防止“带病”批捕、“带病”起诉。要改进和完善证据审查方式，严格非法证据排除，将非法证据排除贯穿于侦查监督和公诉工作的全过程。要认真落实有关部门协调案件向上级报告制度，明知事实不清、证据不足而不提出意见或者协调后不及时向上级院汇报，造成冤错案件的，要严肃追究有关人员的责任。要充分发挥退回补充侦查对查清案件关键事实的重要作用。四要高度重视辩护律师的辩护意见和犯罪嫌疑人、被告人的辩解，充分发挥律师和人民群众在防止冤错案件上的积极作用。要正确认识律师作为法律职业共同体的重要组成部分，在维护法律正确实施和社会公平正义的目标追求上与检察机关的一致性，重视律师在防范冤错案件中的重要作用。要高度重视辩护律师的辩护意见，既要听取对于指控犯罪事实的意见，又要听取对于证据真实性、合法性的意见，并认真地审查核实、分析评判。要认真听取犯罪嫌疑人的辩解，并结合其他在案证据认真分析研判。犯罪嫌疑人提出侦查人员刑讯逼供，并提供相关材料或线索的，应当受理并审查，根据需要认真进行核实。

6. 不断推进检务公开

要通过“检察开放日”等活动和形式，进一步拓展检务公开的深度和广度，最大限度地满足人民群众的知情权、参与权、表达权和监督权。要坚持“公开是原则、不公开是例外”，对执法依据、执法程序、办案过程、执法结果等都要向社会公开，不断拓展公开的范围。健全及时主动公开和依申请公开制度，扩大主动公开信息量，不断拓展公开的内容。既要坚持检察开放日、举报宣传周等行之有效的传统的公开方式，又要充分利用互联网、手机短信、微博、微信等新兴媒体，不断拓展公开的形式。注重程序公开和实体公开并重，既公开程序性信息，又公开事实认定、法律适用等实体情况，进一步拓宽人民群众有序参与检察工作的途径，不断拓展公开的深度。

第三节 构建理性法律监督的科学管理机制

“某一国家机关能够中立或独立，关键取决于保障机制的设置：如果它在财政和人事等方面独立于行政机关以及立法机关，工作考评机制采取司法理性取向的设置，那么其独立性和中立性必然得到强化。”[①] 前文指出了我国法律监督制度在管理上存在的若干问题，其中最为突出的就是检察官大众化、法律监督管理制度行政化和法律监督权地方化的问题，因此构建我国理性法律监督科学管理机制的重要内容就是解决这些问题。

（一）构建检察人员分类管理机制

“检察人员分类管理，是指在检察机关区分人员类别，分别适用不同的职务序列和管理方法，根据职务类别各自的特点进行管理的方式。实行分类管理，是国外检察机关人员管理的一种有益经验。”[②] 构建检察人员分类管理机制是适应检察工作不同于一般行政工作和审判工作的特殊性的需要，也有利于解决检察官职位结构不科学、身份保障不到位、人事管理大众化的问题。

构建检察人员分类管理机制：一是确定检察人员的类别。学界对此有不同的意见，主要包括“五分法”、“四分法”和“三分法”。本书赞成“三分法”，因为我国检察官法规定“检察官是行使国家检察权的官员”，所以检察人员的分类应当以是否行使检察权作为分类的标准。据此可以将检察人员分为检察官、检察事务官和检察行政官三类。其中，检察官就是符合检察官法规定条件的国家公职人员，检察事务官包括检察书记员、检察信息技术人员和司法警察，检察行政官包括从事人事、财务、政工等综合行政事务的人员。二是制定各类人员的职务序列。要打破现在所有人员均走“行政序列”这座独木桥的不科学机制，对不同类别的检察人员设置不同的职务序列。检察官职务包括检察长、副检察长、检察委员会委员和检察官，检察官实行等级管理制度。检察事务官主要协助检察官履行检察职责，可以按照从高到低的序列，规定实行级别管理。检察行政官可以按照行政管理的模式设置职务序列，职务晋升和级别参照行政管理的手段进行管理。三是确定各类人员的编制和

---

① 谢佑平等著：《中国检察监督的政治性与司法性研究》，中国检察出版社2010年版，第384页。

② 龙宗智著：《检察制度教程》，法律出版社2002年版，第338页。

职数比例。受管理模式行政化的影响，“我国由于对检察官缺乏编制和员额比例的规定性，一方面使得检察编制脱离实际，我国检察官的绝对数量很大；另一方面使得现有检察官员额比例失调，检察员比例过大，实际行使检察权的人数所占的比例过小。这种状况不利于检察官队伍整体素质的提高，不利于合理配置检察机关的人力资源，从而发挥检察人员的结构功能”①。因此，构建分类管理机制必须解决这个问题，确定各类人员的编制和职数比例需要兼顾一个地方的人口比例、经济发展状况、人员素质等诸多因素，最主要的是要根据检察人员承担的业务量以及为业务工作提供各种保障的数量，其中有两个问题需要重点注意：第一，鉴于法律规定的案件级别管辖不同，上级检察院对下指导和监督工作量不同等原因，各类人员的编制和职数比例在不同层级检察院的分配上应体现不同，一般来说，检察官应当从基层检察院、地市级检察院（检察分院）、省级检察院和最高检察院，由低到高逐级递增；但是检察事务官和检察行政官应当相反，逐级递减。第二，应当在一定的时期内规定一定的弹性比例，为各类人员的编制和职数比例的调整预留一定的空间。因为一个地方的经济社会是不断发展变化的，案件数量、种类也会随着经济社会的发展而变化，如果各类人员的编制和职数比例没有弹性，势必会因为案多人少的矛盾过于突出而制约打击犯罪与保障人权的质量和效果。四是根据不同类别人员的管理方式，完善不同类别人员的管理制度。主要包括根据不同类别人员的构成，构建不同的录用制度、选任制度、工资制度、培训制度和考评制度。在录用制度、选任制度上，要从通过符合检察官法规定的条件的人员中公开选拔检察官，杜绝检察官不能从事业务工作、不能办案的现象；要立足检察事务不同岗位的需要，按照有别于检察官和检察行政官的机制，建立检察事务官的选任制度，如对口招录书记员、专业技术人员、司法警察等。在工资制度上，要建立单独的检察官工资序列。“基于检察官工作专业性较强，任职条件严格的特点，对法官、检察官实行不同于一般公务员的单独的职务和工资序列，法官、检察官工资标准高于行政公务员和警察的工资标准，是许多国家的惯例。”② 对于我国检察人员分类管理后的检察官工资制度，有学者建议，“根据检察官任职条件，建立符合检察官特点，与政府机关公务员相分离的独立工资制度，对检察官不再评定行政职级，在

---

① 郑在义、龚瑞：《我国检察人员分类管理改革的理论与实践》，载《第七届国家高级检察官论坛会议文章》（2011 年），第 1323 页。

② 童建明、万春主编：《中国检察体制改革论纲》，中国检察出版社 2008 年版，第 383 页。

根据检察官职务、德才表现、业务水平、检察工作实绩和工作年限确定检察官等级的基础上，根据检察官等级建立相应的检察官工资制度”①。同时，还要协调建立与独立工资制度相配套的检察官晋升、奖惩、福利等保障制度。在培训制度上，重点是根据检察人员阶段性的特点，开展具有针对性的专业培训。目前，首先是摸清现状，“现在司法人员的知识化和专业化问题已基本解决，需要注重真才实干，注重在现有的国情下能够准确适用法律，妥善处理矛盾纠纷的实际能力”②。所以现在的培训任务是提高检察官准确适用法律、妥善处理矛盾纠纷的实际能力。在培训过程中，还要注意培训成本的核算和培训资源的有效利用，要充分利用互联网、远程视频、电视电话等现代化的科技资源，实现培训资源和信息共享，以远程培训代替传统的面授的培训方式。在考评制度上，“应该立足于检察官的岗位规范要求，突出检察官的职业特质，从办案质量、理论素养和职业操守三个方面进行考核，剔除行政化和检察官职责之外的因素”③。要充分发挥考评制度对检察官素养和工作的指挥作用，通过考评真正将思想道德过硬、业务水平较高、专业知识扎实的检察人员突出出来，为他们的工作和个人发展创造优良的条件和施展才华的舞台。

（二）构建科学完善的组织管理机制

实践中，我国检察机关的组织管理体制长期以来都是行政化的管理模式，无论是检察机关的组织机构管理、人财物管理还是检察业务管理，莫不如此。这种管理模式忽视了法律监督的特殊性，行政拍板式的办案方式也不符合办理案件的规律，直接影响到案件的公正处理，制约着检察官业务素质的发展和提高，在行政化管理“官本位”思想之下，也不利于保持检察官队伍的稳定性。对此，党的十六大报告在提到司法体制和工作机制改革时明确指出，要改革司法机关的工作机制和人财物的管理体制，逐步实现审判和检察同司法行政事务相分离。因此，在构建科学完善的检察机关组织管理体制过程中，需要解决的最大问题就是检察机关组织体制的行政化问题。

为实现检察机关组织管理中的“去行政化”目标，一是构建法律监督工作业务与政务相分离的机制，凸显以检察业务为中心的组织目标。对于检察业务和检察政务要有明确的分工，并将具体分工落实到具体的部门甚至具体

① 马楠：《检察人员分类管理制度研究》，载《中国检察》（第3卷），中国检察出版社2003年版，第635页。

② 孙谦：《凝聚法治共识，提升司法品质》，载《中国社会科学报》2012年11月30日A6版。

③ 王正海、张晓：《检察人员分类管理改革之思考与建议》，载《人民检察》2007年第20期。

的人员。要树立政务工作服务业务工作的思想和理念，让业务部门的检察人员专心于业务研究和办案工作，同时整合政务部门的职能，避免政出多头，不同的政务部门经常以不同的形式向业务部门布置大体相同的政务。二是检察业务管理要突出业务特点，淡化行政色彩。目前，检察机关办案工作中仍然采用层层审批的管理模式，承办检察官拿出意见后报给科长、处长审批，科长、处长拿出审查意见报告分管领导，分管领导再报给更高层级的领导，对于重大案件直至报到检察长那里。对于批转或者批办的案件，则是反过来走这道程序，待承办人拿出承办意见后，再走层层审批的程序。这样一来，不但加重了各个层级负责人的负担，而且是案件办理的程序更加复杂，熟悉案情的检察官不能做主，因而无法负责，不熟悉案情的检察官可以做主，但因为是领导，也不好负责，所以最终的结果就是大家都对案件负责，但是大家又都不负责。同时，本来可以一个星期办结的案件，层层审批、文来文往在“路上”花费的时间已经超过一个星期。解决这个问题的根本出路就是集中案件管理，淡化审批程序，让承办检察官有足够的权力对案件作出决定，并本着责权统一的原则，也让其承担更多的责任，处长和科长的行政管理职责任务转为案件分流和督办，对重大复杂案件，根据承办人的请求，组织一定范围的集体讨论和征求意见。对于职务犯罪侦查案件的管理，可以考虑根据案件类型、所涉罪名，同时考虑侦查人员的专业和特征，建立若干专业侦查小组的办案机制，以侦查小组为单位侦查案件并对侦查行为负责，分管副检察长负责一定范围内的侦查人员的统一调度和侦查案件的控制，以实现侦查一体化。三是构建检察机关内部制约和监督机制。从总体来看，我国检察机关目前的内部制约和监督机制主要依赖于两个方面。一方面是依靠检察机关内部的分权，即将权力分解后赋予检察机关内部不同的部门来行使，实行流程化管理，让不同部门之间形成互相制约的关系，防止某个部门一权独大；另一方面是依靠检察机关内部的纪律检查和监察通过廉政教育、查处违法行为等办法预防或处理办案过程中的非法行为。这两个办法对于权力制约和监督确实有其优势，但是相对于内部制约机制来说，仍然显得比较单一。所以，最高人民检察院近年来在检察机关内部和检察系统推出了检务督察、案件集中管理、党风廉政建设责任制、加强执法规范化建设、完善检察业务考评体系、强化上级检察院对下级检察院的领导和监督以及检务公开等制度，这些制度有效地强化了检察机关或检察系统的内部制约和监督，取得了较好的效果，要在以后的工作中继续发展完善。四是强化政务工作的服务保障机制。检察业务与检察政务分离制度的目的之一是保障业务工作有效开展，因此必须强化政务工作的保障功能，一方面需要政务工作人员转变思想观念，树立“管理就是服务”的意识；另一方面也要优待检察政务人员，不能因为检察机关以检察业务为中心就将检察政务人员视为“二等公民”，要从职级晋升、工资待遇和对符合条件人员转任检察官等方面给政务人员提供较好的条件，从制度、机制上让他们成为业务工作不可或缺的真正力量。

（三）构建完善的检务保障机制

党的十八届三中全会指出，确保依法独立公正行使检察权，推动省以下地方检察院人财物统一管理，探索建立与行政区划适当分离的司法管辖制度，保证国家法律统一正确实施。这一精神的推行还需要一段时间，但这一精神的出台本身就说明我国的检务保障机制需要改革完善了。此前，我国检察机关的检务保障机制实行的是“分级财政、分灶吃饭”的经费保障机制，检察机关经费保障不足是长期制约检察机关发展的一个重要因素。其中最突出的表现是不少地方经费保障增幅与财政收入增幅的比例不协调，只能维持机关行政管理，不能适应检察工作的快速发展；一些地方基础设施建设落后，难以适应“科技强检”和信息化建设的发展要求；检察人员总体待遇低、收入差别较大，不能适应检察工作的和谐发展；有的基层检察院经费基数低，经费保障不平衡，不能适应检察工作的协调发展。①

在落实十八届三中全会有关司法体制改革精神的过程中，检察机关尤其要重视完善检察经费保障体制和投资保障机制，深入实施科技强检战略。要建立完善与检察职能特点相适应、全覆盖的检察经费保障体制。要强化办案（业务）经费、业务装备经费和教育培训经费保障，建立公用经费正常增长机制，提高检察经费保障总体水平。要加强援藏援疆工作，加大对中西部基层检察院的支持力度，做好专门检察院和派出检察室经费保障工作。要制定人民检察院财务管理办法和会计制度，修订检察业务费开支范围，统一财务核算软件和报表体系。要加强预算编制、落实和执行，建立健全预算管理、资产管理、财务管理相结合的检务保障管理机制，规范重大经费开支、政府采购和重大工程建设项目管理。要推进预算和财务公开，强化审计监督，提高资金使用效益。要加强侦查指挥、证据收集、交通通信、安全防范、检验鉴定等科技装备建设，完善检察机关执法办案的科技手段和设施体系。要推进侦查装备现代化建设，强化高科技侦查装备的实战应用。要全面落实县级

---

① 参见修忠孝、付凤杰：《当前检务保障工作面临的问题、原因及对策》，载《经济研究导刊》2011 年第 32 期。

检察院业务装备配备标准，培养“科技装备建设与应用示范基层检察院”，建立健全科技装备的投资与布局、建设与应用、运行与维护等方面的管理制度，提高检察人员科技素能，切实将先进的科技装备转化为现实战斗力。[①]

① 参见《“十二五”时期检察工作发展规划纲要》，载《检察日报》2011年9月15日第1版。

第八章 法律监督制度的发展愿景

所有一切都在变化，唯有变化不变。

——［英］赞格威尔

在评价大陆法系国家刑事司法的近现代发展历程时，美国著名的比较法学家梅丽曼指出，“努力将客观公正地进行活动的检察官发展成为诉讼活动的核心，是欧洲近一个半世纪以来刑事诉讼程序向更为正义和人道方向发展的主要成果之一。”①

随着我国现代化、法治化的推进，在我国检察制度 80 多年的发展历程中，检察机关及检察权在国家政治、经济和社会发展中发挥了应有的重要作用，推动了依法治国进程，中国检察制度的基本理论、基本框架和法律监督的范围、途径、手段等内容不断丰富和完善。在这个过程中，检察机关的职务犯罪侦查制度，审查逮捕和公诉制度，刑事诉讼、民事诉讼和行政诉讼的诉讼监督制度也不断发展完善，整体上形成了较为成熟和完备的法律监督制度体系。任何制度必将随着理论及实践的发展而发展。法律监督制度的理论研究和运行实践不可能局限于既有法条的规范性解读，也不可能是海市蜃楼的空想和脱离我国国情、体制实际的虚构，也必将不断丰富和完善。

从总体上看，本书对理性法律监督的研究是围绕“是什么”、“为什么”、“怎么办”的思路展开论述的，虽然从内容到形式都力求尽量避免流于“三段论”的俗套，但是如果能够真正将这三个问题说明白，对于一个具有一定实践操作意义的论题来说恐怕已是难能可贵。遗憾的是，囿于学识水平、占有资料和法律阅历，笔者还做不到这一点。尤其是本书最后两章，出发点是立足法律监督的工作实践，研究实现理性法律监督需要协调处理的各种内外

① 参见龙宗智著：《检察制度教程》，法律出版社 2001 年版，第 29 页。

关系，以及应当构建的各种机制，以寻找理性法律监督的进路，但令笔者担心的是，说的是实践却可能对实践并无用处，而理论层面又粗浅不及，同时临结束总是觉得还有一些话没有说完，甚或担心即便说出来也是言之无物，或构想本身难以企及。但是随着我国依法治国进程的不断推进，法律监督制度的发展不仅要同步和适应司法实践需要，还要紧跟理论前沿。同时，法律监督制度的发展还要同步于宪法、法律、权力体制、法律文化和科学技术的发展。因此，本章试图对今后一个时期内我国法律监督制度的发展进行一个不全面的愿景展望。

一、法律监督权应当回归单独权力类别的应然地位

在对西方宪政历史沿革进行深入考察的基础上，美国学者斯科特·戈登指出，“没有两个政府在其制度结构或运作模式上是一模一样的，对‘比较政府’这一现代学院课程中标准论题的研究，揭示了政府的形式是多样的，即使是那些现在已经失效的最重要的政体也是如此。”① 他还指出，“国家权力是必要的，但必须受到限制，而这种有效的限制是可以通过制度设计来实现的。”② 因此，在政治体制和权力架构中，以前没有，今后也不会有一种当然的体制和架构放之四海而皆准。

（一）三权分立与法律监督权不存在质的对立性

西方三权分立体制是立法、行政、司法之间的分权与制约，并寄希望于实现权力制衡，本质上体现的是控权。在这一权力及结构模式中，检察权或者依附于司法权内部，或者单独设立权力体系，或者直接归属于行政权（或曰准行政权、准司法权），并没有设立单独的或者专门的法律监督权和行使这一权力的机关。但不能否认的是，这其中的检察权无论是代表国家对犯罪行为实施国家追诉，还是代表国王对公职人员实施监督，或者是像俄罗斯一样实施一般的监督，其内含的监督属性是客观存在的，只是在三权分立天然具有互相制约的结构下缺少一个独立权力的“名分”。

我国法律监督权本质上也是控权，虽然不是国家层面的分权与制约，但是至少无法抹杀其在诉讼层面的分权与制约。如若不然，就刑事诉讼来说，如果让公安机关侦查终结后直接移送审判机关，甚至侦查、起诉和审判交由

---

① ［美］斯科特·戈登著：《控制国家——西方宪政的历史》，应奇等译，江苏人民出版社 2001 年版，第 17 页。

② ［美］斯科特·戈登著：《控制国家——从古代雅典到今天的宪政史》，应奇等译，江苏人民出版社 2005 年版。

同一机关行使岂不是更有效率？显然，这不是又回到了民刑不分、侦诉不分、诉审不分的封建时代吗？所以，从控制权力的角度来看，三权分立与法律监督并不存在质的对立性，相反却存在异曲同工的同一性。

事实上，随着公共权力分工的精细化、专业化和公民对司法公正的期待，不少西方三权分立的国家正在吸收和借鉴监督制度，并设立了若干负有法律监督权力的机构。例如，澳大利亚在实行三权分立的同时，还设立联邦的执法公正委员会和冤情大使办公室等专门的监督机构，负责对公职部门和公职人员的监督。① 再如瑞典议会的司法专员制度，英国的行政裁判所，美国的行政裁决制度，法国的最高司法官会议及违宪审查制度、行政法院等。这说明在西方三权分立模式下的国家中也正在进行有限的法律监督权的改革和探索。②

（二）法律监督权从属于其他权力有难以消弭的结构性缺陷

做一个并不成立的假设，权力只有立法、行政和司法三种。那么，对法律监督权抑或检察权权属性质争论的焦点是它属于行政权还是司法权？事实上，无论法律监督权属于行政权还是司法权，都存在难以消弭的结构性缺陷。

在三权分立体制下，立法权主要表现为规范制定权，相对稳定规范，不可能对瞬息万变的行政权实施全天候的制约和监督，而司法权天然的被动性、中立性也不可能对行政权实施主动的干预和限制。“事实上，倘若真正按照三权分立的学说，构建完美意义上的三权分立国家权力结构模式，往往会出现行政权的空前膨胀。”③ 所以，三权分立之下的行政权处于事实上的相对强势地位。而在这一强势权力的运行中，必然存在擅权、滥权，而检察权作为一种具有监督属性的行政权力，检察机关作为政府的一个部门，用来对行政权力和政府机关进行监督的有效性则必然会打折扣。所以，近年来不少西方三权分立的国家设立了专门用于监督政府官员的检察官。例如，美国的“特别检察官”或“独立检察官”可以对政府高官的贪污、贿赂、舞弊、欺诈、妨碍公务和滥用职权等任何违法事项展开调查。④ 又如，2007 年韩国大选后，总统卢武铉任命首尔高等法院院长郑高瑛作为特别检察官直接侦查新当选总

---

① 对此本书第二章已有论述，此处不再赘述。

② 参见洪浩著：《检察权论》，武汉大学出版社 2001 年版，第 154 页。

③ 张如新：《撩开检察权的面纱——从国家权力结构模式和社会权益维护结构视角入手》，http://lawsky. orgldetail、asp？ id = 2970，访问时间：2013 年 3 月 12 日。

④ 参见孔祥仁：《美国特别检察官：专门针对高官的不法行为》，载《检察日报》2003 年 12 月 30 日。

统李明博 BBK 股价操纵案。

在三权分立体制下，司法权实质上指的仅仅是审判权，即司法权与审判权合一。在这一前提下，有关司法权的特点，包括中立性、被动性、程序性、判断性和终极性（权威性）等，所说均是审判权之特点。显然，法律监督权有一些特点，如中立性、程序性符合司法权即审判权的特点，但是有一些特点，如主动性、监督性并不完全符合司法权的特点。此其一。其二，审判权的启动不是自发的，要么始于当事人之“诉”，要么始于国家之“诉”，世界上的国家之诉一般由检察机关代表国家行使，而与审判权同属司法权的检察权又监督司法权，如果不考虑体内自律，那么作为控权意义上的分权制约，检察权属于司法权在这个意义上就出现了结构性悖论。

韩国、日本都是实行三权分立的国家，检察机关都隶属于法务部（日本称法务省），虽然检察事务由检事（检察官）独自开展，但是检察行政事务一般由法务部（法务省）掌管。因此，两国的检察机关都属于行政机关而不是司法机关，但是其业务活动都具有较强的司法色彩，检察权也具有较强的司法属性。因此，韩国和日本更倾向于将检察机关称为“准司法机关”。[①] 从这个意义上讲，检察机关也不是纯粹的行政机关，因此检察机关也可以称为“准行政机关”。

（三）法律监督权作为独立权力类别的理论和现实基础

在中国，法律监督权作为独立的权力类别，不仅有权力制衡理论作为基础或者可以用这个理论去解释，还有许多具有中国特色政治制度的理论基础，以及中国历史的、现实的动因。

权力制衡理论是法律监督权作为独立权力类别最直接的理论基础。西方的分权制衡思想萌芽于古希腊的亚里士多德，经历了英国人洛克的实质两权分立和孟德斯鸠的三权分立。在这一理论中，分权是前提，制约是手段，权力平衡（以制约获制衡）是目标。没有分权就谈不上制约，也就没有权力平衡；制约是分权的当然延伸，是获得权力平衡的必然手段。三权分立是典型的国家层面平面分权，而在一元分立集权体制下，没有典型的国家层面的平面分权，但并不能因此就认为一元分立集权体制下没有分权和不需要分权。在我国，在全国人民代表大会这一最高权力之下就分出了行政权、审判权、检察权（亦即常说的“一府两院”）和军事权，这是事实上的分权。

---

① 参见张书铭：《韩国、日本检察制度之概要比较及启示》，载《中国检察官》2011 年第 13 期。

中国的法律监督制度是以人民民主专政理论、人民代表大会制度理论等为理论基础，综合我国国情和历史经验教训，并借鉴他国先进法律制度逐步形成和发展起来的。对于法律监督权作为独立权力类别的中国动因，本书第二章在控权视角下论述法律监督制度的动因时已经做了较为详尽的论述：法律监督是中国式控权的必然选择，中国的政治制度传统是法律监督的制度根基，中国的法律传统及其现代化决定法律监督的必要性，法律监督是我国民主法制建设正反两方面经验教训的理性选择，法律监督是我国依法治国的客观需要等，这些也是法律监督权作为独立权力类别的现实基础，此处不再赘述。其实，在中国几千年政治环境中，即便是“皇权”与人治色彩浓重的封建时代，也有自古明君“治吏不治民”之说，治吏实质上就是治权，治权就是控制权力，所以御史和监察制度作为控制权力的手段在主要朝代都有不同程度的发展应用。

（四）法律监督权独立的宪政地位和作用

西方三权分立有其产生的历史背景、现实需要和客观优势，但也有其自身无法克服的弊端。孙中山虽然谙熟西方政治制度，但在民主革命过程中并没有照搬三权分立制度，他认为，“西方宪法在政府机关采取的三权分立制度中，行政机关拥有考试权将可能滥用人才，立法机关拥有监督权则将有国会专制的流弊，因此认为应该将此两者分离，另设考试院和监察院，此乃五权分立之由来”。[①] 在此基础上，提出了将监察权作为治权与行政权、立法权、司法权、考试权并列的“五权宪法”。纵观中国历史，统一多民族国家时期占据了绝大部分中国历史，所以一元分立的集权体制不是中国共产党建立新中国之后才有的，而是中国历史上国家体制的主流，这是中国特殊的政治传统、文化传统、法律传统、经济社会发展演进和地理环境等诸多方面共同作用的结果，不是一朝一夕能够形成，也不是一朝一夕能够改变的。在一元分立的集权体制下，不具有西方典型三权分立体制下各种权力之间天然的互相制约，但是国无论体制、时无论古今，控制权力皆为必要，强化对权力的制约和监督亦是一元分立集权体制的必然选择。

根据我国宪法的规定，检察机关是国家法律监督机关，行使国家法律监督权。可见，法律监督是我国宪法确立的对国家权力实施监督的一种形式，建立在宪政基础之上的法律监督权正充分体现了其在国家政治制度中的政治

① 孙中山：《五权宪法之讲解》，载孟庆鹏编：《孙中山文集》，团结出版社1997年版，第539页。

价值，也决定了法律监督权作为一种独立国家权力的应然性地位。当然，法律监督权政治地位的直接体现是其法治地位，即维护国家法律的统一正确实施，保障公平正义的实现。因此，可以说法律监督权的法治地位正是现代民主法治宪政的本质要求在中国国家政治制度中的具体运用和典型体现。对于这一地位，应当从宪法的整体而非断章取义地理解。对于检察机关是国家法律监督机关并行使国家法律监督权的理解，需要建立在两个前提之上：一是人民代表大会的最高权力在上，其下分设行政权、审判权、检察权和军事权；二是检察机关的法律监督权是权力机关授予，并对权力机关负责和报告工作。[①] 这就说明了我国检察机关法律监督权的专门性、国家性、具体性和程序性，这些也正是法律监督权不同于人大监督权（最高监督权）的重要特点。

当前，我国法律监督大多局限于对诉讼权力的监督，因此有观点认为，狭义的法律监督就是诉讼监督，而且诉讼监督主要是指刑事诉讼监督，亦即在刑事诉讼过程中对侦查机关和审判机关的监督。即便如此，这种监督也是名不符实，因为很长一段时间以来，在政法工作体制中，各地公安厅（局）长兼任各地党委政法委书记并代表中国共产党领导政法工作的现象普遍存在。毋庸置疑，坚持中国共产党的统一领导，坚持中国共产党对政法工作的领导是我国政法工作必须坚持的重要原则，也是实现依法治国重要的政治保证。但是，由诉讼过程中承担具体工作任务的某一主体或者环节代表党来领导政法工作，这恐怕既不符合诉讼规律，也不符合刑事诉讼分工负责、互相配合、互相制约的基本原则。这正是中国法律监督的现状之一。尽管如此，在理论层面，有关法律监督权是否有必要存在、为什么法律监督权交由检察机关而不是别的机关行使的纷争也从来没有消弭。中国的政治体制决定了法律监督权存在的必要性和必然性，无论把这项权力交给哪一个机关来行使。即便确如有学者所论，让检察机关变成一个专司公诉职能的机关，那么一元分立的权力架构一定会产生一个其他的机关专司法律监督职责。

同时，反观我国现存的其他各种监督形式，有的是系统自我监督，有的是部门内部监督。我们从来不否定一种权力自我监督和内部监督在控制权力方面的积极作用，尤其是在一元分立体制下对控制权力的作用。但是，当自我监督和内部监督短期内在保障权力正确行使方面越来越发挥特殊重要作用

---

① 参见韩大元、刘松山：《论我国检察机关的宪法地位》，载《中国人民大学学报》2002 年第 5 期。

的时候，我们是不是应该反思一下，这种监督距离法治是不是越来越远？因为法治就是法律之治，它排斥人治，主要依靠“他律”之治，而不是“自律”之治。在我国分权制约不充分的情况下，一系列的监督制度必然成为控制权力的主要选择。监督制度包括自我监督和外部监督，我国的行政监察、审计监督等监督制度都是行政权内部或者系统内的监督，属于自我监督；在刑事诉讼过程中，公检法也都有自我监督，公安机关有警务监督、检察机关有检务督察、审判机关有审判监督。从本质来看，自我监督和内部监督就是“自律”，而权力的扩张性、腐蚀性、强制性和权力主体自律的主观性、随意性决定了自律的不稳定性和不可靠性。可见国家公共权力如果更多地依靠权力主体的自律而不是依靠法律和制度来控制权力并保证权力正确行使，那么这与法治的要求显然有南辕北辙之嫌。

中国共产党十八届三中全会通过的《中共中央关于全面深化改革若干重大问题的决定》指出，要健全司法权力运行机制，包括优化司法职权配置，健全司法权力分工负责、互相配合、互相制约机制，加强和规范对司法活动的法律监督和社会监督。所以，在我国建设法治国家的进程之中，既然权力监督成为必要，那么权力监督的手段为什么不能以法治这种“他律”手段作为主导呢？法律监督制度是我国宪法确立的重要监督制度，也是依法治国进程中法治化的控权手段。因此，在确保中国共产党完整的领导地位前提下，在人民代表大会的最高权力之下，应当让法律监督成为法治意义上控制权力的本原手段。因此，法律监督权应当从诉讼结构回归到宪政结构，法律监督权不再局限于诉讼结构，而是宪政结构下一种独立的权力——第四权或者第五权。

二、推行全国检察机关垂直领导体制正当其时①

中国共产党十八届三中全会通过的《中共中央关于全面深化改革若干重大问题的决定》中指出，要确保依法独立公正行使检察权。改革司法管理体制，推动省以下地方检察院人财物统一管理，探索建立与行政区划适当分离的司法管辖制度，保证国家法律统一正确实施。这明确规定了省以下检察机关的垂直领导，但不是全国检察机关从上至下完全的垂直管理。笔者认为，

① 在博士论文成稿和答辩时，我国尚未决定推行省以下检察机关人财物统一管理。目前，中国共产党十八届三中全会已经决定推行省以下检察机关人财物统一管理，但还不是完整意义上的垂直管理，故而本部分内容就应当实施全国检察机关垂直管理再作些论述，其他从略。

在推行省以下检察机关垂直领导的基础上，应当尽快推行全国检察机关完全的垂直领导。

（一）检察机关领导体制之流变及利弊

新中国成立后，我国检察机关的领导体制在“垂直领导”和“双重领导”方式上经历过五次变迁：1949 年规定了垂直领导体制，1951 年由垂直领导改为双重领导，1954 年又将双重领导改为垂直领导，1978 年宪法规定了“一重领导、一重监督”体制，1979 年又回到双重领导体制。老一代法学家王桂五认为，双重领导体制主要适宜于处理经济建设中的中央与地方的关系，以便在中央的统一方针政策下充分发挥地方的积极性。而对于检察工作来说，这种体制难以避免长官意志干涉，经费开支要受地方的制约也影响检察权的行使。利弊相较，双重领导体制的弊端大于利益。[①]

不可否认，双重领导体制有其深刻的政治、经济、社会和法律背景，“是总结长期历史经验形成的，符合我国国情，是中国特色社会主义检察制度的重要组成部分，基本适应了检察工作的特点和现实需要”。[②] 但是，随着经济社会的发展和依法治国方略的推进，检察机关的双重领导体制在业务管理、人事管理和检务保障等方面存在的问题越来越突出。一是以“块块”领导为主的体制，容易导致检察权的地方化，不利于检察机关对全国实行统一的法律监督；二是宪法和人民检察院组织法对检察机关领导体制的规定过于原则，导致检察机关领导上的软弱无力；三是以“块块”为主的干部管理体制，管人与治事相脱节，使上级检察机关对下级检察机关的领导缺乏组织保障；四是经费管理上的“分灶吃饭”体制，使检察机关经费得不到保障，严重影响检察工作的开展。[③] 而这些问题的症结可以归结到一点，就是领导体制问题，这次推行省以下检察机关人财物的统一管理旨在解决这一问题。

（二）是时候推行全国检察机关垂直领导体制了

经过改革开放三十多年的发展，我国政治、经济、科技、文化和法制建设有了全面的发展进步，经济建设成就举世瞩目，科技文体繁荣昌盛，民主法治建设进步巨大，检察制度更加科学理性。应当说，是时候推行全国检察机关垂直领导体制了。

一是政治稳定，民主开明。中国共产党在建设中国特色社会主义的实践

---

① 王桂五著：《王桂五论检察》，中国检察出版社 2008 年版，第 218 页。

② 孙谦著：《中国特色社会主义检察制度》，中国检察出版社 2009 年版，第 133 页。

③ 参见孙谦主编：《中国检察制度论纲》，人民出版社 2004 年版，第 106 ~ 108 页。

中，不断深化对人类社会发展规律、政党执政规律与社会主义经济和社会建设规律的认识。虽然政治体制改革落后于经济体制改革，权力失控和特权问题引发的腐败问题、民生问题、行政性垄断问题、弱势群体问题比较突出，但是从总体来看，中国共产党从“科学技术是第一生产力”、“发展是硬道理”，到“发展是第一要务”，到“构建社会主义和谐社会”，到“科学发展观”，再到“中国梦”，中国共产党的执政理念不断丰富和发展，政治上更加民主开明。党的十八大报告指出，我们坚定不移高举中国特色社会主义伟大旗帜，既不走封闭僵化的老路，也不走改旗易帜的邪路。因此，中国特色社会主义道路，中国特色社会主义理论体系，中国特色社会主义制度，既要始终坚持，又要不断发展。在执政治国方面，可以说中国共产党具备了充分的地位自信、体制自信。随着各项改革措施的不断深化和推进，全国检察机关领导体制改革的政治条件也日趋成熟。

二是经济殷实，后劲充足。改革开放以来，中国逐步建立了社会主义市场经济体制。中国经济平均以大于9%的速度快速增长，远高于同期世界经济3.3%左右的年均增长速度。国内生产总值由1978年的600亿元人民币上升到2007年的24.66万亿元人民币，成为世界第四大经济体；2008年我国的经济总量超过德国跃居世界第三位；2009年受国际金融危机的影响，但中国的GDP仍保持了8%以上的增长速度，并赶超日本，成为全球第二大经济体。中国的人均GDP也由1978年不足100美元上升到2007年的2200美元以上，与此同时，中国现已成为世界第一外汇储备大国。[①] 目前，在经过30多年经济高速发展的积累之后，我国正在进行经济转型和产业结构调整升级，明确提出建设资源节约型、环境友好型社会，将其确定为国民经济与社会发展中长期规划的一项战略任务。为此，努力控制人口增长，合理使用资源，保护自然环境，使人口的增长与社会生产的发展相适应，使经济建设与资源、环境相协调，实现良性循环，保证经济和社会发展有持续的后劲和良好的条件，并通过采取法律、经济和行政等综合性措施，提高资源利用效率，保障经济社会可持续发展。可见，我国经济发展后劲可谓充足，这完全可以为检察机关垂直领导后的人财物的供给提供坚实的经济保障。

三是科教发展，文化繁荣。改革开放以来，我国形成了比较完整的科学研究与技术开发体系，整体科技发展水平位居发展中国家前列，基础科学研

---

① 参见魏杰：《30年中国对外开放战略的变革——纪念改革开放三十周年》，载《理论前沿》2008年第10期。

究领域取得成果，高技术研究及产业化方面有所突破，工农业科技发展突飞猛进。政府不断加大对发展教育事业的重视和投入，从不同角度保障公民受教育的权利，教育事业取得了长足进步。文化领域呈现了多层次、全方位发展的局面，完善了文化管理手段，搞活了文化运行机制，拓展了对外文化交流。而且，随着中国人文化价值观念的深刻变化，中国人的思想观念、行为模式也受到了有力的冲击和荡涤，并不断地树立起自主、竞争、效率、民主法制和开拓创新的新观念，培育出了与现代化相适应的文化心理取向。[①] 总体来看，可谓科技教育硬实力和文化软实力同步发展，这为全国检察机关的垂直领导奠定了坚实的科教基础和文化基础。

四是法制健全，法治彰显。改革开放以来，在建设中国特色社会主义的实践中，中国确立了依法治国的基本方略，实行依法治国，建设社会主义法治国家，成为国家基本方略和全社会共识；全体公民的法律意识和法治观念普遍增强，自觉学法守法用法的社会氛围正在形成；以宪法为核心的中国特色社会主义法律体系基本形成，国家经济、政治、文化和社会生活的各个方面基本实现了有法可依；人权得到可靠的法制保障，人权在立法、执法、司法等各个环节得到了保障，人权事业全面发展，公民的政治、经济、社会、文化权利得到尊重和保障；促进经济发展与社会和谐的法治环境不断改善，依法行政和公正司法水平不断提高。在依法治国背景下，我国已将强化对权力制约监督置于空前高度，并应势发出了反腐倡廉的最强音，全国检察机关的垂直领导高度契合了依法治国的需要，对于控制权力、保障公正无疑具有十分重要的意义。

五是检察制度更加科学理性。中国检察制度是以权力制约监督理论、人民民主专政理论、人民代表大会制度理论等为理论基础，根据我国国情，在吸收中国历史上政治法律制度精华，总结社会主义民主法制建设正反两方面经验教训，借鉴其他国家检察制度的基础上逐步形成和发展起来的，是马列主义基本原理同中国实践相结合的产物。改革开放以来，我国检察制度伴随着国家改革开放的推进而完善，检察工作伴随着国家经济社会发展和民主法制进步而加强，检察职能作用全面彰显，检察体制机制不断完善，履职能力日益增强，工作经验渐趋丰富。当前，中国特色社会主义检察事业站在了新的历史起点上，改革开放三十多年的国家经济社会发展和民主法制进步，以及检察机关取得的成绩、积累的经验、构建的理论体系，为检察制度的进一

---

① 参见陈立旭：《改革开放以来的中国文化发展》，载《中共中央党校学报》1999 年第 1 期。

步完善和检察职能的进一步发挥奠定了雄厚的物质基础和坚实的法制基础、工作基础及理论基础。[1] 2012 年修改的刑事诉讼法和民事诉讼法进一步强化了检察机关法律监督的职能，为检察机关科学理性行使法律监督权提供了广阔的空间。

（三）推行检察机关垂直领导不是脱离党的领导

我国的司法制度是政治制度的重要组成部分，检察制度是司法制度的重要组成部分，检察机关的领导体制又是检察制度的重要组成部分。全国检察机关的垂直领导是在坚持我国国体、政体之下的垂直领导，是坚持和完善中国特色社会主义政治制度的重要表现。

全国检察机关垂直领导不是脱离中国共产党的领导，也不是另起炉灶搞独立，而是在坚持党的领导下强化党的领导。一是因为各级人民检察院都是中国共产党作为唯一执政党的国家的人民检察院，国体、政体不能变，检察院的人民属性不会变。二是各级人民检察院均设有党组，最高人民检察院党组直接听命于党中央，地方各级人民检察院党组听命于最高人民检察院党组和上一级人民检察院党组，党中央对检察工作的领导通过各级人民检察院党组直接上传下达。

在垂直领导体制之下，最高人民检察院由全国人民代表大会产生并向其负责和报告工作，地方各级人民检察院由最高人民检察院产生。最高人民检察院领导地方各级人民检察院，上级人民检察院领导下级人民检察院。地方同级人民代表大会讨论和通过人民检察院工作报告，并就检察工作提出质询案。下级检察机关只对上级检察机关负责，并接受同级人大的工作监督。由此而生，一是检察机关拥有独立的人事任免权，最高人民检察院检察长由全国人民代表大会选举产生，地方各级人民检察院检察长由上一级人民检察院检察长提请本级人民代表大会常务委员会任命，地方各级人民检察院副检察长和检察委员会委员由上一级人民检察院提名后，同级人民代表大会常务委员会任命；二是检察机关拥有独立的检务保障权，财物管理由最高人民检察院代表中央财政统一支配。

三、赋予检察官更多的自由裁量权并予以有效制约和监督

赋予检察官一定的自由裁量权，是现代刑事诉讼制度的重要特征之一，

---

① 参见朱孝清：《中国特色社会主义检察制度的科学性和优越性》，载《中国法学》2008 年第 5 期。

是起诉便宜主义的重要体现。随着司法理念的更新和司法制度的完善，各国检察机关的自由裁量权不断得到强化。同时，为确保检察官正确行使自由裁量权，维护司法公正，也需要对检察官自由裁量权进行制约和监督，这符合强化对权力制约监督的基本规律。一方面要赋予检察官自由裁量权；另一方面又要强化对自由裁量权的制约和监督。这二者看似对立，实则统一，它们都服从并服务于保障和追求司法公正，这是世界各国的检察权发展的趋势之一。

（一）赋予检察官更多的自由裁量权

一般而言，世界各国检察官的权力多是程序性权力，不具有终局性，如检察官的起诉权是对具有犯罪嫌疑和符合起诉条件的案件提起公诉，而是否有罪、定罪处罚则是审判机关的权力。起诉法定主义与起诉便宜主义是现代刑事诉讼的两大基本原则。起诉法定主义要求检察官对具有犯罪嫌疑和符合起诉条件的刑事案件必须依法提起公诉，而不能裁量决定是否起诉，一旦提起公诉，也不能以是否具有公诉必要为理由撤回或变更起诉。起诉法定主义是报复性刑罚思想在刑事诉讼中的体现，它限制检察官的自由处分权力，确保国家刑罚权的绝对实现。但是，司法实践表明，对任何刑事案件不加区分地起诉和定罪处罚不仅没有必要，也不符合刑法一般预防的要求。特别是随着刑事案件的增加，以及保障人权特别是保护刑事被告人权益观念的增强，为节约诉讼成本，提高诉讼效率，世界上不少国家和地区采用起诉便宜主义。“自20世纪初以来，随着刑罚目的和教育刑的兴起，各国开始在刑事诉讼程序中赋予检察机关或检察官一定的自由裁量权，实行了起诉裁量主义，以及法律开始允许检察机关或者检察官在案件符合法定起诉条件的情况下，可以根据案件的具体情况，自行决定是否提起公诉。”① 如果检察机关或检察官综合考虑犯罪的轻重及情节、行为人年龄、犯罪后表现等情况，认为没有必要追诉的，就可以决定不起诉。这就扩大了检察官的自由裁量权，让检察官有权及时终止诉讼或者选择起诉。对此，有国外学者评论道：“即使在最严格的实行起诉法定制度的国家中，起诉自由裁量权也实施得越来越频繁。”② 在德国，检察官具有停止起诉、不予起诉、暂缓起诉等权力，甚至允许检察官放弃开庭审判、申请法官直接签发处罚令，避免将证据不足的案件或大量轻

---

① 朱孝清、张智辉主编：《检察学》，中国检察出版社2010年版，第393页。

② ［英］安德鲁·桑达斯、瑞恰德·扬：《起诉》，载江礼华、杨诚主编：《外国刑事诉讼制度探微》，法律出版社2000年版，第135页。

罪案件起诉到法院。[①] 法国允许检察官采用起诉替代措施，如刑事调解、赔偿损害、延期决定等，这些起诉替代措施可以使检察官及时采取适合刑事被告人的措施。在美国，检察官与被告律师进行辩诉交易更是其自由裁量权的集中体现。

在我国，由于长期受职权主义和国家追诉主义影响，采用的是以起诉法定主义为原则，起诉便宜主义为例外，即法律就是否起诉赋予检察官一定的自由裁量权。同时，我国检察官的权力不仅仅局限于公诉，因此检察机关或者检察官在行使法律监督权过程中，这个自由裁量权也不仅仅局限于是否起诉，还包括审查逮捕、强制措施的适用和特殊程序的启动等。比如，检察官在审查批准（决定）逮捕的过程中，对于符合证据条件、刑罚条件的犯罪嫌疑人，还可以结合逮捕的必要性条件——即是否有必要对符合逮捕证据条件和刑罚条件的犯罪嫌疑人予以逮捕进行综合判断，如果检察官认为确实没有必要，除法定必须逮捕的之外，则可以不批准逮捕或者作出不予逮捕的决定。再如，检察官可以作出对符合法定条件的未成年刑事案件附条件不起诉权，对符合法定条件的当事人和解的公诉案件的不起诉权。又如人民检察院提出抗诉的再审案件，需要对被告人采取强制措施的，人民检察院依法决定权。这主要是为了解决再审案件实践中未被羁押或者已经释放的被告人不能及时到案而影响审判的问题，因为检察机关对提起抗诉的理由、被告人的人身危险性情况比较了解，赋予检察机关采取强制措施的裁量决定权有利于适时准确采取强制措施，保障诉讼顺利进行，也有利于防止滥用强制措施，保障被告人的合法权益。此外，还有对违法所得没收程序和强制医疗程序的启动权。

但是，与世界上不少国家检察官的自由裁量权相比，我国检察官的自由裁量权仍有很大的差距。当前在我国，执法办案与社会矛盾化解、刑事公诉与案件繁简分流等司法需求，可以成为扩大检察官自由裁量权的切入点。一是因为法律监督权与社会矛盾化解息息相关。随着刑事司法的发展，以简单实现国家刑罚权而实施的报复性司法已经不合时宜，转而着眼于创造和恢复受损的社会关系的恢复性司法，有效化解社会矛盾，实现案结事了是实现恢复性司法的应有之义，检察官正当行使自由裁量权有利于社会矛盾化解。二是因为检察官通过行使诸如逮捕和不逮捕、起诉和不起诉的权力，可以实现案件的繁简分流，符合诉讼经济原则。例如，对于情节轻微、社会危害性不大的案件，可以扩大不逮捕、不起诉的适用范围，让公诉人的精力更多投入

---

① 参见陈光中等主编：《诉讼法论丛》（第5卷），法律出版社2000年版。

到大案要案中，减少当事人的讼累，有利于节约司法资源，提高诉讼效益，实现诉讼经济。

（二）强化对检察官自由裁量权的制约和监督

检察权作为一项公权力，在制约和监督其他公权力的同时，也要接受制约和监督。尤其是在实行起诉便宜主义的国家，检察官享有较大的自由裁量权，一旦检察官独断专行或是为某种外部力量所左右，就会使案件发生偏差，甚至发生冤假错案。为此，德国刑事诉讼法对检察官的不起诉决定曾规定了由法官审查的强制起诉程序；日本针对检察官的不起诉决定规定了检察审查会制度予以制约和监督等。

在我国，对检察权的制约和监督既有“互相制约”的原则性规定，也有具体的法律规定。例如，公安机关对认为错误的不批准逮捕、不起诉决定，可以要求复议或提请复核。又如，法院认为公诉案件事实不清、证据不足的，可以退回检察院补充侦查；如果法院认为公诉案件证据不足或在法律上不构成犯罪，可以作出无罪判决；法院对检察机关抗诉的案件，是否支持抗诉意见，则由法院综合考虑事实、证据、法律适用、诉讼程序和当事人的意愿等因素依法决定；等等。再如，修改后的刑事诉讼法强化了辩护权的保障，将律师辩护提前至侦查阶段，明确了律师在侦查阶段的权利范围和辩护职责；加强了对律师会见权行使的保障；加强了对辩护人阅卷权的保障，同时规定检察机关在审查起诉阶段应当听取辩护人、诉讼代理人的意见并记录在案；完善了法律援助制度；规定了辩护人、诉讼代理人诉讼权利的救济；等等。这也是用权利对检察权进行监督的重要内容。

随着经济社会发展和法治文明进步，公民的民主意识、权利意识和法治观念也在不断提升，检察官对每一项自由裁量权的行使都应当对法律负责，对公民负责，对公权力负责，都应当在阳光下运行。因此，加强对检察官自由裁量权的制约和监督是确保检察权正确行使的客观需要。

四、构建以法律监督为中心的中国特色的司法审查制度

在西方三权分立国家，“司法审查”亦称“违宪审查”，是国家通过司法程序来审查、裁决立法机关和行政机关是否违宪的一种基本制度。司法审查制度的理论依据：一是宪法是国家的根本大法，具有最高法律效力，是（议会、政府）立法执法的基础和根据，宪法至上，法律和法令从形式到内容都不得同宪法条文相抵触；二是司法机关（主要是最高法院或宪法法院）是保障宪法的机关，对宪法有最后的解释权，议会、政府的法律、法令如果违反

宪法，司法机关可以裁决该项法律、法令违宪而无效。西方国家的司法审查一般交由法院行使，一是因为西方三权分立国家的司法机关一般仅仅指法院；二是因为司法审查本质上是权力制约，主要表现为法院的司法权对行政权的制约。

与西方不同，我国是一元分立的中央集权制国家，在司法权归属和对行政权的制约方面有其独特之处：一是我国的司法机关不仅包括人民法院，还包括人民检察院。人民法院是国家的审判机关，行使审判权；人民检察院是国家的法律监督机关，行使法律监督权。二是我国对行政权的制约由立法机关、审判机关和检察机关共同行使。简单地说，立法机关主要对行政机关的行政立法权通过法律位阶进行制约，审判机关主要通过行政诉讼对行政执法权和行政立法权进行制约，检察机关主要通过职务犯罪侦查权对行政权的行使进行制约。

根据我国宪法和法律规定，对在行使行政权过程中，因滥权、擅权而涉嫌贪污、受贿、挪用、渎职、侵权等职务犯罪行为的制约和监督，主要由检察机关来行使。此外，检察机关还有权对审判机关的诉讼活动进行诉讼制约和诉讼监督。除了原来已经具有的批准逮捕、审查起诉等诉讼制约权力和立案监督、侦查活动监督、审判活动监督等诉讼监督权力外，2012 年修改的刑事诉讼法还赋予检察机关非法证据排除权，辩护人、诉讼代理人的申诉和处理权，羁押必要性审查权和当事人及其辩护人、诉讼代理人的申诉和处理权等。对此，陈光中教授认为，“我国检察院承担了一部分西方意义上的司法审查职能”，① 这凸显了中国特色的司法审查制度。“这些规定向我们昭示，人民检察院的法律监督已经被纳入正当法律程序的轨道，初步形成了法律救济体系。”② 这些规定为构建具有中国特色的以法律监督权为中心的司法审查制度提供了一定的法律条件。因此，卞建林教授认为，应当“依托检察机关的法律监督职能对涉及公民基本权利的司法行为都予以审查，逐步将涉及公民住宅权利、财产权利、通信自由等方面的行为陆续纳入审查范围，不应当让公安机关既决定又执行。”③

司法审查制度是法治国家不可或缺的重要制度，构建以法律监督为中心

① 葛琳：《两大诉讼法修改与检察制度的完善研讨会综述》，载《国家检察官学院学报》2013 年第 1 期。

② 樊崇义：《尊重和保障人权与诉讼法律监督》，载《国家检察官学院学报》2013 年第 1 期。

③ 葛琳：《两大诉讼法修改与检察制度的完善研讨会综述》，载《国家检察官学院学报》2013 年第 1 期。

的司法审查制度，对于提升法律监督权的地位，强化法律监督权对其他权力的制约与监督无疑具有十分重要的作用，最为重要的是弥补了我国刑事诉讼法在人权保障诉讼救济程序方面的一个制度空缺，以具体制度落实了宪法和刑事诉讼法规定的“尊重和保障人权”这一重要内容，必将成为我国法治建设尤其是诉讼制度建设的一大进步。

五、强化司法信息化建设之下的科技强检建设

随着互联网和信息技术的发展，信息化在诉讼过程中的作用更加突出。在这一背景之下，建设办案公共网络平台，实现诉讼信息化，运用科技手段开展诉讼工作等，正在得到全世界各个国家的重视和应用，许多国家在组织领导、机制建设、网络平台等方面不断整合司法资源，形成了侦查机关、检察机关、审判机关和监狱等执行机构的数字化信息交换和共享系统，以保证科学地分配和使用有限的司法资源，节约司法成本，提升司法效率。

在我国，公安机关、检察机关、审判机关和执行机关目前都建立了自己的信息化网络平台，分别投入了大量的人力、物力实现办公办案的自动化和信息化。但是，由于我国信息化建设起步较晚，司法及其相关系统没有制定统一的信息化发展规划，总体上呈现出“群龙无首”和“各自为政”的局面，各机关甚至同一机关不同部门单独研发办公办案软件，软件使用难以协调、建设标准五花八门、数据端口互不连接、资源信息不能共享，极大地浪费了司法资源和财力物力，也不同程度地制约了诉讼效率的提高。因此，“我国司法机关信息化建设要按照网络基础设施共建、信息资源共享的目标，统一规划、统一规范、统一设计和统一实施，架构司法信息化建设的公共网络平台，实现检察机关、审判机关、公安机关、监管场所等的网络系统连接，逐步实现案件诉讼活动能够通过电子方式交换诉讼案件信息，律师与司法机关之间、司法机关之间电子信息交换，同时保障被害人能够在线跟踪案件进程，维护自己的合法权益。”①

检察机关是我国的法律监督机关，客观上需要不断强化科技和信息化在法律监督工作中的实施和运用，更好地打击犯罪，维护司法统一和公正。因此，在实现司法信息化建设的过程中，需要检察机关以提高法律监督能力和执法公信力为中心，以全面提升科技应用能力为重点，尽快贯彻实施科技强检战略，尽快实现“数字检察”。数字检察意味着法律监督工作的快速、准

---

① 龚佳禾等著：《法律监督的基本原理》，湖南人民出版社2012年版，第347页。

确和透明，只有将保障现代化与执法办案紧密结合，才能充分发挥先进技术装备的保障作用，这是从实践中获得的真知。因此，需要检察机关建设好电子检务平台，形成以需求为主导、以业务为主线、以网络为基础、以应用为核心、以安全为保障的检察信息化综合体系，逐步实现检察工作数字化目标。尽快完成各级基础网络平台建设和上下一体的移动信息终端平台建设，全面建成高清晰视频会议系统。

同时，还要确保"数字检察"与司法信息化共享共连，加快与侦查机关、审判机关和监管场所信息联网，实现远程视频讯问和询问、案卷材料远程传输。还要积极提高侦查指挥、证据收集、交通通信、安全防范、检验鉴定等科技装备水平，加强法医、文件检验、司法会计、电子证据、心理测试等特色和优势专业建设，不断提高检察人员的科技素能，切实将先进科技装备转化为现实战斗力。

结　　论

权力是一把双刃剑，用权为善则善莫大焉，用权为恶则文奸济恶。为有效发挥权力的正能量，削减权力的副作用，任何一个国家都需要对权力进行控制。权力制约与权力监督是控制权力的两种基本手段，在建设现代政治文明的进程中法治国家普遍将这两种手段融合使用以控制权力。

我国的法律监督制度是权力监督制度的重要组成部分。法律监督制度是中国一元分立集权体制下控制权力的必然选择，是依法治国的客观需要。刑事诉讼法和民事诉讼法的修改强化了法律监督权，体现了强化对权力制约和监督的基本精神。但是，法律监督权也是一项公权力，具有公权力的属性和特点，因此也需要制约和监督。法律监督权本身也应当具有法律理性的天然禀赋，越是强化法律监督权在控制权力方面的作用，法律监督权的权力主体本身越是需要理性地行使这一项权力。

理性法律监督不仅有深厚的法理基础、法治基础、宪政基础、诉讼规律基础和文化基础，还有丰富的法律内容和工作机制。但是，无论法律监督权的外部关系还是法律监督权权力运行本身，目前还存在不少制约法律监督权理性实施的困难和问题。因此，在依法治国和强化法律监督的背景之下，检察机关要内外兼修，从执法理念、协调机制、工作机制、管理机制等方面着手，理性实施法律监督权。

理性实施法律监督权，需要以正确的执法理念去指导，需要以多元的思维方式去引领，需要以优良的素质能力去实施，需要以理性的工作机制去保障，需要以科学的考评指标去规范。检察机关要协调处理好党委、人大领导与独立行使职权，服务大局与立足本职、无限的司法需求与有限的法律监督权力、舆论监督与依法办案、服务科学发展与自身科学发展等外部关系，要协调处理好法律监督权的拓展性与权力行使谦抑性、诉讼制约与诉讼监督、检察一体化与发挥地方能动性、民事法律监督与意思自治原则、对外监督与自身监督等内部关系。理性法律监督的实施需要科学、独立、中立、专业、谦抑的权力运行机制，需要检察人员分类管理机制，需要科学的组织管理机制和完善的检务保障机制。

用发展的眼光看，法律监督权具有宪政结构上的独立地位，法律监督权应当从诉讼结构回归到宪政结构；随着经济社会发展和依法治国的推进，我国具备了推行检察机关垂直领导的各种条件；随着世界检察制度的发展和司法需要，一方面要赋予检察官更多的自由裁量权；另一方面又要强化对自由裁量权的制约和监督。这二者看似对立，实则统一，它们都服从并服务于保障和追求司法公正，这是世界各国的检察权发展的趋势之一；两大诉讼法的规定赋予了检察机关司法审查的部分职能，我国应当积极构建以法律监督为中心的具有中国特色的司法审查制度；随着互联网和信息技术的发展，信息化在诉讼过程中的作用更加突出，在强化司法信息化建设的背景之下，我们必须加强科技强检建设。

参考文献

一、工具书文献

1. ［英］戴维·M. 沃克著:《牛津法律大辞典》(The Oxford Companion to Law)，李双元等译，法律出版社 2003 年版。

2. 《辞海》，上海辞书出版社 2000 年版。

3. 《哲学大辞典》，上海辞书出版社 2001 年版。

4. ［英］戴维·米勒、韦农·波格丹诺主编:《布莱克维尔政治学百科全书》，邓正来译，中国政法大学出版社 2002 年版。

5. 《辞海》，商务印书馆 1979 年版。

6. 《现代汉语词典》，商务印书馆 2005 年版。

7. 中国法学会编著:《中国法治建设年度报告》(2010 年)，新华出版社 2011 年版。

8. 中华人民共和国国务院新闻办公室发布:《中国的法治建设》(白皮书)，外文出版社 2008 年版。

二、著作文献

1. 樊崇义著:《刑事诉讼法哲理思维》，中国人民公安大学出版社 2010 年版。

2. 孙谦著:《理念、制度与改革》，法律出版社 2004 年版。

3. 甄贞等著:《法律监督原论》，法律出版社 2007 年版。

4. 洪浩著:《检察权论》，武汉大学出版社 2001 年版。

5. 韩大元主编:《中国检察制度宪法基础研究》，中国检察出版社 2007 年版。

6. 乔克裕主编:《法学基本理论教程》，法律出版社 1997 年版。

7. 钟海让著:《法律监督论》，法律出版社 1993 年版。

8. 张智辉著:《检察权研究》，中国检察出版社 2007 年版。

9. 邓思清著:《检察权研究》，北京大学出版社 2007 年版。

10. 龙宗智著:《检察制度教程》，法律出版社 2002 年版。
11. 石少侠著:《检察权要论》，中国检察出版社 2006 年版。
12. 孙谦主编:《中国特色社会主义检察制度》，中国检察出版社 2009 年版。
13. 李征著:《中国检察权研究》，中国检察出版社 2007 年版。
14. ［古罗马］西塞罗著:《论共和国　论法律》，王焕生译，中国政法大学出版社 1997 年版。
15. ［德］哈贝马斯著:《交往行动理论》（第一卷），洪佩郁、蔺青译，重庆出版社 1994 年版。
16. 北京大学哲学系外国哲学史教研室编译:《西方哲学原著选读》（上），商务印书馆 1981 年版。
17. 张汝伦著:《历史与实践》，上海人民出版社 1995 年版。
18. ［古希腊］亚里士多德著:《政治学》，吴寿彭译，商务印书馆 1981 年版。
19. ［德］黑格尔著:《历史哲学》，王造时译，三联书店 1956 年版。
20. 苗力田主编:《古希腊哲学》，中国人民大学出版社 1983 年版。
21. 周辅成编:《西方伦理学名著选辑》（上卷），商务印书馆 1964 年版。
22. ［美］E. 博登海默著:《法理学：法律哲学与法律方法》，邓正来译，中国政法大学出版社 2004 年版。
23. ［荷］斯宾诺莎著:《伦理学》，贺麟译，商务印书馆 1958 年版。
24. ［美］庞德著:《法律史解释》，曹玉堂、杨知译，华夏出版社 1989 年版。
25. 葛洪义著:《法与实践理性》，中国政法大学出版社 2002 年版。
26. ［英］罗素著:《罗素文集》（第 3 卷），靳建国译，内蒙古人民出版社 1997 年版。
27. ［英］里克曼著:《理性的探险》，姚休等译，商务印书馆 1996 年版。
28. 张智辉著:《刑法理性论》，北京大学出版社 2006 年版。
29. ［古希腊］亚里士多德著:《政治学》，吴寿彭译，商务印书馆 1960 年版。
30. 王学辉著:《从禁忌习惯到法起源运动》，法律出版社 1998 年版。
31. 周长龄著:《法律的起源》，中国人民公安大学出版社 1997 年版。
32. 文晓明、王立新著:《社会主义民主政治运行机制研究》，人民出版社 2004 年版。

33. 谢佑平著:《中国检察监督的政治性与司法性研究》,中国检察出版社 2010 年版。

34. [法] 孟德斯鸠著:《论法的精神》(上册),张雁深译,商务印书馆 1961 年版。

35. [美] E. 博登海默著:《法理学:法律哲学与法律方法》,邓正来译,中国政法大学出版社 1999 年版。

36.《马克思恩格斯选集》(第 4 卷),人民出版社 1995 年版。

37. [美] 加里·沃德曼著:《美国政治基础》,陆震纶等译,中国社会科学出版社 1994 年版。

38. [美] 施瓦茨著:《行政法》,徐炳译,法律出版社 1985 年版。

39.《马克思恩格斯选集》(第 3 卷),人民出版社 1995 年版。

40. 徐大同主编:《西方政治思想史》,天津教育出版社 2002 年版。

41. 唐晓、王为、王春英著:《当代西方国家政治制度》,世界知识出版社 2005 年版。

42. 樊崇义主编:《检察制度原理》,法律出版社 2009 年版。

43. 王寿林著:《权力制约与监督研究》,中共中央党校出版社 2007 年版。

44. 王浦劬著:《政治学基础》,北京大学出版社 2005 年版。

45. [英] 阿克顿著:《自由与权力》,侯建、范亚峰译,商务印书馆 2001 年版。

46. 刘新著:《中国法律思想史》,中国人民大学出版社 2005 年版。

47. 李士英主编:《当代中国的检察制度》,中国社会科学出版社 1987 年版。

48. 郝银钟著:《刑事公诉原理》,人民法院出版社 2004 年版。

49. 何家弘主编:《检察制度比较研究》,中国检察出版社 2008 年版。

50. 王然冀主编:《当代中国检察学》,法律出版社 1989 年版。

51. 魏武著:《法德检察制度》,中国检察出版社 2008 年版。

52. 宋远升、闵银龙编著:《最新国外刑事司法制度研究》,东南大学出版社 2007 年版。

53. 张鸿巍著:《美国检察制度研究》,人民出版社 2009 年版。

54. 顾永忠著:《刑事上诉程序研究》,中国人民公安大学出版社 2003 年版。

55. 陈光中等著:《中国司法制度的基础理论问题研究》,经济科学出版社 2010 年版。

56. 夏甄陶著:《关于目的的哲学》，上海人民出版社 1982 年版。

57. ［意］菲利著:《实证派犯罪学》，郭建安译，中国人民公安大学出版社 2004 年版。

58. 孙谦、刘立宪主编:《检察理论研究综述（1989－1999）》，中国检察出版社 2000 年版。

59. 汤唯、孙季萍著:《法律监督论纲》，北京大学出版社 2001 年版。

60. 徐静村主编:《刑事诉讼法学》(上)，法律出版社 1999 年版。

61. 金明焕主编:《比较检察制度概论》，中国检察出版社 1991 年版。

62. ［德］马克斯·韦伯著:《社会科学方法论》，韩水法等译，中央编译出版社 2002 年版。

63. 陈瑞华著:《刑事审判原理论》，北京大学出版社 2003 年版。

64. ［美］米尔伊安·R. 达玛什卡著:《司法和国家权力的多种面孔——比较视野中的法律程序》，郑戈译，中国政法大学出版社 2004 年版。

65. ［法］狄骥著:《法律与国家》，冷静译，春风文艺出版社 1999 年版。

66. 卞建林、刘玫著:《外国刑事诉讼法》，人民法院出版社 2002 年版。

67. 林钰雄著:《检察官论》，台湾学林文化事业有限公司 1999 年版。

68. 陈瑞华著:《问题与主义之间》，中国人民大学出版社 2003 年版。

69. 田凯著:《行政公诉论》，中国检察出版社 2009 年版。

70. 张文显著:《法哲学范畴研究》，中国政法大学出版社 2002 年版。

71. 樊崇义主编:《公平正义之路：刑事诉讼法修改决定条文释义与专题解读》，中国人民公安大学出版社 2012 年版。

72. 樊崇义主编:《证据法学》，法律出版社 2004 年版。

73. 卞建林、杨宇冠主编:《非法证据排除规则实证研究》，中国政法大学出版社 2012 年版。

74. ［美］米尔建·R. 达马斯卡著:《漂移的证据法》，李学军等译，中国政法大学出版社 2003 年版。

75. 童建明主编:《新刑事诉讼法理解与适用》，中国检察出版社 2012 年版。

76. 詹复亮著:《新刑事诉讼法与职务犯罪侦查适用》，中国检察出版社 2012 年版。

77. 朱孝清著:《职务犯罪侦查教程》，中国检察出版社 2006 年版。

78. 朱孝清、张智辉主编:《检察学》，中国检察出版社 2010 年版。

79. 孙谦主编:《检察理论研究综述（1999－2009)》，中国检察出版社 2009 年版。

80. 王桂五著:《王桂五论检察》，中国检察出版社 2008 年版。

81. 武星亮著:《领导学原理》，中国农业出版社 2004 年版。

82. 伦朝平著:《检察工作的理性思考》，法律出版社 2008 年版。

83. 高其才著:《法理学》，清华大学出版社 2011 年版。

84. 刘雪梅著:《权利与义务：和谐城市法律关系辨析》，中国方正出版社 2010 年版。

85. 王利明著:《民法总则》，中国法制出版社 2010 年版。

86. 张文志等著:《民事诉讼检察监督论》，法律出版社 2007 年版。

87. 徐国建:《德国民法总论》，经济科学出版社 1993 年版。

88. 盛美军等著:《法律监督运行机制研究》，中国检察出版社 2009 年版。

89. 向泽选著:《法律监督理念、机制与改革》，中国检察出版社 2011 年版。

90. 徐从锋等著:《检察规律与检察民主论》，中国检察出版社 2009 年版。

91. 陈兴良著:《刑法哲学》，中国政法大学出版社 2000 年版。

92. 袁东生:《我国权力制约与监督制度研究》，山东大学 2011 年博士学位论文。

93. 杨占国:《政治文明语境下权力制约研究——以实体正义和程序正义为视角》，吉林大学 2007 年博士学位论文。

94. 张亚娟:《关于权力的制约和监督研究》，中共中央党校 2005 年博士学位论文。

三、论文文献

1. 刘兆兴:《两大法系国家检察机关在刑事诉讼中的职权比较》，载《外国法译评》1995 年第 3 期。

2. 朱孝清:《中国检察制度的几个问题》，载《中国法学》2007 年第 2 期。

3. 樊崇义:《一元分立权力结构模式下的中国检察权》，载《人民检察》2009 年第 3 期。

4. 孙笑侠、冯建鹏:《监督，能否与法治兼容——从法治立场来反思监督制度》，载《中国法学》2005 年第 4 期。

5. 刘筱勤：《从权力监督到权力制约——论公共权力监控机制的转型》，载《中共南京市委党校学报》2010年第2期。

6. 夏娟：《从权力监督到权力制衡——社会转型期权力制衡理论新思考》，载《法制与经济（中旬刊）》2011年第3期。

7. 龙宗智：《论依法独立行使检察权》，载《中国刑事法杂志》2002年第1期。

8. 彭真：《关于七个法律草案的说明》，载《人民日报》1979年6月26日第1版。

9. 张智辉：《法律监督三辨析》，载《中国法学》2003年第5期。

10. 郝银钟：《检察权质疑》，载《中国人民大学学报》1999年第3期。

11. 陈卫东：《我国检察权的反思与重构——以公诉权为核心的分析》，载《法学研究》2002年第3期。

12. 徐静村：《论国家权力中监督权的设置与行使》，载《甘肃社会科学》2004年第6期。

13. 童兆洪：《司法权概念解读及功能探析》，载《中共中央党校学报》2004年第2期。

14. 龙宗智：《论检察权的性质与检察机关的改革》，载《法学》1999年第10期。

15. 樊崇义：《法律监督职能哲理论纲》，载《人民检察》2010年第1期。

16. 孙中山：《五权宪法之讲解》，载孟庆鹏编：《孙中山文集》，团结出版社1997年版。

17. 龙宗智：《我国检察学研究的现状与前瞻》，载《国家检察官学院学报》2011年第1期。

18. 龙宗智：《理性对待法律修改　慎重使用新增权力——检察机关如何应对刑诉法修改的思考》，载《国家检察官学院学报》2012年第3期。

19. 王新举、申永贞：《论现代西方主流法学流派对理性的解读》，载《广东社会科学》2012年第1期。

20. 胡晓萌：《法与理性》，载《理论界》2006年第2期。

21. 陈刚：《当代西方的理性主义》，载《江苏社会科学》1999年第3期。

22. 野鹤：《关于理性的反思与断想》，载《探索与争鸣》2003年第1期。

23. 曹也汝：《试论中国传统法律文化的理性基础》，载《东南学术》2002年第1期。

24. 杨勇：《论法律与理性的关系》，载《镇江高专学报》2005 年第 1 期。

25. 孙笑侠：《法治、合理性及其代价》，载《法治研究》，杭州大学出版社 1996 年版。

26. 孙崇凯、吴秀兰：《论法的“理性”底蕴》，载《青海师范大学学报》（哲学社会科学版）2003 年第 3 期。

27. 蒋秋明：《司法理性与法律治理》，载《学海》2004 年第 6 期。

28. 周叶中、江国华：《法律理性中的司法和法官主导下的法治——佘祥林案的检讨与启示》，载《法学》2005 年第 8 期。

29. 李乐平：《善于监督，就是要理性平和地开展监督》，载《检察日报》2009 年 6 月 12 日第 4 版。

30. 张书铭：《制约与监督辨析——以刑事诉讼为视角》，载《河南社会科学》2012 年第 1 期。

31. 郑彦松：《西方近现代权力制约理论初探》，载《中国社会发展战略》2005 年第 2 期。

32. 刘佑生：《论邓小平关于国家权力监督制约思想（上）》，载《人民检察》1995 年第 2 期。

33. 朱孝清：《澳大利亚的监督制度》，载《人民检察》2007 年第 13 期。

34. 朱孝清：《中国检察制度的几个问题》，载《中国法学》2007 年第 2 期。

35. 蔡定剑：《中国法治三十年——立法篇》，载刘剑主编：《法治的脚步——中国法治三十年网络征文活动文集》，群众出版社 2009 年版。

36. 周标龙：《刑事诉讼中的“制约”与“监督”》，载《法学杂志》2010 年第 2 期。

37. 邓传明：《论法治国家的权力制约》，载《法学评论》1997 年第 2 期。

38. 杜力夫：《权力监督与权力制约辨析》，载《大连海事大学学报》（社会科学版）2004 年第 3 期。

39. 金相文、薄贵利：《中央集权制与中央高度集权制的区别》，载《中国行政管理》1998 年第 1 期。

40. 张文显：《法律文化的释义》，载《法学研究》1992 年第 5 期。

41. 王戬：《论加强我国检察机关法律监督职能——基于传统与进路的分析》，载《政治与法律》2007 年第 2 期。

42. 《人民日报》社评论：《十年“文革”——民主与法制的大倒退》，载《人民日报》2001年1月10日第10版。

43. 徐鹤喃：《意大利的司法制度》，载《人民检察》2005年第5期。

44. 殷炳艳：《意大利独特的检察制度》，载《文化月刊》2003年第9期。

45. 马相哲：《韩国检察制度简介（上）》，载《国家检察官学院学报》2006年第1期。

46. 陈卫东、刘计划：《公诉人的诉讼地位探析——兼评检察机关对法院的审判监督》，载《法制与社会发展》2003年第6期。

47. 陈正云：《试论我国法律监督架构及其属性》，载《人民检察》2006年第5期。

48. 朱孝清：《检察机关集追诉与监督于一身的利弊选择》，载《人民检察》2011年第3期。

49. 谢佑平、万毅：《分工负责、互相配合、互相制约原则另论》，载《法学论坛》2002年第4期。

50. 张智辉：《法律监督三辨析》，载《中国法学》2003年第5期。

51. 孙谦：《中国的检察改革》，载《法学研究》2003年第6期。

52. 张书铭：《刑事和解几个问题思辨——兼评〈刑事诉讼法修正案（草案）〉相关内容》，载《中国刑事法杂志》2011年第11期。

53. 张立文：《中国文化的精髓——和合学源流的考察》，载《中国哲学史》1996年第21期。

54. 陈光中、葛琳：《刑事和解初探》，载《中国法学》2006年第5期。

55. 何家弘：《司法公正论》，载《中国法学》1999年第2期。

56. 朱孝清：《检察官客观公正义务及其在中国的发展完善》，载《中国法学》2009年第2期。

57. 刘建云：《检察官客观公正义务的法理基础》，载《人民检察》2006年第6期（上）。

58. 白贵秀：《社会应急管理机制研究》，载《当代法学论坛》2011年第3辑。

59. 万毅：《转折与定位：侦查模式与中国侦查程序改革》，载《现代法学》2003年第2期。

60. 王传红：《论我国公诉加监督的检察模式》，载《人民检察》2011年第12期。

61. 孔璋、叶成国：《检察长负责制与民主集中制关系论证——以检察机关内部领导体制为视角》，载《第七届国家高级检察官论坛会议文章》（2011年）。

62. 陈益生：《论公诉权与法律监督权的独立行使》，载《政法论丛》1998 年第 1 期。

63. 夏邦：《中国检察体制应当取消》，载《法学》1999 年第 7 期。

64. 王敏远：《论我国检察机关对刑事司法的监督》，载《中外法学》2000 年第 6 期。

65. 刘国媛：《坚持“一元论”前提下的检察权能适当分离》，载《江汉大学学报》（社会科学版）2012 年第 4 期。

66. 李乐平：《执法理念的四重境界》，载《检察日报》2012 年 7 月 31 日第 3 版。

67. 樊崇义：《尊重和保障人权与诉讼法律监督》，载《国家检察官学院学报》2013 年第 1 期。

68. 葛琳：《两大诉讼法修改与检察制度的完善研讨会综述》，载《国家检察官学院学报》2013 年第 1 期。

69. 梁杰：《政治体制改革——十八大发出新信号》，载《人民日报》（海外版）2012 年 12 月 8 日第 5 版。

70. 赵佳月：《刑诉法修改：权力与权利的博弈》，载《南方人物周刊》2011 年 9 月 13 日。

71. 张书铭：《法律监督的理念与科学实施》，载《人民检察》2011 年第 23 期。

72. 袁其生：《刑事诉讼价值平衡论》，载《中国检察官》2006 年第 3 期。

73. 樊崇义：《刑事诉讼法修正案（草案的）哲理之思》，载《人民检察》2012 年第 5 期。

74. 朱孝清：《试论技术侦查在职务犯罪侦查中的适用》，载《国家检察官学院学报》2004 年第 1 期。

75. 樊崇义、张书铭：《细化逮捕条件，完善逮捕程序》，载《检察日报》2012 年 4 月 16 日第 3 版。

76. 卞建林、郭志媛：《诉讼模式视角下的证明责任》，载《甘肃政法学院学报》2008 年第 11 期。

77. 樊崇义：《客观真实管见——兼论刑事诉讼证明标准》，载《中国法学》2000 年第 1 期。

78. 张建伟：《法律真实的暧昧性及其认识论取向》，载《法学研究》2004 年第 6 期。

79. 何家弘：《论司法证明的目的和标准》，载《法学研究》2001 年第 6 期。

80. 陈卫东：《诉讼中的“真实”与证明标准》，载《法学研究》2004 年第 6 期。

81. 邓思清：《对我国案件移送方式的检讨》，载《法学杂志》2002 年第 4 期。

82. 李奋飞：《从复印件主义走向起诉状一本主义》，载《国家检察官学院学报》2003 年第 4 期。

83. 崔全龙：《试论刑事公诉方式的改革》，载《法制与经济》2007 年第 12 期。

84. 景汉朝、卢子娟：《论民事审判监督程序之构建》，载《法学研究》1999 年第 1 期。

85. 李祖军：《论民事再审程序》，载《现代法学》2002 年第 2 期。

86. 阮志勇、任婷婷：《民事抗诉的终结与民事公诉的再生》，载《武汉理工大学学报》（哲学社会科学版）2004 年第 1 期。

87. 张卫平：《民事再审制度研究》，1999 年诉讼法学年会论文。

88. 黄松有：《检察监督与审判独立》，载《法学研究》2000 年第 4 期。

89. 蔡柏林、纪丙学：《法律监督外部关系优化研究》，载《法学杂志》2007 年第 6 期。

90. 朱孝清：《检察理论研究 30 年的回顾与展望》，载《检察日报》2008 年 8 月 28 日、29 日第 3 版。

91. 张步文：《论人民检察院的改革与完善》，载《中国律师》1998 年第 8 期。

92. 梁超：《宜粗不宜细的立法原则应修改》，载《学习时报》2012 年 1 月 9 日第 5 版。

93. 王琳：《立法应转向“宜细不宜粗”》，载《民主与法制》2007 年第 6 期。

94. 吴志明：《改善法律监督的外部环境》，载《上海人大》2009 年第 11 期。

95. 陈卫东：《论法治理念下检察机关职务犯罪侦查权》，载《人民检察》2005 年第 7 期。

96. 蔡定剑:《司法改革中检察职能的转变》，载《政治与法律》1999 年第 1 期。

97. 韩大元、刘松山:《论我国的检察机关的宪法定位》，载《中国人民大学学报》2002 年第 5 期。

98. 陈卫东:《我国检察权的反思与重构》，载《法学研究》2002 年第 2 期。

99. 陈建强:《不批捕复议复核制度的问题及完善对策》，载《天津法学》2011 年第 2 期。

100. 朱孝清:《充分发挥公诉职能作用，深入推进三项重点工作》，载《人民检察》2010 年第 14 期。

101. 高建民:《民事检察制度的立法借鉴》，载《检察日报》2000 年 7 月 5 日。

102. 黄松有:《审判监督与司法独立》，载《法学研究》2000 年第 4 期

103. 王连华、隋伟忠:《刑事诉讼法律监督面临的问题及对策》，载《黑龙江社会科学》2011 年第 5 期。

104. 浙江省温州市人民检察院课题组:《刑事审判法律监督的困境与立法完善》，载《法学杂志》2010 年第 3 期。

105. 孙谦:《凝聚法治共识，提升司法品质》，载《中国社会科学报》2012 年 11 月 30 日 A6 版。

106. 孙谦:《法治建构的中国道路》，载《检察日报》2013 年 2 月 18 日第 3 版。

107. 欧阳庆芳:《法律关系理论初探》，载《理论月刊》2003 年第 8 期。

108. 田永:《有关法律关系客体的三个问题》，载《宜宾学院学报》2007 年第 5 期。

109. 孙春伟:《法律关系客体新论》，载《上海师范大学学报》（哲学社会科学版）2005 年第 6 期。

110. 谢鹏程:《法律监督关系的结构》，载《国家检察官学院学报》2010 年第 3 期。

111. 朱孝清:《学习落实六观需要正确认识和把握的几个关系》，载《检察日报》2011 年 9 月 7 日第 3 版。

112. 陈云龙:《正确处理六大关系，努力实现检察工作科学发展》，载《人民检察》2012 年第 7 期。

113. 龙宗智：《理性对待检察改革》，载《人民检察》2012 年第 5 期。

114. 王学成：《推动检察工作科学发展需要正确处理八大关系》，载《政法学刊》2011 年第 2 期。

115. 周永坤：《民意审判与审判元规则》，载《法学》2009 年第 8 期。

116. 张若渔：《即便人人苏格拉底，也要有制度》，载《中国经济周刊》2006 年第 25 期。

117. 叶萍：《试论检察机关如何应对舆情民意》，载《黑龙江省政法管理干部学院学报》2012 年第 5 期。

118. 童建明：《加强诉讼监督需把握好的若干关系》，载《国家检察官学院学报》2010 年第 5 期。

119. 龙宗智：《理性对待法律修改　慎重使用新增权力——检察机关如何应对刑诉法修改的思考》，载《国家检察官学院学报》2012 年第 3 期。

120. 方工：《刑事司法权需要谦抑》，载《检察日报》2011 年 6 月 23 日第 3 版。

121. 程晓璐：《检察机关诉讼监督的谦抑性》，载《国家检察官学院学报》2012 年第 2 期。

122. 张书铭：《诉讼制约与诉讼监督的关系》，载《检察日报》2011 年 8 月 3 日第 3 版。

123. 韩大元、于文豪：《法院、检察院和公安机关的宪法关系》，载《法学研究》2011 年第 3 期。

124. 宋朝武：《关于改革民事再审程序的几点思考》，载《法学评论》2003 年第 2 期。

125. 王贵东、杨宪文：《民事再审程序提起主体制度之改造》，载《河北法学》2005 年第 10 期。

126. 杨秀清：《我国检察机关提起公益诉讼的正当性质疑》，载《南京师范大学学报》（社会科学版）2006 年第 6 期。

127. 刘少夫、姚睿明：《民事检察监督与意思自治原则的冲突》，载《法制与社会》2009 年第 31 期。

128. 叶红：《关于民事检察监督权与私权关系的思考》，载《中国检察官》2012 年第 10 期。

129. 龙宗智：《论司法改革中的相对合理主义》，载《中国社会科学》1999 年第 2 期。

130. 吴健雄：《检察业务考评制度的反思与重构》，载《法学杂志》

2007 年第 6 期。

131. 向泽选：《检察权运行机制与检察权配置》，载《政法论坛》2012 年第 6 期。

132. 吕涛、朱会民：《检察权运行机制的基本要素探析》，载《人民检察院》2012 年第 3 期。

133. 许浩：《科学与理性的辩证关系探析》，载《学术研究》2006 年第 2 期。

134. 樊崇义：《修改刑事诉讼法的理性思考》，载《国家检察官学院学报》2011 年第 4 期。

135. 张书铭：《韩国、日本检察制度之概要比较及启示》，载《中国检察官》2011 年第 13 期。

136. 汤维建：《检察官客观义务的分类及现实意义》，载《潇湘检察论坛》（第 2 卷），中国检察出版社 2007 年版。

137. 张书铭、张晓晓：《刑事和解几个问题思辨——兼译〈刑事诉讼法修正案（草案）〉》，载《中国刑事法杂志》2011 年第 11 期。

138. 莫洪宪、王树茂：《刑法谦抑主义论纲》，载《中国刑事法杂志》2004 年第 1 期。

139. 梁根林：《非刑罚化——当代刑法改革的主题》，载《现代法学》2000 年第 6 期。

140. 陈兴良：《刑法谦抑的价值蕴含》，载《现代法学》1996 年第 3 期。

141. 郭云忠：《刑事诉讼谦抑论》，载《当代法学》2007 年第 1 期。

142. 朱孝清：《刑诉法的实施和新挑战的应对——以职务犯罪侦查为视角》，载《中国刑事法杂志》2012 年第 9 期。

143. 《"十二五"时期检察工作发展规划纲要》，载《检察日报》2011 年 9 月 15 日第 1 版。

144. 宋英辉、茹艳红：《刑事诉讼特别程序立法释评》，载《苏州大学学报》（哲学社会科学版）2012 年第 2 期。

145. 郑在义、龚瑞：《我国检察人员分类管理改革的理论与实践》，载《第七届国家高级检察官论坛会议文章》（2011 年）。

146. 马楠：《检察人员分类管理制度研究》，载《中国检察》（第 3 卷），中国检察出版社 2003 年版。

147. 王正海、张晓：《检察人员分类管理改革之思考与建议》，载《人民检察》2007 年第 20 期。

148. 修忠孝、付凤杰：《当前检务保障工作面临的问题、原因及对策》，载《经济研究导刊》2011 年第32 期。

四、互联网文献

1. 王一乐：《逻辑、理性与信仰》，http://www. booker. com. cn，访问时间：2012 年 12 月 20 日。

2. 中国政府发表的《中国政党制度》（白皮书）（全文），载中国政协网，www. cppcc. gov. cn，访问时间：2012 年 9 月 18 日。

3. 邓晓玲、蔡明：《浅谈复议复核中存在的问题及完善》，载正义网，http://www. jcrb. com/jcpd/jcll/201104/t20110418 _531099. html，访问时间：2012 年 12 月 10 日。

4. 百度网百科名片：http://baike. baidu. com/view/1491255. htm，访问时间：2013 年 2 月 12 日。

5. 百度网百科名片：http://baike. baidu. com/view/45353. htm，访问时间：2013 年 2 月 12 日。

6. 何兵：《司法不能排斥媒体，公众判断是滋养法官的泥土》，载人民网，http://media. people. com. cn/GB/40606/10519611. html，访问时间：2013 年 2 月 12 日。

7. 贾春旺：《最高人民检察院工作报告》（2008 年 3 月 10 日），载最高人民检察院网，http://www. spp. gov. cn/gzbg/201208/t20120820_2495. shtml，访问时间：2013 年 2 月 18 日。

8. 曹建明：《最高人民检察院工作报告》（2011 年 3 月 11 日），载最高人民检察院网，http://www. spp. gov. cn/gzbg/201208/t20120820_2498. shtml，访问时间：2013 年 2 月 18 日。

9. 最高人民检察院孙谦副检察长在“中国法学会检察学研究会刑事诉讼监督专业委员会成立大会”上的讲话，载人民网，http://legal. people. com. cn/GB/13217716. html，访问日期：2012 年 10 月 9 日。

后　　记

癸巳夏至，毕业论文成文并籍毕业之际，借此《无题》以抒胸臆并作后记。意欲束之高阁，然后受恩师樊崇义先生教诲训诫，令修葺付之梨枣。虽据时政改善几经推敲，但聱牙诘屈仍难喻意，惴惴然付梓，抛砖引玉以求斧正。

无　题

斯人烛台半张床，遥听青管远觥香。
蓟门诗书冬日暖，烟树经纶夏月凉。
万物格式归其序，明法规制公正扬。
法治坦途其修远，匹夫量小亦担当。

癸巳之春携法治复来，莺歌燕舞一如既往，虽姗姗来迟，然兼有愈浓花香。

始三年，攻博一意梦想，烛台孤影，远闻觥香。苦求之痴，已然淡化于三年之事务学业奔忙。至癸巳三月，草长莺飞，梦想天亮。习作论文，方知学无成，识甚浅，技穷之夜，辗转难眠，故而倍感艰辛。俱往矣，皆随时光淡忘，抑或本不足回想。

蓟门烟树，法治福地。陈光中、杨荣新、樊崇义、卞建林、杨宇冠、顾永忠，等等，德高垂范，学高师范。导师樊崇义，慈若母，严如父，治学丝毫方寸，为人淡薄恭谦。更可贵，尚国情实证，去天台楼阁，唯真唯实，仗义执言，汤汤法治行，泱泱法治情。众师诲人，如清风拂尘，青丝鬓白传递德智，桃李薪火承继法治。

循前路，仁人志士无不不冀法治达畅，物归其序，权控其规，人智礼达，万象和谐，学法用法之人更是如此。然临渊羡鱼，莫如退而结网，惟立足平凡，身体力行，方宏愿可图。一人担当则人人担当，人人担当则众人担当。如此，理性之思，法律之治，公正益涨，家国盛昌，万民福祥。

无贵无贱，无长无少，道之所存，师之所存。顿首师恩，无以回报。且吾生性愚钝，悟性不足，然孜孜以求，奢望有朝一日磨为法匠，伏望法治大厦，雕边琢角，不辞终日。纵然身虽不能至，然心向往之。

张书铭

2014 年 2 月 17 日于北京寓所

诉讼法学文库书目

Ⅰ 刑事证据法原理与适用
Ⅱ 刑事诉讼法实施问题与对策研究
Ⅲ 刑事程序的法哲学原理
Ⅳ 视听资料研究综述与评价
Ⅴ 刑事司法体制原理
Ⅵ 刑事证人证言论
Ⅶ 刑事一审程序理论与实务
Ⅷ 非法证据排除规则研究
Ⅸ 美国的外国法院判决承认与执行制度研究
Ⅹ 我国未成年人刑事案件诉讼程序研究
Ⅺ 侦查程序原理论
Ⅻ 侦查讯问程序正当性研究
XIII 死刑案件程序问题研究
XIV 刑事上诉程序研究
XV 程序正义与刑事证据法
XVI 司法改革原理研究
XVII 刑事诉讼行为基础理论研究
XVIII 无罪辩护
XIX 刑事诉讼中的禁止双重危险规则论
XX 刑事证据可采性研究
XXI 刑事诉讼模式的演进
XXII 正当程序文献资料选编
XXIII 刑事程序法功能研究
XXIV 论行政诉讼审查标准
XXV 清末刑事司法改革研究
XXVI 民事诉讼标的论
XXVII 现代公诉制度研究
XXVIII 民事司法现代化的探索
XXIX CEPA 框架下的经贸争端解决机制与程序
XXX 证据能力论
XXXI 刑事诉讼主体论
XXXII 刑事程序性裁判研究
XXXIII 案件事实认定论
XXXIV 正当法律程序研究
XXXV 强制执行立法的探索与构建
XXXVI 行政行为的可诉性研究
XXXVII 清末民初刑诉法典化研究
XXXVIII 底限正义论
XXXIX 行政诉讼类型研究
XXXX 公诉权原论

诉讼法学文库 2006

1 刑事正当程序原理
2 自白制度研究
3 警察作证制度研究
4 司法公正的理念与制度研究
5 人本精神与刑事程序
6 刑事诉讼平衡论
7 刑事诉讼关系的社会学分析
8 刑事证明责任分配研究
9 刑事司法权力的配置与运行研究
10 行政诉讼原告论

诉讼法学文库 2007

1 刑事诉讼交叉询问之研究
2 检警关系论
3 鉴定结论论
4 检察职能研究
5 美国死刑程序研究
6 行政诉讼问题研究与制度改革
7 刑事司法民主论
8 被追诉人的宪法权利
9 刑事裁判权研究

诉讼法学文库 2008

1 论证据与事实
2 法院调解制度研究
3 弱势群体的法律救助
4 刑事赔偿制度研究
5 秘密侦查比较研究
6 非法证据排除规则：话语解魅与制度构筑
7 民事当事人证明权保障
8 现代社会中的诉讼功能
9 诉讼认识、证明与真实
10 中国刑事审前程序制度构建

诉讼法学文库 2009

1 检察官证明责任研究
2 刑事诉讼生态化研究
3 对质权制度研究
4 无效刑事诉讼行为研究
5 刑事诉讼中的财产权保障
6 论对抗式刑事审判
7 案件事实认定方法
8 中国区际刑事司法协助研究

诉讼法学文库 2010

1 侦查程序诉讼化研究
2 媒体与司法关系研究
3 刑事诉讼中的公正审判权
4 证明标准研究
5 刑事诉讼客体论
6 审查判断证据
7 民事判决既判力主观范围研究
8 刑事诉讼程序的人性分析
9 检察监督与公诉职能关系论
10 中国检察制度改革与探索
11 证明力判定论
12 侦查学基础理论研究

诉讼法学文库 2011

1 减刑假释程序研究
2 论刑事证据排除
3 刑事被害人作证制度研究
4 渎职罪定罪事实暨证据研究
5 民事既判力扩张问题研究
6 刑事人身检查制度研究
7 刑事法官的证据调查权研究
8 刑事诉权研究
9 民事诉讼证据收集制度的构建

诉讼法学文库 2012

1 法官证据评判研究
2 刑事错案的侦查程序分析与控制路径研究
3 侦查行为视角下的刑事冤案研究
4 域外诱惑侦查理论研究

诉讼法学文库 2013

1 死刑辩护权论
2 行政公诉权研究

诉讼法学文库 2014

1 理性法律监督论纲